本书由复旦大学马克思主义研究院资助出版

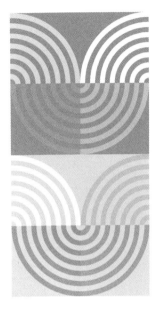

杨军 著

立法过程的议程设置逻辑

AGENDA SETTING LOGIC OF
LEGISLATIVE PROCESS

上海人民出版社

目　录

目　录

导　言　问题、范式与结构

"法律是治国之重器，良法是善治之前提。"①在漫长的人类历史上，为了寻求治国理政的良策，数辈先贤前赴后继。而在历经大浪淘沙般的实践筛选和理论审思之后，法治作为最重要的治理方式之一得到了现代人类社会较为普遍的认可。《法治中国建设规划（2020—2025）》开篇便指出，"法治是人类文明进步的重要标志，是治国理政的基本方式，是中国共产党和中国人民的不懈追求。法治兴则国兴，法治强则国强。"中国共产党和中国人民日益认识到法治之于国家治理、社会安定、人类发展的重要价值，长期致力于构建中国特色社会主义法治体系，以实现法治"固根本、稳预期、利长远的保障作用"②。而在中国特色社会主义法治体系的五大组成部分（即法律规范体系、法治实施体系、法治监督体系、法治保障体系，党内法规体系）之中，法律规范体系可谓是重中之重。因此，法律规范体系的建构即立法长期被视为我国法治（法制）建设的首要任务之一。

2011年3月，时任全国人民代表大会常务委员会委员长吴邦国在向十一届全国人大四次会议作全国人大常委会工作报告时庄严宣布，"一个立足中国国情和实际、适应改革开放和社会主义现代化建设需要、集中体

---

① 《中共中央关于全面推进依法治国若干重大问题的决定》，人民出版社2014年版，第8页。

② 习近平：《高举中国特色社会主义伟大旗帜　为全面建设社会主义现代化国家而团结奋斗——在中国共产党第二十次全国代表大会上的报告》，人民出版社2022年版，第40页。

现党和人民意志的，以宪法为统帅，以宪法相关法、民法商法等多个法律部门的法律为主干，由法律、行政法规、地方性法规等多个层次的法律规范构成的中国特色社会主义法律体系已经形成，国家经济建设、政治建设、文化建设、社会建设以及生态文明建设的各个方面实现有法可依，党的十五大提出到 2010 年形成中国特色社会主义法律体系的立法工作目标如期完成"①。这是中国特色社会主义法治建设所取得的重大成就。习近平明确指出："新中国成立以来特别是改革开放以来，经过长期努力，我国形成了中国特色社会主义法律体系，国家生活和社会生活各方面总体上实现了有法可依，这是一个了不起的重大成就。"② 这一论断揭示了中国特色社会主义法律的发展成就。由此，中国特色社会主义法律体系的发展进入到全新的"后体系时代"③。这一时代，邓小平所说"很多法律还没有制定出来"④ 的问题基本得到缓解。

不过，中国特色社会主义法律体系依然面临着繁重的任务和压力。"社会实践永无止境，法律体系也要与时俱进。建设中国特色社会主义是一项长期的历史任务，完善中国特色社会主义法律体系同样是一项长期而又艰巨的任务。"⑤2014 年 10 月，习近平在中国共产党第十八届中央委员会第四次全体会议上作《关于〈中共中央关于全面推进依法治国若干重大问题的决定〉的说明》时明确指出："我们在立法领域面临着一些突出问题，比如，立法质量需要进一步提高，有的法律法规全面反映客观规律和人民

---

① 《吴邦国在十一届全国人大四次会议上作的常委会工作报告（摘登）》，中国人大网，2011 年 3 月 11 日。

② 习近平：《论坚持全面依法治国》，中央文献出版社 2020 年版，第 95 页。

③ 参见封丽霞：《面向实践的中国立法学——改革开放四十年与中国立法学的成长》，《地方立法研究》2018 年第 6 期。

④ 《邓小平文选》第 2 卷，人民出版社 1994 年版，第 146 页。

⑤ 中华人民共和国国务院新闻办公室：《中国特色社会主义法律体系》，人民出版社 2011 年版，第 47 页。

意愿不够，解决实际问题有效性不足，针对性、可操作性不强；立法效率需要进一步提高。还有就是立法工作中部门化倾向、争权诿责现象较为突出，有的立法实际上成了一种利益博弈，不是久拖不决，就是制定的法律法规不大管用，一些地方利用法规实行地方保护主义，对全国形成统一开放、竞争有序的市场秩序造成障碍，损害国家法治统一。"①在此意义上，中共十八届四中全会审议通过的《中共中央关于全面推进依法治国若干重大问题的决定》指出，要"完善以宪法为核心的中国特色社会主义法律体系，加强宪法实施"②。之后，习近平也在多个场合强调要进一步完善中国特色社会主义法律体系："全国人大及其常委会要适应新时代坚持和发展中国特色社会主义的新要求，加强和改进立法工作，继续完善以宪法为核心的中国特色社会主义法律体系，以良法促进发展、保障善治、维护人民民主权利，保障宪法确立的制度、原则和规则得到全面实施。"③在此基础上，《法治中国建设规划（2020—2025）》以专门篇幅（第三部分）强调要"建设完备的法律规范体系，以良法促进发展、保障善治"，提出要完善立法工作格局、坚持立改废释并举、健全立法工作机制、加强地方立法工作。2022年二十大报告以专门段落强调要"完善以宪法为核心的中国特色社会主义法律体系"。

这一系列重要论述表明，随着中国特色社会主义法律体系的形成，我国法律体系的建设任务阶段性地从建设转变为完善，在当前和今后的一段历史时期中，完善中国特色社会主义法律体系成了法治建设的重要课题。在此历史背景之下，对已经形成的中国特色社会主义法律体系加以审视和评价，探讨完善中国特色社会主义法律体系的进路，成了理论界与实务界长期关注的话题。对此，学界对建构中国特色社会主义法律体系的原则、

---

① 习近平：《论坚持全面依法治国》，中央文献出版社2020年版，第95页。

② 《中共中央关于全面推进依法治国若干重大问题的决定》，人民出版社2014年版，第8页。

③ 习近平：《论坚持全面依法治国》，中央文献出版社2020年版，第202页。

方法、路径进行了全局性的研究，学术成果蔚为壮观。①而随着中国式现代化这一理论话语的凝练和提出，学界亦重点在中国式现代化的视角下对中国特色社会主义法律体系的建构进行了讨论。②至于针对中国特色社会主义法律体系内部各个部门法律体系建构的研究，更是汗牛充栋。这使得我国的立法研究获得了快速的发展，形成了日趋完善的知识体系。

然而，虽然既有研究成果对中国特色社会主义法律体系进行了多个角度的研究和讨论，并隐隐呈现出"学派之争"乃至"百家争鸣"的学术态势，但是，如果审视这些研究的基本进路便会发现，既有的学术研究背后实际上都有着几乎相同的理论预设和研究范式。亦即，以法律体系、立法活动的基本原则等内在规定性为基准支持或批评中国特色社会主义法律体系的建构。以刑事法律修正的研究为例，由于1997年以来，我国刑法的修正便进入频繁期、活跃期③，而随着刑法修正案（十一）、刑法修正案（十二）相继审议通过，这种活跃的态势更加深入。因此，自刑法修正案（九）出台以来，学界便对刑法立法活动进行了颇为广泛且深入的讨论。有学者表达了担忧④，也有学者认为并无不妥⑤，各方争论热烈、聚讼纷纭。

---

① 依笔者初步统计，篇名中包含"中国特色社会主义法律体系"这一范畴的论文，在中国知网便有近300余篇。而以更为广义的"立法"范畴为名的论文，则多达数万篇。

② 参见江必新、曹梦娇：《迈向中国特色社会主义法律体系现代化》，《法治现代化研究》2023年第4期；黄锡生：《论生态文明法律制度体系的现代化建构》，《学术论坛》2023年第2期等。

③ 参见周光权：《转型时期刑法立法的思路与方法》，《中国社会科学》2016年第3期。

④ 参见刘艳红：《象征性立法对刑法功能的损害》，《政治与法律》2017年第3期；魏昌东：《刑法立法"反向运动"中的象征主义倾向及其规避》，《环球法律评论》2018年第6期；刘宪权：《刑事立法应力戒情绪——以〈刑法修正案（九）〉为视角》，《法学评论》2016年第1期；何荣功：《社会治理"过度刑法化"的法哲学批判》，《中外法学》2015年第2期等。

⑤ 参见张明楷：《增设新罪的观念——对积极刑法观的支持》，《现代法学》2020年第5期；付立庆：《论积极主义刑法观》，《政法论坛》2019年第1期；周光权：《积极刑法立法观在中国的确立》，《法学研究》2016年第4期等。

虽然各自观点互有差异，但从其论据来看，几乎都始终以刑法的谦抑性、明确性等表征刑法内在规定性的基本原则为出发点。

毋庸置疑，这样的讨论对于提升我国立法的合理性、合法性、正当性具有重要的价值。但问题是，立法从来都不仅仅是简单的法律条文撰写活动，更不仅仅是内在于法律系统本身的活动。在某种意义上，立法活动的非法律属性（政治属性、人民属性、社会属性）更强于其法律属性。因为往往法律系统之外的其他因素，例如政治因素、社会因素等，才是引发法律系统变革的核心原因。反之，如果只依照法律系统本身行事，那么便只需要贯彻法律，而无需改变法律的现状，也就无需开展法律体系的建构与完善。就此而言，仅仅以法律体系、立法活动的基本规定来理解和审视立法是远远不够的。既有的研究大体上无法回答：某种特定的社会现象是如何成为一个人们想象中的立法问题的？这个问题是如何获得立法活动的组织者、参与者的关注的？推动这个问题进入立法程序的政治因素包含哪些？这些政治因素所在的政治系统是如何与法律系统互动的？以及普通民众、法学专家、立法工作者所提出的立法方案是怎么产生的，又是怎么通过立法程序的层层筛选的？

可以发现，既有研究在面对这些问题时显得有些苍白无力。原因在于，关于法律体系的既有研究大多展开于“应然”的视角之下，是在“法律的理想图景”这一层面对现实立法活动的审视，其最终的落脚点也在于从应然规范的意义上提出法律体系的完善路径。当然，这对于中国特色社会主义法律体系的理想化改造也是重要的。但是，这些研究都是“应然”的讨论，很难在理论逻辑上还原或揭示中国立法实践的现实样态。

而事实上，揭示立法过程的现实样态及其深层逻辑乃是立法研究中不可忽视（甚至在某种意义上更为重要）的一个部分。在展开对立法过程的“应然”讨论的同时，不能忽视对立法过程的议程设置逻辑的研究。所谓立法过程的议程设置逻辑，是指立法者在立法过程中设置立法决策议程的内在逻辑。如学者们所指出的，在政治权力的运行中，议程设置原本就是相比决策行为和决策结果更为重要的一面。^① 托马斯·R. 戴伊（Thomas R. Dye）便已经指出："决定哪些问题成为政策问题，甚至比决定这些问题的解决办法更为重要。"^② 法律资源的有限性决定了立法者在面对纷繁复杂的社会问题时只能筛选一部分问题进入决策议程之中。而在问题得到确认之后，立法活动依然还有漫长的过程。尤其是，对立法问题的确认本身发生于政治系统之中。而政治系统如何与法律系统进行互动，使问题的解决实现"政治意见"向"法律规则"的蜕变，同样需要加以审视。除此之外，在知识增长不断加速、社会分工不断细化、公民素养不断提高的今天，哪些人的哪些意见最终影响着法律体系中每一条具体法律的生成，也亟待澄清。就此而言，一个社会现象如何成为社会问题进而成为立法问题、哪些因素构成了立法活动的外部因素、立法程序中的立法方案来自哪里等问题的澄清十分重要。而要回答这些问题，便必须展开对立法过程议程设置逻辑的追问。

解析立法过程议程设置逻辑的必要性在于，这构成了理解当下以及过去我国立法活动，进而确立中国特色社会主义法律体系完善路径的前提。毕竟，如果不充分掌握真实发生的事实逻辑，即便能够根据"应然"考量编制出再美丽的图景，这种图景也存在着成为"水中花镜中月"的极大风险。反之，准确理解立法过程的议程设置逻辑，将明显有助于厘清这一过程的事实样态及其规范风险，总结这一过程中的合规律性、合目的性的经验。只有掌握了这些问题和经验，中国特色社会主义法律体系的完善方才能够有的放矢。而显然，立法过程的议程设置逻辑并非不言自明。相反，

---

① 参见王绍光：《中国公共政策议程设置的模式》，《中国社会科学》2006 年第 5 期；章高荣：《制度空间、组织竞争和精英决策：一个议程设置的动态分析视角》，《中国行政管理》2020 年第 9 期；Bachrach P., Baratz M. S. Two Faces of Power. *American Political Science Review* 58 (1962): 947–952.

② ［美］托马斯·R. 戴伊：《理解公共政策》（第十二版），谢明译，中国人民大学出版社 2011 年版，第 28 页。

由于立法往往包含了对多种因素的考虑，其议程设置逻辑往往难以得到简单直接的描述，而是如尼古拉斯·扎哈里尔迪斯（Nikolaos Zahariadis）所说，像"德尔菲神谕"一般具有模糊性。①在观察者们看来，立法过程往往是一个看不透的"黑匣子"。一方面，出于维护立法者决策的权威或者对立法过程的保密等多种原因，立法者虽然会在法律出台过程中作出多种"立法说明"，但立法说明显然不足以承载立法者纳入考量的巨大信息量，立法者不会也不能对这些信息进行充分细致的说明，甚至还存在有意地加以模糊化处理的可能。这也会使得立法过程经常如"黑箱"一般，无法清晰地呈现在观察者面前。②另一方面，立法过程的本质决定了其具有模糊性的特征。虽然所有的公共决策者都声称其决策是兼顾了各方面信息所作出的决断，但是，现代社会是一个信息爆炸的社会，所有决策者搜集和兼顾的信息只可能是社会运行所生成的巨量信息的一个部分，搜集和兼顾所有信息来建构一个清晰的社会并不现实。呈现在法律决策者面前的社会必然是充满模糊性的社会。③作为公共决策的立法过程只是认识复杂世界的一种尝试。而更重要的是，相较于其他领域对公共决策的研究，法学界虽然广泛地评价和反思了我国法治建设中的立法过程，但却缺少对立法过程的议程设置逻辑的关注。

概览既有研究成果可以发现，这种研究现状与当前我国法学研究范式的现实样态有密切的关系。进入 21 世纪以来，随着我国法治建设进程不断推进以及法学研究方法的不断更新，对法律体系的解释、评价成为越来越主流的研究方法。苏力教授所谓 20 世纪后期法学研究范式"三足鼎立"的局面也逐渐改变。政法法学、法社会学、注释法学三种范式迎来了各自

①　Nikolaos Zahariadis. Delphic Oracles: Ambiguity, Institutions, and Multiple Streams. *Policy Science* 49 (2016): 4–5.

②　参见杨志军：《从垃圾桶到多源流再到要素嵌入修正——一项公共政策研究工作的总结和探索》，《行政论坛》2018 年第 4 期。

③　参见韩志明：《模糊的社会——国家治理的信息基础》，《学海》2016 年第 4 期。

的革命。整个法学研究日趋统一于规范研究的大旗之下。中国特色社会主义法律体系的研究因此走向规范评价和规范改进，勾勒"应然"的法律图景成为学界的潮流。这一趋势在"社科法学"与"法教义学"的论争爆发之后更是日益明显。法学研究甚至隐隐表现出"法教义学一统天下"的势头。比较而言，政法法学和法社会学（乃至于法社会学所代表的更广泛的社科法学，例如法经济学、法人类学等）中既有的实证研究——尤其是以事实逻辑之提炼为核心的实证研究——日渐衰落。在这样的学术背景下，理解立法过程的议程设置逻辑想要得到足够的学术注意力也颇为困难。不过，这并不意味着理解立法过程的议程设置逻辑不具备理论上的可行性。事实上，以法政策学为代表的学术研究范式正以立法逻辑的解析为其理论要旨。

在法政策学看来，法律是一种决策过程。[①] 要使法学研究实现其社会功能——应对社会中出现的各类危机，观察者和研究者必须从法律体系内部跳脱出来，在观察和研究时摆脱既有法律体系的限制，以一种外在的观察视角来阐释法律决策的基本逻辑。因此，法政策学认为自己区别于传统法学理论所营造的"规范模糊性"[②]，区别于那些停留于法律规范阐释的研究范式，致力于通过对法律决策过程的研究来帮助观察者、研究者更好地理解法律的生成逻辑。而这不仅是理解过往法律决策的趋势、解释影响法律制定的变量的逻辑前提，也是预测可能制定的法律、澄清应有的法律、创造和评估新的法律制定选择等知识任务得以完成的必要手段。因此，法政策学不完全是一种致力于探寻"应然图景"的法学研究范式，更是一种致力于还原"事实逻辑"的法学研究范式。相较于传统法学理论，法政策学强调站在法律体系外部来观察法律，而非在法律体系内部来解释法律；

---

① Myres S. McDougal. Law as a Process of Decision: A Policy-Oriented Approach to Legal Study. *Natural Law Forum* 1 (1956): 53–72.

② Harold D. Lasswell & Myres S. McDougal. Legal Education and Public Policy: Professional Training in the Public Interest. *The Yale Law Journal* 52 (1943).

主张将法律视为一种决策过程，而非一种自在自为的规范体系。值得注意的是，在当下中国的知识界中，以法政策学的这种范式和思路解析立法过程的议程设置逻辑并非一种无法完成、无人尝试的任务。事实上，在既有的研究中，已有部分学者对食品安全法、慈善法、疫苗管理法等多部单行法律的决策过程进行了解构。① 虽然这些学术成果之于整个中国特色社会主义法律体系的解释力依然有待检验，但既有成果已经充分证明，理解立法过程的议程设置逻辑是一个可期完成的理论课题。

　　要言之，本书认为，对立法过程议程设置逻辑的关注和解析，乃是完善中国特色社会主义法律体系必须解决的理论课题。解决这一课题既存在理论上的必要性，也存在实践上的紧迫性。而法政策学的研究范式及其在中国法治语境中的展开也已经初步证明，这样的研究不仅具备理论上的可行性，而且具备实践上的可操作性。

　　基于前述考量，本书首先将对立法过程的议程设置逻辑进行总体考察。立法过程是一个多因素共同作用的过程。要理解其深层逻辑，便必须尽可能掌握与之相关的各类经验事实，进而建构一个总体分析框架予以阐释。因此，本书在展开具体分析之前，将对影响立法过程议程设置逻辑的各类要素进行概览，并总体性地梳理其中各类经验事实的类型构造、基本关系以及生成机理。

　　而必须加以说明的，与政策科学创始者追求的"价值中立"不同，本书对立法过程的议程设置逻辑的考察虽然强调对事实逻辑的还原，但并不认为这个考察（应该或者能够）是一种"价值中立"的考察，更不认为这个考察必须停留于事实的还原。实际上，如果溯源法政策学的发展历程，我们也可以发现，法政策学的出现及其后续发展与法教义学等规范研究方

---

　　① 参见白锐、黄丹：《基于多源流理论的〈中华人民共和国疫苗管理法〉的政策议程分析》，《医学与社会》2020 年第 7 期；章高荣：《政治、行政与社会逻辑：政策执行的一个分析框架——以〈慈善法〉核心条款的实施为例》，《中国行政管理》2018 年第 9 期。

式有着深刻的联系。尤其是，发生于欧洲大陆的法政策学，在晚近以来已经充分展现出其与法教义学的密切关联，以德国刑法学家罗克辛（Roxin）为代表的学者们甚至已经逐渐摸索到法教义学与法政策学的沟通之道。在本书看来，真正的法政策学应当是实证与规范、事实与价值相交互的研究范式。本书的核心目的则在于，通过运用法政策学的研究范式来弥补当前中国特色社会主义法律体系研究中被遗漏的"事实侧面"。正如所有的学术研究都致力于构建出一个更为良善的世界一般，这种事实侧面的研究最终也将与"理想图景"相连接。而这个连接的过程自然离不开传统法学理论，离不开规范研究所提供的目标牵引。在此意义上，本书的研究也并非一种"裸"的事实研究（事实上，法政策学的发展历程也已证明，在社会科学领域根本不可能存在所谓"价值中立"的"裸"的事实研究）。在完成对事实逻辑的勾勒之后，本书在第二、三、四章中也将对相关事实问题可能牵扯到的应然图景进行讨论。其中着重处理的问题将包括立法问题界定的理想图景、政治动因影响立法的良性机制、立法方案的筛选标准等问题。

基于这一考虑，本书除了关注立法过程的议程设置逻辑的具体内容，还将在第五章对当下中国知识界关于法政策学研究范式的认知和实践进行反思，从而总结考察立法过程的议程设置逻辑的方法论。实际上，虽然20世纪末以来我国学界对法政策学研究日益增多①，学界（特别是法学界）对法政策学已经耳熟能详，但是，对于"法政策学的研究进路是什么"，学界却依然含混不清。有学者认为，法政策学是法制度设计的理论和技法。②在部分学者的研究中，法政策学被视为关于政策与法律关系的学问，

---

① 既有知识体系中，与法政策学相关的表述方式还有法律政策学、政策法学等。下文将说明，国内学术界的讨论中，法政策学、法律政策学、政策法学之间并不明显的区别。本文将一概以法政策学称之。

② 平井宜雄：《法政策学》（第2版），有斐阁1995年版，第8页以下参照。

不过在展开进路上却认为主要是政策法律化。① 有学者提出，法政策学固然是政策法条化的工作，但法政策学之研究则是针对政策形成，政策实现之法律层面，立法工作的全面性、整体性的探讨。② 亦有学者指出，法政策学不仅存在于立法领域，执法、司法亦是法政策学的重要研究领域。③众说纷纭，莫衷一是。究其原因，概因学界尚未对"法政策学的研究进路"进行系统性的讨论。因此，法政策学的研究对象、研究方法是什么？对于法律、法律现象这种包容性极广的范畴而言，法政策学研究的是其中哪个侧面？与法教义学等其他研究进路的区别何在？诸如此类的问题均没有得到全面反思。因此，本书在完成对立法过程的议程设置逻辑的考察之后，还将对法政策学的源流与类型加以整理，澄清已经发生的法政策学的事实样态，进而基于法政策学的基本规定探讨一种"真正的法政策学"。

最后，必须说明的是，法政策学意义上对立法过程议程设置逻辑的勾勒离不开对经验事实的充分把握。但是，中国特色社会主义法律体系是一个十分庞大的体系，其中包含着多部法律法规。在此意义上，要想完整把握立法过程中的各类事实并不现实。事实上，就连立法者也不可能"全面地"把握法律制定的相关信息，遑论"置身事外"的立法过程的观察者。因此，这里必须首先坦言，本书没有办法完成对立法过程的全部经验事实的搜集和掌握。本书只能将有限的精力投入刑法领域经验事实的搜集与分析之中。选择这一经验对象的原因有三：其一，自法律现象出现以来，刑法便是世界各国最为重要的部门法之一。我国法律的发展历史与刑法密不可分。后世更是以"刑民不分"来评价我国古代的法制史。在此意义上，对刑法立法活动议程设置逻辑的透视能够在相当大的程度上加深人们对立法过程的议程设置逻辑的理解。其二，在所有的部门法中，刑法在理论上

---

① 参见于干千：《法律政策学视域下健全文旅融合法律体系路径研究》，《思想战线》2021 年第 3 期。

② 参见陈铭祥：《法政策学》，台湾元照出版有限公司 2011 年版，第 22 页。

③ 参见胡平仁：《法律政策学的学科定位与理论基础》，《湖湘论坛》2010 年第 2 期。

被认为是最应当保持安定性的部门法之一。因为刑法事关国民最基本的法益的保护，也被赋予了合法地处置公民基本权益的权力。然而，从立法现象来看，刑法却是我国立法最为频繁的部门法之一。自 1997 年大规模修改刑法之后，到目前为止，我国已经出台了 12 部刑法修正案。而如果将观察视野扩大到全球，可以发现，很多西方发达（成文法）国家的刑法修正也相当频繁。刑法立法活动与其原则性规定之间表现出十分明显的"稳定"与"活跃"的张力。其三，刑法修订往往最能引发社会各界的关注。从近年来的立法实践及其引发的社会关注来看，无论是刑法修正案（九）废除"嫖宿幼女罪"引发的各界关注，刑法修正案（十一）对刑事责任年龄的调整，还是刑法修正案（十二）对民营企业内部贪腐问题的关注，都无一例外地引发了社会各界的议论。至于刑法修正中死刑废除、拐卖妇女儿童与收买被拐卖妇女儿童之间的刑罚均衡等问题，更是长期为社会所关注。而在这一过程中，包含立法者等在内的多元主体对刑法立法活动的意见也得到了充分表达。这使观察者能够较为容易地获得丰富而具体的经验材料。概括而言，刑法在整个中国特色社会主义法律体系中的重要性，刑法立法活跃态势与理想图景之间的张力，社会各界对刑法立法活动的高度关注以及经验材料的丰富性，使得刑法立法活动成为观察和理解立法过程的议程设置逻辑的绝佳样本。

第一章　立法过程议程设置逻辑的总体考察

　　法律从何而来？不同的观察者对此有不同的理解。在一些观察者看来，法律来自法理，是立法者对法理的描述和表达。这种观念在源头上受到黑格尔等理性主义法学家的极大影响。在黑格尔看来，法是自由意志的定在，"任何定在，只要是自由意志的定在，就叫做法"①。马克思也一度据此提出，"反对不承认人的自我意识是最高神性的一切天上的和地上的神。不应该有任何神同人的自我意识相并列"②。"理性是衡量实证的事物的尺度"③。在此意义上，对法律来源的追问，便可以归结于对法的理性或理性的法、自由意志的追问。然而，正如转向历史唯物主义后的马克思所意识到的，尽管法理或理性构成了法学家们的理念，但在现实的立法者那里，是否符合立法者的物质利益需求成了判断法律好坏的标准，被理性主义者奉为圭臬的法理在现实的立法活动中成了不切实际的幻想。④ 进而，马克思发现，影响法律建构的真正因素绝不是立法者的个人意志，而是如马克思所说，是"个人的完全不依他们的单纯'意志'为转移的物质生

---

① ［德］黑格尔：《法哲学原理》，范扬、张企泰译，商务印书馆 2018 年版，第 41 页。
② 《马克思恩格斯全集》第 1 卷，人民出版社 1995 年版，第 12 页。
③ 《马克思恩格斯全集》第 1 卷，人民出版社 1995 年版，第 231 页。
④ 参见杨军：《习惯法的扬弃：马克思历史唯物主义转向的法学注脚》，《马克思主义与现实》2023 年第 3 期。

活，即他们的相互制约的生产方式和交往形式"①。在此意义上，追问法律从何而来，便绝不是去探寻一个孤立的、抽象的法的理性或理性的话这么简单。要回答这一问题，必须去考察立法者意图背后的、已然发生的事实逻辑。

具体而言，这至少包含两个方面的工作：一方面，对影响立法过程议程设置逻辑的主要因素的还原性呈现；另一方面，对主要因素作理论上的整理与建构，在类型学的指导下借此厘清主要因素影响立法的机理。而这两项工作的完成显然也不是孤立的。诠释学的发展已经揭示，我们对事实的描述和讨论只要进入到语言叙述环节，便不可避免地带有建构的色彩。作为"在世界之中存在"②，立法过程的议程设置逻辑绝对不是一种"裸"的事实逻辑，要对其进行"裸"的事实还原也是不现实的。我们计划完成的现实目标，乃是在事实与价值、主观与客观的不断交互中构建一种分析框架，以之为分析工具来审视中国特色社会主义法律体系的建构过程，从而澄清立法过程的议程设置逻辑。

第一节　立法过程议程设置逻辑的总体分析框架

立法过程的议程设置逻辑的描述既是一项事实性的工作，又包含着主观的分析色彩。正如哲学诠释学的发展所揭示的，理解是某种"主体—客体"二分特征之外的存在③，是主客体相统一的过程。对此种本体属性的揭示意味着，我们对所有事物发展逻辑的揭示，在本质上都是客体与主体相统一的工作。当我们的话语进入议程设置逻辑的澄清时，离不开分析框

---

① ［德］马克思、恩格斯：《德意志意识形态（节选本）》，人民出版社 2018 年版，第 99—100 页。

② ［德］海德格尔：《存在与时间》，陈嘉映、王庆节译，商务印书馆 2019 年版，第 75 页。

③ 参见［美］理查德·E. 帕尔默：《诠释学》，潘德荣译，商务印书馆 2014 年版，第 160 页。

架的选择、构建与帮助。

回溯政治学和法学的发展历程，通过构建分析框架来澄清法律决策逻辑的思潮，主要起始于 20 世纪 50 年代出现的法政策学。几乎在创立现代政策科学（Policy Science）的同时，政策科学的创立者拉斯韦尔（Lasswell）和麦克道格尔（McDougal）提出，要在法学院开展以政策训练为核心的法律教育。① 与欧洲大陆所流传的法政策学研究方法不同，这种研究范式不只是对法律进行政策目的的分析和评估，更包含了对法律进行政策程序的拆解和分析②，尤其是对法律决策过程的解析。其目的在于，通过对决策过程的拆解来揭开法律决策过程的"黑箱"，观察者、法律行为选择的当事人更加清楚影响法律决策的各种因素，进而由此确认法律规范的真实意图。这便是拉斯韦尔和麦克道格尔所倡导的法政策学。③ 在拉斯韦尔和麦克道格尔所确定的理论目标和基本方向之下，数辈学者构建起了一系列理论范畴以解析决策过程的内在逻辑。旨在揭示立法活动等规范构建活动的深层逻辑主要被囊括在议程设置的范畴之下。为了揭开议程设置的"黑箱"，论者提出了多种分析议程设置逻辑的理论框架。

其中，科恩（Cohen）、马奇（March）和奥尔森（Olsen）等人构建了垃圾桶（Garbage Can）的分析模型来解释他们称为"有组织的无序"组织进行组织选择和组织决策的逻辑。④ 在此基础上，约翰·W. 金登（John W. Kingdon）认为政治决策也是混合在一个"垃圾桶"之中的多种元素的

---

① Harold D. Lasswell & Myres S. McDougal. Legal Education and Public Policy: Professional Training in the Public Interest. *The Yale Law Journal* 52 (1943): 328.

② Myres S. McDougal. The Comparative Study of Law for Policy Purposes: Value Clarification as an Instrument of Democratic World Order. *The Yale Law Journal* 61 (1952): 915–946.

③ 这种法政策学研究范式的具体起源、工作模型、核心特质，以及这种法政策学研究范式与其他研究范式之间的差异，后文将专门进行讨论，此处不作详细展开。

④ Michael D. Cohen, James G. March, and Johan P. Olsen. A Garbage Can Model of Organizational Choice. *Administrative Science Quarterly* 17 (1972): 1–25.

产物。之后，在借鉴有限理性和组织理论等方面成果的基础上，金登对垃圾桶内的各种元素进行了理想类型的划分，提出了多源流的分析框架（Multiple Streams Framework，即MSF）。多源流分析框架包括五个最核心的概念，即问题源流、政治源流、政策源流、政策企业家、政策之窗。在金登看来，当问题、政策、政治三种源流实现融合，政策之窗开启之时，一项新的公共政策才会产生。① 相较于金登，鲍姆加特纳（Baumgartner）和琼斯（Jones）等人则在长时段的政策变迁观察中发现，政治过程通常由一种稳定和渐进主义逻辑所驱动，但是偶尔也会出现不同于过去的重大变迁。小规模和大规模的政策变迁都来自政治子系统和行动决策之间的互动。而受不同政治因素的影响，政策制定同时存在跳跃和几乎停滞的时期。这种分析框架便是所谓的"间断—均衡"框架（Punctuated-equilibrium Framework）。②

在我国知名学者王绍光教授看来，基于议程设置中议程提出者和民众参与程度的不同，我国的公共政策议程设置可以分为关门模式、动员模式、内参模式、借力模式、上书模式、外压模式六种模式。③ 这六种模式可以帮助观察者分析影响议程设置的不同因素。而随着我国的不断发展，晚近以来学界提出了更多我国议程设置的分析框架。例如，赵静、薛澜提出，近年来，回应式议程设置已逐渐成为中国政府公共议程设置过程的常态。政府开始在短时间内将"议程设置"作为回应社会需求、或处理某一突发事件与社会问题的工具。④ 江天雨也几乎在同一时间提出了"压力—回应"的议程设置模式，并通过实证分析表明，"压力—回应"贯穿于中

① 参见［美］约翰·W.金登：《议程、备选方案与公共政策》，丁煌、方兴译，中国人民大学出版社2017年版，第85—197页。

② 参见［美］保罗·A.萨巴蒂尔：《政策过程理论》，彭宗超、钟开斌等译，生活·读书·新知三联书店2004年版，第125—149页。

③ 参见王绍光：《中国公共政策议程设置的模式》，《中国社会科学》2006年第5期。

④ 参见赵静、薛澜：《回应式议程设置模式》，《政治学研究》2017年第3期。

国政策过程，从地方政府的化工项目到关乎全体民众的法律修订，压力来源、表达方式、压力强度的差异都会改变政策回应的结果。[①] 除此之外，学界还提出了参与性议程设置[②]、以人民为中心的议程设置[③] 等分析框架。

显然，并非所有的分析框架都适配于对立法过程的议程设置逻辑的分析。要开展立法过程的议程设置逻辑的澄清工作，首先需要在掌握既有分析框架优缺点的基础上，选择或者确立一种适配于研究目标的分析框架。

一、分析框架的选用

以上述列举的分析框架为例，"间断—均衡"分析框架源自渐进主义理念之下对政策制定的长时段观察，更适合分析长时间跨度中的法律现象。但无须讳言的是，中国特色社会主义法律体系的建构集中于改革开放之后的历史时期。虽然在此之前我国也开展了不少立法活动，制定了部分法律，但进展较为缓慢。这使"间断—均衡"分析框架的适配性较为薄弱。而且，"间断—均衡"分析框架更适合宏观的政策过程分析，对于揭示建构过程中具体影响因素的帮助较为有限。同时，"回应式议程设置"或"压力—回应式议程设置"虽然有助于指出我国立法过程中的动力机制（即压力机制），但是，笼统地将所有影响因素归结为压力、将所有的立法活动归结为回应无法帮助观察者清晰地了解所有的影响因素及其运作机理。因此，虽然后文也将分析立法过程中的压力来源，但在本书看来，议程设置逻辑的分析不仅需要揭示出"压力—回应"这一机制，更重要的是揭示出压力来源的类型学构造及其具体的生效机理。

---

① 参见江天雨：《中国政策议程设置中"压力—回应"模式的实证分析》，《行政论坛》2017 年第 3 期。

② 参见孙峰：《参与式议程设置中的信任：从流失到精准修复》，《中国行政管理》2020 年第 1 期。

③ 参见汪家焰：《以人民为中心的政策议程设置：理论阐释、生成逻辑与实现机制》，《学习论坛》2023 年第 6 期。

比较而言，多源流的分析框架尽管也存在部分固有缺陷，但可以为本书计划完成的观察任务提供重要的工具支持。

一方面，多源流分析框架具备揭示立法过程议程设置逻辑的理论功能。与渐进主义理念下注重长时段观察的"间断—均衡"分析框架不同，多源流分析框架更多地以理性主义为底色（当然，多源流分析框架也并非反渐进主义的。实际上，在金登看来，多源流分析框架也是渐进主义下的一种尝试），注重对特定政策制定过程的观察。故此，多源流分析框架从一开始便强调对政策制定具体影响要素及其运作机制的揭示。尤其是，相较于作为其上一理论阶段的垃圾桶模型，多源流分析框架不再是"笼统"地将政策制定过程视为一个垃圾桶内多要素的复杂反应。虽然同样承认"思想可以来自任何地方"[1]，但多源流分析框架不再同于科恩等人侧重于观察政策制定这一"有组织的无序"中的无序，而是更侧重于观察其中的"有组织"。如金登所说，"我们将会发现我们所强调的与其说是'无序'，倒不如说是'有组织'"[2]。

而从分析框架的具体内涵来看，多源流分析框架也确实足以揭示政策决定的影响因素及其运作机制。在多源流分析框架看来，政策制定的议程设置受到三个源流的影响。也正是因此有学者将多源流直接称为三源流，即问题源流、政治源流、政策源流。同时，分析框架对于三种源流的具体内涵亦有所涉及。例如，在问题源流方面，金登主要讨论了指标、焦点事件、反馈、预算等影响因素；在政治源流方面，金登着重讨论了国民情绪、有组织的政治力量、政府等因素；在政治源流方面，金登还专门分析了政策共同体以及政策原汤等。而除此之外，金登还讨论了政策企业家等因素对于政策制定的影响。更为重要的是，多源流分析框架具体地观照到

---

[1] ［美］约翰·W. 金登：《议程、备选方案与公共政策》，丁煌、方兴译，中国人民大学出版社 2017 年版，第 67 页。

[2] ［美］约翰·W. 金登：《议程、备选方案与公共政策》，丁煌、方兴译，中国人民大学出版社 2017 年版，第 82 页。

了各种源流的形成机制，以及各种源流对政策制定的推动机制，并以"政策之窗"这一范畴来描绘多源流推动政策架构的核心逻辑。就此而言，正如其理论名称所示，多源流分析框架具备着揭示影响政策制定的多种源流的理论功能。而这正是揭示立法过程的议程设置逻辑所需要的。

　　另一方面，多源流分析框架与立法影响因素的揭示之间存在着较好的适配性。除了功能论上的优势，多源流分析框架在存在论上也适用于揭示立法过程的议程设置逻辑。从理论渊源上看，多源流分析框架的分析对象本就包含法律的制定和修正过程。在金登的讨论中，多源流分析框架关注行政当局、政府文官和国会参与政策制定的过程。① 按照美国的政治体制，国会作为美国最高立法机关，决定了政策能否以法令的形式实施，通过国会这一立法机关依照立法程序所制定的政策即为法律。就此而言，多源流分析框架关注的政策不仅仅是行政决策，还包括国家法律。作为多源流分析对象的政策制定过程不仅包括行政决策的制定过程，还包括立法过程。换句话说，多源流分析框架原本便包含了法律体系这一分析对象。从政策与法律的关系看，多源流分析框架也可以适配于法律现象的分析。在政策学中，政策是为解决政策问题、实现政策目标所制定的谋略、法令、措施、办法、方法、条例等的总称 ②，法律是政策的具体类别。因此，用以解释政策制定过程的分析框架与作为具体类别的法律具有适配性。当然，这并不意味着所有的政策学理论对刑法立法均具有一般意义上的解释力。例如，"间断—均衡"理论旨在解释政策制定中的变迁性和稳定性，是对间断期和均衡期的解释。总体而言，我国立法过程在过去的历史时期中主要是发展的过程。如果说存在稳定期，也是稳定地增长，缺少明显的间断期。以刑事立法为例，增设的十二个刑法修正案虽然也包含个别对既有罪名的废除（例如嫖宿幼女罪），但总体而言更多是新罪名的增设，其相关

---

　　① 参见［美］约翰·W.金登：《议程、备选方案与公共政策》，丁煌、方兴译，中国人民大学出版社 2017 年版，第 21—42 页。

　　② 参见陈振明：《公共政策学》，中国人民大学出版社 2004 年版，第 4 页。

立法大多在此前不存在明显的稳定期，所以"间断—均衡"框架的适配性会大打折扣。事实上，既有研究也已经充分展示了多源流分析框架与法律现象之间的适配性。例如，学界对劳动教养制度终结，食品安全法（修订草案）、疫苗管理法的分析等，都建立在多源流分析框架的基础之上。①

概言之，根据多源流分析框架来解析立法过程的议程设置逻辑具备可行性。如前所述，在金登最初的设想中，多源流分析框架包括五个最核心的概念。具体而言，这五个概念指：第一，问题源流，用以指称需要采取行动予以解决的社会问题被识别和构建的过程，包括指标、焦点事件和反馈三种机制；第二，政策源流，用以指称政策建议产生、讨论、重新设计以及受到重视的过程；第三，政治源流，用以指称对议程或决策有影响的政治和文化背景，包括国民情绪的变化、选举结果、政府的变更、意识形态、政党分布情况以及利益集团压力活动等因素；第四，政策企业家，即推动政策变迁的行动者；第五，政策之窗，即决策产生的制度情景。根据这五个概念，金登提出了多源流分析框架的三组基本命题：一是议程设置命题，即问题、政治与可见的参与者是政策问题引起关注的原因；二是备选方案阐明的命题，认为备选方案在范围上被缩小到实际受关注的方案有两种解释，一是备选方案是在政策溪流中产生并且被缩小范围的，二是一些相对潜在的参与者，即一些特定政策领域的专业人员参与了这种行动；三是政策产出命题，即当问题、政策、政治三种源流实现融合，政策之窗开启之时，一项新的公共政策才会产生。

二、分析框架的修正

当然，多源流分析框架并非一成不变、放之四海而皆准的某种"绝对真理"。自多源流分析框架诞生之后，学者们在适用多源流分析框架的过

---

① 参见王刚、唐曼：《理论验证与适用场域：多源流框架的理论分析》，《公共行政评论》2019 年第 5 期；白锐、黄丹：《基于多源流理论的〈中华人民共和国疫苗管理法〉的政策议程分析》，《医学与社会》2020 年第 7 期。

程中对其进行了多种修正。主要包括以下三个方面：

第一，要素修正。这包括两种类型，一是从多源流分析框架内部展开的修正，包括要素整合和要素嵌入两个方面。前者如扎哈里尔迪斯将政治源流中的国民情绪、政府变动和利益集团整合为执政党的意识形态[①]，后者如杨志军将政策理念、政策形象、政策精英等因素嵌入三种源流之中[②]；二是与其他理论结合而展开的修正。例如，李燕、朱春奎将多源流分析框架与政策倡议联盟理论相结合，突出强调政策溢出效应对议程设置的"正外部性"。[③]

第二，逻辑修正。主要是对源流关系的修正。在早期的多源流分析框架中，三种源流被认为相互独立，每条源流都遵循其自身的规律而演进。[④]但实际上，在公共决策的过程中，政治与问题、政治与政策之间并不可能完全独立。例如，问题的建构本身便可能带有政治的考量，而政治源流的演进也往往受到"问题意识"的驱动，政策源流则更与问题的建构、政治取向的变迁密切相关。基此，修正的逻辑认为，三种源流虽然相对独立，但也相互依赖。[⑤]同时存在主导性源流牵引其他源流的流向，最终汇入政策之窗。[⑥]例如，政策源流的生成无法脱离问题源流的影响。

[①]　参见［美］保罗·A.萨巴蒂尔：《政策过程理论》，彭宗超、钟开斌等译，生活·读书·新知三联书店 2004 年版，第 103 页。

[②]　参见杨志军：《模糊性条件下政策过程决策模型如何更好解释中国经验?》，《公共管理学报》2018 年第 4 期。

[③]　李燕、朱春奎：《"政策之窗"的关闭与重启》，《武汉大学学报》(哲学社会科学版) 2017 年第 5 期。

[④]　Fritz Sager, Yvan Rielle. Sorting through the garbage can: under what conditions do governments adopt policy programs. *Policy Science* 46 (2013): 1–21.

[⑤]　参见王刚、唐曼：《理论验证与适用场域：多源流框架的理论分析》，《公共行政评论》2019 年第 5 期。

[⑥]　参见［美］保罗·A.萨巴蒂尔：《政策过程理论》，彭宗超、钟开斌等译，生活·读书·新知三联书店 2004 年版，第 107 页；杨志军：《从垃圾桶到多源流再到要素嵌入修正——一项公共政策研究工作的总结和探索》，《行政论坛》2018 年第 4 期。

第三，基于中国问题特殊性的中国化改造。主要包括：一方面，对政策企业家概念的修正。在金登的理论中，政策企业家意指那些专门投入时间精力向别人兜售政策理念和政策方案的人。而这种人在中国较为少见。尽管中国存在人大代表、政协委员等承担政策建议职责的角色，但人大代表和政协委员往往并非这些人的专职或唯一身份，并不足以使这些群体构成政策企业家的角色。因此，杨志军提出，中国推动政策制定的行动者只能称为政策活动家。① 另一方面，对政治源流变化机制的修正。学界从中国本土经验出发，将政治源流的前述机制修正为领导人（集体）的换届②、执政党意识形态的更新③、政府理念的变化④。

可以看到，当下学界所讨论的多源流分析框架与金登的设想已经存在了较为明显的变化。这也正是理论框架的宿命。毕竟理论的生命力正在于不断发展和革新。而为了确保多源流分析框架能够对本书的研究对象以及本书所选取的具体分析案例提供适配的分析参考，还有必要对多源流分析框架予以修正和整合。

其一，除了实害指标，风险预警日益成为重要的问题源流。如贝克（Beck）所说，在发达现代性中，财富的社会化生产与风险的社会化生产系统相伴，人们可以占有财富，却只能忍受风险的折磨。⑤ 随着风险社会

---

① 参见杨志军：《从垃圾桶到多源流再到要素嵌入修正——一项公共政策研究工作的总结和探索》，《行政论坛》2018 年第 4 期。

② 参见李燕、朱春奎：《"政策之窗"的关闭与重启》，《武汉大学学报》（哲学社会科学版）2017 年第 5 期。

③ 参见陈敬德：《"多源流"分析：解读政策制定的新途径》，《湖北经济学院学报》2005 年第 3 期；刘思宇：《政策论证与共识建构的多源流嵌套》，《甘肃行政学院学报》2018 年第 2 期。

④ 参见任锋、朱旭峰：《转型期中国公共意识形态政策的议程设置》，《开放时代》2010 年第 6 期。

⑤ 参见［德］乌尔里希·贝克：《风险社会：新的现代性之路》，何博闻译，译林出版社 2004 年版，第 21 页。

的到来，人们开始日益重视通过立法活动来规制风险行为，预防风险产生的严重后果。这使得风险预警成为越来越重要的问题源流形成机制。以刑法立法活动为例，刑法的风险管控机能决定了刑法修正中的问题源流不仅源于实害指标的变化，也可能源于风险预警。原因便在于，风险社会中的人们开始抱怨传统刑法在损害已经既成事实以后再作出反应未免太迟[①]，强调将刑事制裁重心转移到侵害或事故发生之前、以事前风险控制为导向的风险刑法观念（理论）应运而生。这种主张对我国的刑法立法产生了明显影响。近年来，在预防刑法观的名义下，以风险管控为导向的刑法立法不断扩张，甚至成为医药卫生、环境保护等高风险领域刑事立法的"新常态"。[②] 在以风险管控为目的的刑法立法中，立法者的初衷在于将规则确立于该类行为导致的危害发生之前，通过刑法立法彻底规避发生该类危害的风险。其特点在于，部分罪名的确定并非以实害指标为基础，而是以对巨大风险的预警为基础。因此，在此类犯罪的立法实践中，问题源流并不局限于可以量化的实害指标，也可能是某种新型风险的预警。与之相同的是，在刑法以外的部门法领域中，近年来我国个人信息保护法、数据安全法、生物安全法等多部法律的出台，也明显与风险预警密切相关。

其二，随着我国法律体系化程度的不断提高，关联法律的修改也开始影响中国特色社会主义法律体系中其他法律的修改。体系性和系统性是中国特色社会主义法律体系的重要特征。这一特征的建立意味着不同法律部门之间需要保持良好的协同关系。其中一部法律发生变化，相应的关联法律为了与之保持协同也需要进行适应的调整。这也是整体法秩序统一的核心要义。以刑法立法活动为例，刑法在整体法秩序中的保障法角色决定其政策问题的形成必然受前置法影响。刑法具有谦抑性和保障性。前者意味

---

① 陈京春：《抽象危险犯的概念诠释与风险防控》，《法律科学》2014 年第 3 期。

② 参见蓝学友：《规制抽象危险犯的新路径：双层法益与比例原则的融合》，《法学研究》2019 年第 6 期。

着法益并非仅由刑法保护，其他法律都在不同程度上保护各种法益^①，要避免将所有侵害法益、危害社会的行为均以犯罪的方式进行处理。后者意味着刑法应为其他法益保护制度提供兜底性保护，当前置法的调整性利益和保护性利益发生变化时，刑法应当对不法行为圈作相应调整。^② 两者构成了刑法在整体法秩序中地位的一体两面，是刑法既保持谦抑性，又不至于失职的关键。基于后者考虑，当刑法的前置法发生明显调整时，作为保障法的刑法应当及时调整，为前置法的法益保护机能提供刑法保障。因此，分析刑法修正的问题源流应当注意其前置法的变化情况。

其三，法律的影响范围和生成程序决定了立法过程中政策源流的形成过程面临着普遍性和专业性的张力。其中，立法活动影响范围的广泛性决定了立法过程中政策源流的形成具有普遍性。法律事关人的权利和义务，构成了所有公民的行动指引，影响着所有人的生活与工作。因此，几乎所有人都能够因为其个人立场对立法活动提出建议。但与此同时，由于立法程序高度严格，立法技术高度专业，进入立法程序的政策源流又有着严格的专业性限制。以刑法立法活动为例，在晚近以来的刑法立法活动中，几乎所有公民都对刑法的修改高度关注。社交媒体上普通民众对刑法立法活动的意见比比皆是。而与此同时，刑法是法律体系乃至于整个广义的公共政策体系中最严厉的部分。因为刑法立法活动直接影响着公民的基本权利，所以刑法立法活动的展开有严格的要求。例如，刑法立法活动应当确保与整体法秩序的协调，刑法条文应当符合明确性要求，定罪量刑规则应当符合罪刑均衡原则等。要使刑法修正的政策源流满足这一要求，则必须诉诸专业的刑法学知识。

其四，法律在整个我国国家治理中的结构性地位决定了立法过程必

———————

① 张明楷：《避免将行政违法认定为刑事犯罪：理念、方法与路径》，《中国法学》2017年第4期。

② 参见田宏杰：《立法扩张与司法限缩：刑法谦抑性的展开》，《中国法学》2020年第1期。

然受执政党即中国共产党的领导，而中国共产党强调以人民为中心的执政，所以国民利益及其情绪表达也构成了政治源流的重要部分。宪法序言规定，"中国各族人民将继续在中国共产党领导下……健全社会主义法治"；立法法第3条规定，"立法应当遵循宪法的基本原则……坚持中国共产党的领导"。一方面，作为执政党的中国共产党的领导构成了我国法治建设过程中最为重要的依靠。中国共产党的领导构成了我国立法过程中政治源流的重要因素。另一方面，无论是民法典的制定，还是刑法的修改，抑或是人工智能法的讨论，在"以人民为中心"立法哲学的影响之下，国民利益及其情绪表达都会明显影响到中国特色社会主义法律体系的建构进程。

第二节　立法过程议程设置总体逻辑的案例考察

对立法过程的议程设置逻辑的考察绝不是一种对"规范模糊性"的随意揣测。这种考察离不开对其中个案事实的反复观察，总体分析框架也只有在经得起案例检验的前提下才能成为真正的分析工具。因此，在展开对立法过程的议程设置逻辑具体源流及其运行机制的分析之前，此处将首先对本书所设定的分析框架进行案例考察，一方面通过具体的案例检验分析框架的适配性，另一方面由此考察中国特色社会主义法律体系的总体建构逻辑。

具体而言，此处的案例考察包括两个方面的主要内容：一方面，对分析框架进行跨案例的多案例检验研究。本节将选择刑法修正案（五）以来的七个立法案例（下文将详述选择依据），对其立法过程中的各类因素进行多源流的案例分析。通过对七个刑法立法活动议程设置逻辑的考察，本节将检验本书分析框架对于我国立法过程事实上的（而非想象中的）多案例，具有横截性的适配性，验证分析框架在整个法律体系构建过程中的外推有效性，从而达到对立法过程的议程设置逻辑的总体性把握。另一方面，对分析框架进行单案例的深度检验研究。对七个刑法立法活动的考察虽然能够验证分析框架的总体适配性，并能在一定程度上由之提炼中国特色社会主义法律体系的总体建构逻辑，但这种总体性的考察往往会在宏大叙事下忽略一些细节。因此，还有必要选择一个案例进行深度剖析。基此，本节将选择非法植入基因编辑胚胎罪的设立这一立法活动进行单个案例的深度剖析，以深度验证分析框架的适配性，并深入阐释立法过程的议程设置逻辑。

一、多案例检验：七个刑法立法活动的议程设置逻辑

如前所述，本书以刑法立法活动为主要的研究案例。在此基础上，本节选取了七个刑法立法活动作为中国特色社会主义法律体系总体建构逻辑的考察对象。案例选取的原则是：

第一，涉及领域的代表性。纵观到目前为止已经出台的十二个刑法修正案，刑法分则的修订构成了刑法修正的绝大部分内容。因此，本书选取的案例均为分则修正的案例。同时，分则的立法体例为，在不同章节规定不同领域的犯罪。故而本书在选取案例时，也注意从分则的不同章节、不同领域来进行选择。具体所属领域可参见表1-1"类型"一栏。

第二，案例材料的时效性、准确性、丰富性。本书在研究过程中主要通过互联网平台、法律专业数据库等多种方式尽可能地搜集案例相关的材料。这既是出于研究可操作性的考虑，也是因为互联网出现以来的人类社会已经与互联网高度融合，无论是指标、政策建议还是国民情绪，都在互联网上有着集中的表现。而由于刑法修正案（五）出台及之前互联网的使用广度有所不足，能够反映多源流分析框架中例如指标、政策建议、国民情绪等机制的资料明显短缺，因此，本书选取的案例均是2002年之后的案例。同时，为了确保揭开"黑箱"的准确性，也为了尽量避免互联网时代"信息茧房"对研究准确性的影响，本书参考了大量

官方资料，例如全国人大常委会发布的有关刑法修改情况、审议结果的公报。

第三，修改案覆盖范围的全面性。为了检验多源流分析框架在纵向维度的解释力，案例选择覆盖了尽可能多的刑法修正案。在确保案例资料时效性、准确性、丰富性的前提下，案例选择同时覆盖了刑法修正案五到十一共七份修正案。需要说明的是，由于研究设计和开展过程中刑法修正案（十二）尚未出台，故此处的多案例检验尚未将其相关案例包括在内。

表 1-1　案例编号及其基本情况

编号	修正案	发布日期	案　例	类　型
E01	十一	2020.12.26	增设非法植入基因编辑胚胎罪	危害公共卫生罪
E02	十	2017.11.04	增设侮辱国旗、国徽、国歌罪	扰乱公共秩序罪
E03	九	2015.08.29	删除嫖宿幼女罪	组织、强迫、引诱、容留、卖淫罪
E04	八	2011.02.25	增加危险驾驶罪，醉驾入刑	危害公共安全罪
E05	七	2009.02.28	增设利用影响力受贿罪	贪污贿赂罪
E06	六	2006.06.29	增设组织残疾人、儿童乞讨罪	侵犯公民人身、民主权利罪
E07	五	2005.02.28	增设妨害信用卡管理罪	破坏金融管理秩序罪

资料来源：刑法修正案（五）到（十一）。

在选择了上述七个案例之后，本书在研究过程中尽可能搜集了与七个刑法立法活动相关的各类信息。在分析提炼前述七个案例资料信息的基础上，本书对获得的内容进行了类型化处理，并按照多源流分析框架进行了归类，最终得到下述理论验证结果。

表 1-2　对七个刑法立法活动的建构逻辑分析

编号	问题源流			政策源流			政治源流			政策之窗
	指标	焦点事件	前置法动向	反馈	政策建议	政策共同体	执政党理念	国民情绪		
E01	非法植入基因编辑胚胎蕴含巨大新型风险	贺建奎案	《中华人民共和国生物安全法》通过	现行刑法无法直接规制	增设非法植入基因编辑胚胎罪	生命科学专家、刑法学者、人大代表	生物安全观的确立	支持入罪		问题之窗、政治之窗
E02	侮辱国歌行为严重损害国民情感	香港球迷嘘国歌事件、港专学生侮辱国歌事件	《中华人民共和国国歌法》通过	现行刑法无法直接规制	增设侮辱国歌罪	人大代表、刑法学者	政治安全观的确立	支持入罪		政治之窗
E03	儿童被性侵、嫖宿幼女犯罪案件呈上升趋势	仁寿嫖宿幼女案、习水嫖宿幼女案等	—	立法效果与立法目的相违背	废除嫖宿幼女罪	人大代表、刑法学者、司法机关	—	支持废除		问题之窗
E04	酒后驾车成为主要交通事故原因	孙伟铭醉驾案、张明宝醉驾案等	—	现行刑法无法直接规制	增加危险驾驶罪，醉驾入刑	人大代表、刑法专家	提出加大保护和改善民生力度	支持入罪		问题之窗

续表

| 编号 | 问题源流 | | | | 政策源流 | | 政治源流 | | 政策之窗 |
	指标	焦点事件	前置立法动向	反馈	政策建议	政策共同体	执政党理念	国民情绪	
E05	利用影响力受贿现象突出	田凤岐妻子受贿案、刘方仁儿媳妇受贿案	加入《联合国反腐败公约》	现行刑法无法直接规制	增设利用影响力受贿罪	人大代表、刑法学者	"反腐倡廉建设"理念的提出	支持入罪	政治之窗、问题之窗
E06	组织强迫残疾人、儿童乞讨现象突出	"丐帮帮主"官清平案	《中华人民共和国治安管理处罚法》通过;《城市生活无着的流浪乞讨人员救助管理办法》出台	现行刑法无法直接规制	增设组织残疾人、儿童乞讨罪	刑法学者、公安机关	"和谐社会"理念的提出,要求完善对乞讨人员的救助制度	支持入罪	问题之窗
E07	新型伪造信用卡犯罪手段出现	济南信用卡诈骗案	—	现行刑法无法直接规制	增设妨害信用卡管理罪	司法机关、金融主管部门、刑法学者		支持入罪	问题之窗

审视理论验证结果，可以得出如下初步结论：

其一，七个案例中均可清晰地观察到多源流下指标、焦点事件、反馈、政策建议、政策共同体、国民情绪等要素对立法过程议程设置的影响。这意味着，多源流分析框架总体上可以为不同时期、不同领域刑法立法活动议程设置逻辑的解释提供理论支持。

其二，七个案例间的焦点事件、反馈、政策共同体、国民情绪等要素几乎高度一致，即均受到焦点事件影响、都存在现行刑法适用困难的反馈、政策共同体都包括刑法学者、国民情绪都表现为支持。这意味着，这些要素对刑法立法活动建构逻辑具有普遍性的影响。

其三，E03、E07 两个案例中，前置法动向、执政党理念的推动等要素对议程设置的影响体现得并不突出。这意味着，在特定领域罪名的修改中，指标、焦点事件、反馈、政策源流、国民情绪等要素便可能极大地推动刑法修正的议程设置。

概言之，通过对七个刑法立法活动建构过程中经验事实的审视，可以发现，多源流分析框架可以为以刑法为代表的立法过程的议程设置逻辑提供工具性的支持。易言之，立法过程的议程设置逻辑也的确呈现出多源流的总体特征。

二、单案例深描：刑法第 336 条之一款的议程设置逻辑

多案例检验从一般意义上揭示了以多源流框架分析刑法立法议程设置的合理性。与此同时，本书还将以非法植入基因编辑胚胎罪为例，以案例深描为方法，验证以多源流分析框架解释立法过程议程设置逻辑的合理性。2020 年 12 月，刑法修正案（十一）审议通过。其中，第 39 条明确指出，在刑法第 336 条后增加一条，作为第 336 条之一："将基因编辑、克隆的人类胚胎植入人体或者动物体内，或者将基因编辑、克隆的动物胚胎植入人体内，情节严重的，处三年以下有期徒刑或者拘役，并处罚金；情节特别严重的，处三年以上七年以下有期徒刑，并处罚金。"

这在已有刑法的基础上增设了"非法植入基因编辑胚胎罪"。根据多源流分析框架，可以从如下方面来审视刑法第366条之一款的议程设置逻辑。

（一）问题源流：新型风险预警与既有刑法规范的不足

在刑法体系中，非法植入基因编辑胚胎罪属于典型的抽象危险犯。亦即，行为人只要符合刑法条文规定的构成要件，便推定其制造了法所不允许的危险。随着人类现代化进程的不断推进，现代化本身的危险逐渐显露出来，甚至蕴含着威胁现代化自身的巨大危险。因此，在人类步入风险社会的今天，法律体系开始日渐重视防止巨大社会风险，不仅将行为规制的起点移到危害结果发生之前，更对一些可能产生抽象风险（即非具体风险）的行为设定了规制底线。因此，考察这类法律规范的构建逻辑时，除了要分析传统的焦点事件、政策反馈等问题源流，还需要特别注意风险预警、前置法规范等问题源流。总体上看，新型风险预警与既有刑法规范的不足是非法植入基因编辑胚胎入罪的问题源流。

首先，基因编辑技术的发展引发了非法植入基因编辑胚胎行为的风险预警。所谓基因编辑胚胎，是指经基因编辑技术对基因加以改造的胚胎。其中，基因编辑技术主要是指在基因组水平上对目的基因序列甚至是单个核苷酸进行替换、切除，增加或插入外源 DNA 序列的基因工程技术，尤以 CRISPR-Cas9 系统的诞生使基因定位、精准修改成为现实。[①] 基因编辑技术的发展意味着可以人为地控制基因表达，极大地推动了生物医学的发展。但与此同时，由于基因对于人类生命的极度重要性，基因编辑的风险也逐渐显现出来。总体上看，风险主要包括：其一，侵犯受试者个体利益的风险。已经进行的大量基因编辑技术试验都曾出现过意外而失控的"脱靶效应"。在"脱靶效应"中，基因编辑技术对靶标序列之外的基因造成

---

① 刘旭霞、刘桂小：《基因编辑技术应用风险的法律规制》，《华中农业大学学报》（社会科学版）2016 年第 5 期。

了误伤，存在由于基因突变而引发难以预测的巨大生命健康的风险。① 其
二，侵犯人类共同利益的风险。这包括，侵犯人类的物种尊严的风险，亦
即，导致人类工具化，所谓"遗传基因被他人决定与操纵，其本身仅仅是
被当作'工具'和'手段'来利用而已"②；侵犯人类的自然发展法则和生
命伦理底线、冲击个体与人类命运共同体同构性的风险③；因基因编辑技
术尚不成熟而引发的尚不可知的对人类公共利益的其他威胁。其三，侵犯
生物环境的风险，包括破坏物种多样性和生物完整性的风险等。④ 在当前
的技术条件下，无论前述哪种风险发生，都将对个体、社会造成极大的危
害。因此，生物学、医学、哲学、法学等多个学科都发出了对非法植入基
因编辑胚胎的风险预警。这在"贺建奎案"发生后社会各界的反映中表现
得尤为突出。

其次，"贺建奎案"作为焦点事件引发了公众和立法机关对非法植入
基因编辑胚胎行为潜在风险的极大关注。2018 年 11 月 26 日，腾讯网、新
浪网等媒体报道，南方科技大学副教授贺建奎宣布，一对名为露露和娜娜
的基因编辑婴儿于 2018 年 11 月在中国健康诞生。这对双胞胎的一个基因
经过修改，她们出生后即能天然抵抗艾滋病。⑤ "基因编辑婴儿事件"引
起轩然大波：贺建奎以"反派"形象入选《自然》发布的 2018 年度影响
世界的十大科学人物。⑥ 多名医学、生物学专家提出质疑，认为实验可

---

① 参见于慧玲：《人类辅助生殖基因医疗技术滥用的风险与刑法规制》，《东岳论丛》
2019 年第 12 期。

② 刘建利：《刑法视野下克隆技术规制的根据与方法》，《政法论坛》2015 年第 4 期。

③ 参见郑玉双：《生命科技与人类命运：基因编辑的法理反思》，《法制与社会发展》
2019 年第 4 期；吴庆懿、杨怀中：《人类生殖系基因编辑的伦理问题》，《自然辩证法研究》
2020 年第 4 期。

④ 参见肖显静：《转基因技术的伦理分析》，《中国社会科学》2016 年第 6 期。

⑤ 《世界首例免疫艾滋病的基因编辑婴儿在中国诞生》，腾讯网，2018 年 11 月 26 日；
《世界首例基因编辑婴儿诞生！能天然抵抗艾滋病》，新浪网，2018 年 11 月 26 日。

⑥ 《〈自然〉年度十大人物：天才少年曹原居首，贺建奎来去匆匆》，澎湃新闻网，2018
年 12 月 19 日。

能会带来很多问题。① 广东省组建"基因编辑婴儿事件"调查组，调查表明，"基因编辑婴儿"严重违背伦理道德和科研诚信，严重违反国家有关规定，在国内外造成恶劣影响。② 南方科技大学解除与贺建奎的劳动合同关系。③2019 年 12 月，深圳市南山区人民法院一审公开宣判，贺建奎构成非法行医罪。④ 从首次新闻报道到贺建奎被判入狱，"基因编辑婴儿"事件让普通公众、立法机关首次感受到基因编辑和非法植入基因编辑胚胎的巨大风险，人们对非法植入基因编辑胚胎行为的担忧集中展现出来。

复次，司法活动的反馈显示，现行刑法在应对诸如"贺建奎案"的非法植入基因编辑胚胎行为时存在明显不足。"贺建奎案"发生以后，由于科学界、普通民众的广泛担忧，以及严重违规的调查结论，司法机关介入该案的调查和审判。虽然最终法院以刑法第 336 条规定的非法行医罪对其予以处罚，但非法植入基因编辑胚胎是否构成非法行医依然存在争议。其中，反对意见表示，其一，针对尚未出生的人类胚胎进行编辑的行为并不必然构成行医行为，该行为具有生物实验行为的属性；⑤ 其二，非法行医罪属于情节犯，要判处有期徒刑以上刑罚需要"严重损害就诊人身体健康的"，而基因编辑胚胎行为本身并不必然意味着新生儿身体健康的严重受

---

① 参见《国家自然科学基金委员会对贺建奎做法可能造成的后果担忧》，新浪新闻，2018 年 11 月 30 日；《122 位科学家联合声明：强烈谴责"基因编辑婴儿"》，新浪新闻，2018 年 11 月 26 日。

② 参见《广东初步查明"基因编辑婴儿事件"》，新华网，2019 年 1 月 21 日。

③ 参见《南方科技大学：解除与贺建奎的劳动合同关系》，澎湃新闻网，2019 年 1 月 21 日。

④ 参见《"基因编辑婴儿案"贺建奎因非法行医罪被判三年》，中国法院网，2019 年 12 月 30 日。

⑤ 参见朱晓峰：《人类基因编辑研究自由的法律界限与责任》，《武汉大学学报》(社会科学版) 2019 年第 4 期；王志祥、安冉：《涉基因技术行为的刑法规制问题研究》，《山东警察学院学报》2020 年第 2 期。

损。① 此外，对比刑法修正案（十一）拟规制的非法植入基因编辑胚胎行为可以发现，因为非法行医罪所规制的主要是对人非法行医，并不包括对动物非法行医，非法行医罪无法处罚将基因编辑、克隆的胚胎植入动物体的行为。概言之，刑法第 365 条规定的非法行医罪面对非法植入基因编辑胚胎时显得无力。

最后，民法典、生物安全法等前置法的出台要求刑法进行修正以提升其保障法的能力。2020 年 5 月 28 日，全国人大审议通过民法典。民法典第 1009 条规定，从事与人体基因、人体胚胎等有关的医学和科研活动，应当遵守法律、行政法规和国家有关规定，不得危害人体健康，不得违背伦理道德，不得损害公共利益。2020 年 10 月 17 日，全国人大常委会通过《中华人民共和国生物安全法》。该法第 34 条第 2 款规定，从事生物技术研究、开发与应用活动，应当符合伦理原则；第 40 条规定，从事生物医学新技术临床研究，应当通过伦理审查，并在具备相应条件的医疗机构内进行；进行人体临床研究操作的，应当由符合相应条件的卫生专业技术人员执行；第 82 条规定，构成犯罪的，依法追究刑事责任。可见，民法典、生物安全法为基因编辑生物技术研发行为确定了伦理准则、主体条件等基本规则。这要求刑法及时增加基因编辑相关条款来提升其保障前置法实施的能力。

（二）政治源流：协同的执政党理念与国民情绪

执政党理念、国民情绪的变化和发展会对政策制定过程产生极为重要的影响。内容上相互协同的二者共同构成了非法植入基因编辑胚胎入罪的政治源流。

第一，十八大以来中国共产党执政理念的变化：全面依法治国战略和总体国家安全观的确立。一方面，2014 年 10 月，中共十八届四中全会召开，会议审议通过《中共中央关于全面推进依法治国若干重大问题的决

_____

① 参见王康：《"基因编辑婴儿"人体试验中的法律责任》，《重庆大学学报》（社会科学版）2019 年第 5 期。

定》，全面依法治国上升为国家战略。《中共中央关于全面推进依法治国若干重大问题的决定》提出，要建设中国特色社会主义法治体系，完善立法体制，深入推进科学立法、民主立法，加强重点领域立法，加快国家安全法治建设。另一方面，2014 年 4 月 15 日，中央国家安全委员会第一次会议召开，习近平提出要坚持总体国家安全观，走出一条中国特色国家安全道路，首次系统提出 11 种安全，并于 2020 年 2 月提出将生物安全纳入国家安全之中。执政理念的两种变化使生物安全立法越来越受到政治上的重视，构成了非法植入基因编辑胚胎行为入罪的总体政治背景和政治动因。党以及国家领导人高度重视生物安全和生物安全立法。习近平对中国特色社会主义法律体系所作的重要论断对中国特色社会主义法律体系的建构具有重要的指引作用。梳理习近平有关生物安全的重要讲话可以发现，近年来尤其是新冠疫情暴发之后，习近平多次明确提及加强生物安全立法，要求通过立法、修法增强生物安全风险防御能力。

第二，国民情绪：主流媒体强势呼吁、禁止基因编辑的社会舆论高涨。"贺建奎案"进入大众视野之后，主流媒体持续追踪报道。人民网舆情频道发表评论《四问"基因编辑婴儿"案件》，追问贺建奎非法植入基因编辑胚胎的行为动机、行为属性、警示意义；《人民日报》发表微评，指出基因编辑除寄望道德自觉，更须立法①；新京报、头条新闻等官方媒体微博连续发布有关基因编辑事件的微博（表 1-3），几乎无一例外地呼吁通过立法或者司法禁止非法植入基因编辑胚胎的行为。学界以《新京报》为例对其关于"基因编辑婴儿"的报道倾向进行了统计（表 1-4），结果显示，新京报报道内容多带有明显倾向性，中性倾向比例最高，占比50.9%，负面倾向比例次之，占比 47.1%，正面倾向占比极低，仅 2.0%。其中，负面评论主要是对"基因编辑婴儿"的批判，以及呼吁通过立法司

---

① 参见《人民日报评基因编辑：除寄望道德自觉　更须立法》，中国青年网，2018 年 11 月 26 日。

法等途径避免此类行为再次发生。而中性评论也以制度建设和加强监管为主。概言之，通过主流媒体显现出的国民情绪要求禁止非法植入基因编辑胚胎行为。

表 1-3　官方媒体关于"首例基因编辑婴儿诞生"微博梳理统计 [①]

（2018 年 11 月 26 日 0 时至 2018 年 12 月 2 日 24 时）

名称	粉丝数	认证类型	相关博文数
新京报	33443919	媒体	51
头条新闻	57545076	媒体	27
中国新闻网	41292091	媒体	21
中国日报	40552584	媒体	13
央视新闻	75898226	媒体	11
新闻晨报	34791257	媒体	8
中国新闻周刊	46572915	媒体	7
新华视点	49136954	媒体	6
人民日报	79853870	媒体	5
新华网	49062225	媒体	4

表 1-4　新京报关于"基因编辑婴儿"报道倾向统计 [②]

日期	负面	中性	正面	总计
11 月 26 日	5	10	1	16
11 月 27 日	13	8	0	21
11 月 28 日	4	7	0	11
11 月 29 日	2	1	0	3
总计	24	26	1	51

[①]　参见王蕊：《科学传播视野下媒体微博对突发性事件的舆情响应研究》,《新媒体研究》2019 年第 24 期。

[②]　王蕊：《科学传播视野下媒体微博对突发性事件的舆情响应研究》,《新媒体研究》2019 年第 24 期。

　　主流媒体之外，普通民众的情绪也表现出了对非法植入基因编辑胚胎行为的担忧，并且明显聚焦于加强对该类行为的监管。统计显示，在公众参与"基因编辑婴儿事件"的微博评论中，高频词汇除了"基因""人类""实验"等事件描述类的名词，"谴责""处罚""底线"等与监管、规制相关的词汇明显突出。① 虽然不排除公众情绪受主流媒体话语影响的可能，但这也在一定程度上显示出国民情绪内在的一致性。

　　（三）政策源流：从宽泛的规制思想到具体的入罪建议

　　在金登看来，备选方案和政策建议的产生过程类似于一个自然选择的过程。在政策诞生之前，政策思想在政策共同体中四处漂浮。② 其后，受政策活动家的驱动，政策思想经由提出议案、草拟建议、根据反应修改建议等过程被逐步固定下来，形成有影响力的政策源流，最终以政策建议的形式得到立法者的重视。非法植入基因编辑胚胎入罪的政策建议生动地呈现了政策源流从宽泛的规制思想到具体的入罪建议的演进过程。

　　我国政策共同体在 21 世纪初期便注意到了基因技术风险的规制问题，规制基因技术风险的政策思想自那时起便漂浮于政策原汤之中。其中，王灿发提出应当立法禁止会给生物安全、人类和环境造成极大危害的基因改变等生物技术 ③；柯坚提出应当基于风险防范原则制定法律防范基因技术带来的生物安全风险 ④；陈颖健提出应当注意基因在人、动物、植物之间相互转移的风险 ⑤；王子灿提出应当在生物安全立法中关注基因技术的风险。⑥ 在这一阶段，政策共同体初步认识到基因技术的风险，但尚未认

---

① 参见邓雅楠：《社交媒体中的科学传播公众参与研究》，《科技传播》2020 年第 19 期。

② 参见［美］约翰·W.金登：《议程、备选方案与公共政策》，丁煌、方兴译，中国人民大学出版社 2017 年版，第 111 页。

③ 参见王灿发：《创建框架性法规体系》，《国际贸易》2000 年第 7 期。

④ 参见柯坚：《论生物安全法律保护的风险防范原则》，《法学杂志》2001 年第 3 期。

⑤ 参见陈颖健：《生物安全：人类健康和环境保护的新领域》，《求是》2004 年第 6 期。

⑥ 参见王子灿：《论生物安全法的基本原则与基本制度》，《法学评论》2006 年第 2 期。

识到基因编辑技术、非法植入基因编辑胚胎等行为类型可能存在的具体风险类型。易言之，关于基因编辑的政策思想此时依然属于宽泛的规制思想。

基因编辑技术的快速发展和"贺建奎案"的发生促使政策共同体开始在政策原汤中摘取具体有用的政策思想。首先，对于"贺建奎案"的处理结果，政策共同体内部形成了较为统一的意见，认为应当对贺建奎予以定罪处罚。包括刑法学专家陈兴良和医学专家周灿权[①]、四川舟楫律师事务所 40 余名律师[②] 在内的各类人士均持此种观点。"贺建奎案"的主审法官实际上也采取了这种立场。其次，对"贺建奎案"处理依据的讨论引发了非法植入基因编辑胚胎行为是否合法的讨论，包括是否违反实定法和是否违反非实定法（如一般法理、自然法）的讨论。在前一种讨论中，有观点认为，由于刑法无明文规定，非法植入基因编辑胚胎并不违反现行刑法。[③] 后一种的讨论认为，基于人的自然本性、预防社会风险的目的取向等多个方面的原因，非法植入基因编辑胚胎都应予以限制或者禁止。[④] 不过，这些讨论依然停留于对非法植入基因编辑胚胎行为的一般法理反思，并未讨论是否应当修正刑法对该类行为进行入罪处理。易言之，虽然政策共同体已经将对基因技术风险的关注逐步聚焦到基因编辑、非法植入基因编辑胚胎的范畴上来，但是依然没有归结到非法植入基因编辑胚胎是否入罪的问题上。

---

① 参见《四问"基因编辑婴儿"案件》，人民网，2019 年 12 月 31 日。

② 参见《国内律师联名声讨"基因编辑婴儿"：建议司法机关介入》，搜狐网，2018 年 11 月 26 日。

③ 参见余秋莉：《论人体生殖系基因编辑行为的刑法应对》，《法律适用》2020 年第 4 期；参见朱晓峰：《人类基因编辑研究自由的法律界限与责任》，《武汉大学学报》(社会科学版) 2019 年第 4 期。

④ 参见孙海波：《基因编辑的法哲学辩思》，《比较法研究》2019 年第 6 期；孙道锐：《基因编辑的法律限度》，《中国科技论坛》2020 年第 6 期；郑玉双：《生命科技与人类命运：基因编辑的法律反思》，《法制与社会发展》2019 年第 4 期。

政策思想的凝结和入罪建议的具体化开始于刑法学者的讨论。通过分析非法植入基因编辑胚胎等行为存在的风险以及现行刑法规范的不足，以刑法学者为主体的政策共同体提出，贺建奎实施的非法植入基因编辑胚胎行为具有严重的社会危害性，鉴于现行刑法在面对该类风险时存在明显的不足，应当通过修正刑法的方式，新增相应罪名对该类行为予以处罚。其中，朱晓峰提出刑事立法应注意人类基因编辑研究自由的规范边界[1]；王康提出可以增加"非法改造人类基因罪"[2]；于慧玲提出可以增设"非法改变人类基因罪"等基因犯罪[3]；周光权提出增设"非法从事人体胚胎实验、非法进行基因改良罪"[4]。

总体上看，非法植入基因编辑胚胎行为应否入罪的政策源流经历了宽泛的规制思想到具体的入罪建议的过程。具体入罪建议的提出，最终为立法者筛选立法方案进入立法程序提供了前提。结合刑法修正案（十一）的二审稿草案可以发现，最终提交审议的"非法植入基因编辑胚胎罪"与政策源流中的入罪建议具有高度关联性。而最终经由立法程序制定生效的刑法修正案（十一）也在相当大的程度上吸收了立法建议。

（四）政策之窗开启：问题之窗、政治之窗与政策溢出效应

问题源流或政治源流的改变是政策之窗开启的原因。[5] 对基因编辑技术风险的预警，"贺建奎案"的发生，民法典、生物安全法的出台充分暴

---

① 参见朱晓峰：《人类基因编辑研究自由的法律界限与责任》，《武汉大学学报》（社会科学版）2019 年第 4 期。

② 参见王康：《"基因编辑婴儿"人体试验中的法律责任》，《重庆大学学报》（社会科学版）2019 年第 5 期。

③ 参见于慧玲：《人类辅助生殖基因医疗技术滥用的风险与刑法规制》，《东岳论丛》2019 年第 12 期。

④ 参见《周光权：禁止对人体胚胎实施基因改良，确保中华民族安全繁衍》，清华大学新闻网，2019 年 3 月 5 日。

⑤ Nicole Herweg. Against All Odds: The Liberalisation of the European Natural Gas Market—A Multiple Streams Perspective. *Energy Policy Making in the EU* 28 (2015): 90.

露出现行刑法在预防基因编辑技术风险时的不足。这一紧迫问题的出现使政策议程设置出现"问题之窗",迫切要求立法者通过法律修正的方式来应对非法植入基因编辑胚胎的行为。同时,由于执政党理念、国民情绪在规制非法植入基因编辑胚胎问题上高度一致的政治立场,"政治之窗"出现。而更加值得注意的是,在非法植入基因编辑胚胎是否入罪这一议题中,当问题之窗因为基因编辑的风险与刑法规范的不足而打开时,作为备选方案而提出的入罪建议同时也符合政治上的可接受性。问题之窗与政治之窗的相互关联极大地推动了政策议程的设置进度。

除此之外,非法植入基因编辑胚胎入罪的议程设置还受到"政策溢出效应"的影响。所谓政策溢出,是指出现一扇有利于某一主题的政策之窗常常可以为另一个相同主题的敞开增加可能性。[1] 这种政策议程设置中的溢出效应源于不同政策议题之间的相关性,一个先进入政策议程的政策问题会大大提升另一个问题进入决策者视野的机会,对后者议程设置产生"正外部性"。[2] 非法植入基因编辑胚胎入罪受到的政策溢出效应影响主要来自两个方面。一是非法行医罪的溢出效应。自 1997 年刑法修订以来,我国刑法便规定了非法行医罪,意在保护我国的医疗秩序。受这一条文的溢出效应影响,当新型的、可能危害我国医疗秩序的行为出现时,通过刑法规制该类行为便会获得政策议题上的优先性。事实上,这也正是刑法修正案(十一)将非法植入基因编辑胚胎的条文列为刑法第 336 条(非法行医罪)之一款的原因。二是妨害传染病防治罪修订的溢出效应。2020 年初新冠疫情暴发后,为惩治妨害疫情防控的犯罪行为,最高人民法院、最高人民检察院等部门联合出台《关于依法惩治妨害新型冠状病毒感染肺炎疫情防控违法犯罪的意见》(下称《意见》),明确妨害新冠

---

① [美]约翰·W.金登:《议程、备选方案与公共政策》,丁煌、方兴译,中国人民大学出版社 2017 年版,第 179 页。

② 李燕、朱春奎:《"政策之窗"的关闭与重启》,《武汉大学学报》(哲学社会科学版)2017 年第 5 期。

肺炎防治措施的行为将构成妨害传染病防治罪。这一措施为防治新冠肺炎起到了巨大作用，保障了疫情防控的秩序。但同时，《意见》的这一解释与现行刑法第330条有所出入。为了弥补现行刑法在这一罪名上的缺漏，对刑法第330条进行修改势在必行。非法植入基因编辑胚胎属于典型的生物技术谬用，与妨害传染病防治行为都属于危害生物安全的行为，二者具有内在的议题相关性和政策问题的同源性。当修改妨害传染病防治罪进入决策者视野时，非法植入基因编辑胚胎入罪成为议程的可能性也将提高。

（五）政策活动家的推动

当然，政策之窗开启并不意味着议题绝对会进入政策议程。相反，政策之窗稍纵即逝。政策之窗出现后，政策活动家的推动对于议程设置十分重要。

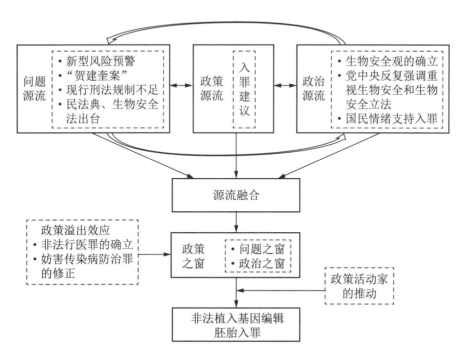

图 1-1　刑法第 336 条之一款的建构逻辑

政策之窗出现时，具有敏锐触觉的政策活动家积极推动政策备选方案与其他事物的结合：一是推动其备选方案与某种问题的结合，二是推动其备选方案与政治要求的结合。在非法植入基因编辑胚胎的议题上，可以看到，政策活动家对于前述两个方面的结合均有实质性推动。一方面，政策活动家基于基因编辑技术的风险、"贺建奎案"等问题源流，提出应当增设非法改造人类基因罪等罪名，设置基因编辑研究的规范边界。另一方面，政策活动家在其政策建议中也特别注意到了党内决议、领导人讲话、国民情绪等政治因素。例如，王康在其入罪建议中明确引用党中央提出的加快相关立法工作的要求，周光权在其立法建议中明确提到"全球舆论一片哗然""社会广泛质疑"等反映国民情绪的政治因素。由于政策活动家的推动，非法植入基因编辑胚胎入罪进入刑法修正议程的可能性极大提高并最终成为刑法修正案（十一）的正式议题。

第三节　立法过程议程设置总体逻辑的特征总结

如表 1-2、图 1-1 所示，通过上文的多案例检验和单案例深描，可以看到，以刑法立法为代表的立法过程中，问题源流、政策源流、政治源流、政策之窗、政策活动家等多源流分析框架的核心要素都扮演着实质性的作用。这表明，立法过程的议程设置逻辑表现出问题源流、政治源流、政策源流在政策活动家的引导下共同推动立法过程的总体特征。

与此同时，案例分析的结果显示，刑法立法的议程设置存在其特别之处。这些特别之处是刑法立法议程设置与一般议程设置的区别所在，充分证明前文对分析框架所作修正的合理性。与此同时，这些特别之处也代表了立法过程的议程设置逻辑相较于一般公共决策逻辑的区别性特征，为理解当代立法过程的议程设置逻辑提供了新的智识启迪。这主要体现在以下方面：

其一，刑法立法问题的建构不仅取决于实害指标的变化，还受风险预警机制的影响。其理论启示是：一方面，应当如前文一般，修正多源流分析框架中指标的识别机制，注重从风险预警的角度审视立法过程的议程设置逻辑。尤其是，在观察医疗卫生、人工智能等新技术、新领域的立法活动时，应当对其可能引发的风险进行评估，并据此考虑是否构成立法问题。另一方面，应当注意从预防性立法的角度理解刑法修正。所谓预防性立法，是指以预防风险发生为主要目的的立法。与回应性公共政策相区别，这类立法活动的问题源流主要偏向于对潜在风险的预警。如前所述，在医疗卫生、环境保护、恐怖主义犯罪等领域，由于个别犯罪行为的发生往往可能引发无法估量的危害，刑法不得不将其规制节点前移到实际危害发生之前，抽象危险犯、预备行为和帮助行为正犯化的立法例层出不穷。这种立法本质上遵循的是预防性立法的逻辑。而这一点对于理解近年来生物安全法、个人信息保护法、突发公共卫生事件应对法等领域法律体系的建构和完善具有重要的启示意义。

其二，刑法立法受前置法变动的影响颇为明显，这提示应当着重从法律体系、政策体系乃至国家治理体系的协调性的角度来审视立法过程的议程设置逻辑。于刑法立法而言，这是刑法保持其与整体法秩序的协调性的必然要求。于其他法律乃至于一般公共政策而言，这是确保法律和公共政策能够得到较好执行，尤其是实现部门协同的必要前提。以此为起点，在确证刑法保障法地位的同时，还可以确证其在整个法律体系中保障法这一结构性地位。同时，还可以在公共政策领域发现一种保障性公共政策。保障法和保障性公共政策应其他法律或公共政策而出台，其目的在于为既有的法律或公共政策提供保障。因此，相较于前置性法律或公共政策，保障性法律或公共政策因其保障目的而在定位上具有一定的谦抑性。刑法便是一种典型的保障性公共政策。另一方面，这实际上也从整体的、体系的角度为理解立法过程的议程设置逻辑提供了一种思路。亦即，一些法律体系的制定本身便承担着衔接其他法律体系、补足整个法秩序的体系结构、保障其他法律顺利实施的功能。换句话说，一些法律体系的议程设置逻辑乃是由其在体系中的地位决定的。例如行政法、民法等前置法对刑法立法活动的决定性影响，又如，数据安全法、个人信息保护法之间的相互决定等。

其三，刑法立法政策源流的动向显示，普通的社会主体（普通民众）、生物学研究者、法学研究者、立法工作者都可以提出较为宽泛的法律规制思想，而具体的立法建议则较为依赖法学研究者以及立法工作者的专业法律知识。这提示我们，一方面，对立法过程中立法方案生成逻辑的考察，需要对各种类型的方案提出逻辑作类型学的考察。另一方面，考察具体立法建议的生成逻辑，需要着重考察法学研究者以及立法工作者等法律专业人士的行动逻辑，需要重视对法学领域的知识变革的观察，更需要重视对法学学者特定的审视。当然，在立法者的角度，还需要认识到法学知识乃至于知识本身的局限性，避免在追求理性时陷入唯心主义的窠臼。

其四，在部分保护基本生活秩序的刑法立法活动中，部分罪名修正议程设置的政治源流并不必然需要执政党推动。其原因在于，刑法保护的部分生活秩序属于基本的生活秩序，普通国民能够识别该类行为的价值性、能够判断应否对其出入罪，所以，刑法调整对这类行为的规制并不一定需要执政党的推动，国民情绪等政治因素便可能推动刑法修正议程的设置。如前述多案例检验结果，嫖宿幼女罪、危险驾驶罪等罪名的修改议程中，国民情绪的影响比较明显，而执政党理念等因素的推动作用并不突出。这提示我们要格外重视我国立法过程中国民情绪的重要意义。而这可能是我国立法过程与其他国家立法过程之间的一个重要差异。在"以人民为中心""科学立法、民主立法"等立法理念的影响下，立法者如今越来越重视普通民众对立法活动的看法。特别是在一些事关普通民众日常生活的法律问题上，人民意志这一政治源流发挥着颇为重要的作用。而这也是我国的政治优势之所在。

概言之，前述案例研究在理论上基本证明了我国立法过程"多源合一"的基本逻辑。这使得本章的研究具备了三个方面的重要价值。其一，于刑法立法研究而言，弥补了学界在刑法立法研究中建构逻辑或议程设置逻辑研究的缺失，将刑法立法的研究视野从条文评析拓展到"前决策"过程的阐释，对全面理解和评价刑法立法从而建构刑法立法活动的法政策学理论具有重要价值。其二，于法政策学理论的发展而言，实现了多源流分析框架这一经典的政策学理论向法学领域的发展，特别是以风险预警、前置法变动等范畴丰富了多源流分析框架的理论内涵。其三，于本书想要解决的核心问题而言，提供了可行的展开进路，证明了本章第一节所选用的多源流分析框架的确能够帮助我们理解以刑法为代表的立法过程的议程设置逻辑。因此，本书在后文的展开中将以前文所确立的分析框架为线索，逐个讨论影响我国立法过程的主要因素，分析其发生作用的内在机理。

当然，此处还必须补充的是，拉斯韦尔和麦克道格尔创造 Policy-Science of Law 意义上的法政策学时，其所处的政治学界正掀起一股行为主义革命以及"价值中立"的研究风潮。受行为主义革命以及"价值中立"观的影响，在新兴的政策科学看来，传统的政治学只能被视为理论或者学说，不能称为科学。[①] 而要使政策学成为一种科学，必须坚持"价值中立"。这一度成为现代政策科学与传统政策学之间的重要差别。虽然政策科学在后续的发展中已经验证了"价值中立"命题背后存在的问题，但法政策学理论却依然带有强烈的"价值中立"色彩。就此而言，虽然本书在方法论上承认前述案例检验结论中的主观性，但总体而言，这部分依然主要是对立法过程的议程设置逻辑的描述性研究，其重点依然是对建构过程的事实描述（虽然不是对"裸"的事实的描述，也可能并没有搜集和兼

---

① 王春福、陈震聰：《西方公共政策学史稿》，中国社会科学出版社 2014 年版，第 13 页。

顾到刑法修正过程中的所有事实）。故此，对立法过程的规范性讨论，依然总体有所欠缺。对此，后文将在每一个部分的讨论中，不仅会在事实上还原中国特色社会主义法律体系核心建构过程（问题界定、政治互动、方案生成），还会对这些事实过程中存在的潜在规范风险逐一进行反思，进而在此基础上探讨我国立法过程的理想图景。

第二章　立法过程中的问题界定

在立法的评价性研究中，某项立法活动与其想要解决的问题之间是否相对应是最为重要的议题之一。围绕这一基点，论者往往会分成不同的阵营：肯定论者提出，因为存在特定的问题，所以针对这些问题而进行的立法活动应该予以积极评价；否定论者提出，法律具有其固有规定，一些"小问题"不足以推动立法，不应该为了一些"小问题"动辄立法。以刑法为例，截至 2024 年，立法者已经出台了十二部刑法修正案。我国刑法立法活动活跃化的态势可谓依然在持续深入。①而对于这种态势，支持者认为，这些刑法立法活动是对社会变化所出现的问题所作出的积极回应，应当予以肯定。②而批评者则指出，部分问题并非必须通过刑法立法方可解决，刑法立法活动存在过度刑法化之嫌。③毫无疑问，这样的讨论有助于更好地判断立法活动的边界，进而为需要解决的问题找到更好的解决方式，具有理论和实践价值。

但是，仅仅关注问题与立法活动之间的对应性是远远不够的。原因在

---

① 参见周光权：《转型时期刑法立法的思路与方法》，《中国社会科学》2016 年第 3 期。

② 参见周光权：《刑事立法进展与司法展望——〈刑法修正案（十一）〉总置评》，《法学》2021 年第 1 期；付立庆：《论积极主义刑法观》，《政法论坛》2019 年第 1 期等。

③ 参见刘艳红：《象征性立法对刑法功能的损害》，《政治与法律》2017 年第 3 期；何荣功：《社会治理"过度刑法化"的法哲学批判》，《中外法学》2015 年第 2 期。

于，立法活动想要解决的问题并不是一种自然存在，而是具有人工性的人为创造物。如学者所说，问题是一种分析性的结构和概念性的实体。[①] 虽然受到客观条件的影响，但问题具有明显的主观性、人工建构性。[②] 这意味着，决策过程中的问题界定完全可能存在错误。而一旦问题界定有误，即便界定出来的问题与刑法立法之间的对应性完全成立，这种立法活动也只能算是"把正确的答案给错误的问题"（即学者所说的"第三类错误"）[③]，并不能证明立法活动的正确性。更何况，如邓恩（Dunn）所说，令人遗憾的是，失败的原因更多的是由于解决错误的问题，而不是由于为正确的问题找到错误的解决办法。[④] 就此而言，要全面准确地评价中国特色社会主义法律体系，便必须将分析起点进一步向前推进并追问这样的问题：立法过程中的问题是如何界定出来的？

实际上，对这一问题的追问不仅是准确评价中国特色社会主义法律体系的前提，还是探寻其完善路径的必然选择。只有清楚地掌握了中国特色社会主义法律体系的问题界定逻辑，方能对以之为起点的立法过程给出合理的改善方案。而除此之外，追问这一问题还具有重要的司法论意义。在相当大的程度上，对问题的解决乃是立法的目的所在。因此，厘清我国立法过程的问题界定逻辑还具有厘清法律体系规范目的的意义，有助于法律解释者和司法裁判者进行目的解释或者在目的指引下进行司法裁判。

---

① David Dery. Agenda Setting and Problem Definition. *Policy Studies* 21 (2000): 40.

② 参见李强彬、李若凡:《政策问题何以界定：西方的研究与审视》，《党政研究》2018年第 5 期。

③ A. W. Kimball. Errors of the Third Kind in Statistical Consulting. *Journal of the American Statistical Association* 52 (1957): 135. 与此相对，决策理论者将"在原假设正确的时候拒绝它"概括为第一类错误，将"在原假设错误的时候接受它"概括为第二类错误。

④ ［美］威廉·邓恩:《公共政策分析导论》，谢明等译，中国人民大学出版社 2011 年版，第 51 页。

第一节 立法问题界定：从现象到问题

平井宜雄曾经指出，问题意指的乃是某种意义上"应然状态"或"理想状态"与"现实状态"之间的"空隙"。[①] 在此意义上，问题绝不是单纯的应然或者实然状态，而是一种应然与实然的比较，是一种人类生成物。只有当人类作出关于改变某些问题情境的判断时[②]，特定的社会情势才会被构建为一个需要立法予以解决的问题。例如，"醉酒驾车"由来已久，但在相当长的时间里，醉驾都没有被视为需要立法予以解决的问题。直到人大代表提出议案，并"经与有关部门共同研究"，醉酒驾车方才被确定为需要立法予以解决的问题。[③] 立法文件显示，立法过程中此种反复研究的情况不在少数。除此之外，还存在因各方意见无法统一等原因而导致立法问题界定失败的情形。[④] 就此而言，在选择一个问题的法律解决方案之前，实际上存在一个重要的立法问题界定环节。正是通过这个环节，特定的社会现象得以进入立法程序，成为需要解决的立法问题。

在理论本质上，"立法问题界定"属于广义上"问题界定"（或问题建构、问题构造，即 problem structuring）的一部分，是该范畴在立法领域

---

① 平井宜雄：《法政策学》（第 2 版），有斐阁 1995 年版，第 168 页参照。

② 陈振明编著：《公共政策学》，中国人民大学出版社 2004 年版，第 85 页。

③ 参见李适时（全国人大法律委员会副主任委员）：《关于〈中华人民共和国刑法修正案（八）（草案）〉的说明》，2010 年 8 月 23 日在第十一届全国人民代表大会常务委员会第十六次会议上。

④ 例如，审议刑法修正案（六）时，草案二次审议稿提出增设"非法鉴定胎儿性别罪"，但立法者通过与各方沟通和"反复慎重研究"认为，这个问题意见分歧较大，一时难以统一，因此便暂时没有列入刑法修正案之中。参见周坤仁（全国人大法律委员会副主任委员）：《关于〈中华人民共和国刑法修正案（六）（草案）〉审议结果的报告》，2006 年 6 月 24 日在第十届全国人民代表大会常务委员会第二十二次会议上。

的具体呈现。所谓问题界定，主要是指将原始呈现的一系列现象转化为一系列定义好的困难、议题和疑问从而得以具体研究的过程。[①] 问题界定这一范畴建立在对问题的"主观性""人工性""建构性"等特征的把握之上。在此意义上，问题被视为构建过程的结果，而非给定的起点。[②] 问题界定范畴建立在三个前提性的假设基础之上：其一，公共决策及其分析被人们视为一种解决问题的方法论。其二，公共决策的问题决定着公共决策的方向和内容。其三，公共决策拟解决的问题并不天然存在，这类问题具有"人工性"和"建构性"。通过公共政策问题与一般社会问题、社会现象的区分[③]，学界已经基本承认，进入公共决策阶段的问题乃是一种为了追求秩序和确定性的理性活动结果[④]，需要决策者或分析者的人工建构，而非散落于经验社会中的各类客观条件的随机组合。因此，问题界定被视为这样的过程，即决策者或分析者试图以具体的术语构造问题，并提出明确的问题陈述（或命题），以使当事人或决策者对问题的政治和技术方面有充分的了解。[⑤]

这些前提性假设在我国的立法过程中同样成立。一方面，我国立法活动以解决特定问题为目的。无论是刑法想要实现的保障人权、惩罚犯罪，还是民法典想要达成的调整民事关系、维护社会和经济秩序，都是针对社会中的特定问题而存在的。民法典婚姻家庭法部分的调整可谓典型例证。在我国房产市场开启商品房改革之前，婚姻法关于房产分割的内容篇

---

① R. N. Woolley, M. Pidd. Problem Structuring—A literature Review. *The Journal of the Operational Research Society* 32 (1981): 197.

② John Mingers, Jonathan Rosenhead. Problem Structuring Methods in Action. *European Journal of Operational Research* 152 (2004): 531.

③ 参见靳永翥、刘强强：《政策问题源流论：一个发生学的建构逻辑》，《中国行政管理》2016 年第 8 期。

④ 参见张康之、向玉琼：《确定性追求中的政策问题界定》，《浙江社会科学》2014 年第 10 期。

⑤ 陈振明编著：《公共政策学》，中国人民大学出版社 2004 年版，第 89 页。

幅并不大。而随着房产价格的不断攀升，婚姻法以及后来的民法典婚姻家庭编及其相关司法解释使用了巨大篇幅来解决婚姻中特别是离婚时的房产分割问题。另一方面，立法问题界定同样决定着立法的方向和成败。如前所述，无论是当下刑法立法活动的支持者还是批判者都承认，评价刑法立法活动的重要标准在于其针对的问题是否系属应由刑法立法解决的问题。而这同样在其他部门法领域大范围存在。例如，数据安全法的立法成败便取决于现时代关于数据安全问题的界定。此外，立法问题比公共决策问题的"人工建构性"更为明显。以民法、刑法为例，这些部门法需要解决的问题都源自立法程序中的人工建构。尤其是需要依赖于法益侵害性、违法性、社会危害性等一系列建构性的、价值性的判断标准来对具体的社会现象进行裁剪。这种对客观事实的裁剪行为注定了立法问题是人工建构的结果。立法实践中立法者根据"反复慎重研究"进而得出是否将某些问题视为立法问题便充分体现了建构性的特征。

因此，可以相应地将立法问题界定视为立法活动所针对的问题的界定过程。具体而言，立法问题界定是指在法律体系的价值关照下对特定社会条件和社会状况进行筛选和判断、结构化和规范化，进而将具体的社会情势构建为需要立法活动予以解决的问题的过程。与广义上的"问题界定"一样，立法过程中的立法问题界定同样具备主观性、人工性、建构性的特征。当然，此处的主观性、人工性、建构性并不意味着立法问题界定是立法者独坐书斋进行的主观臆想。这些特征是相较于以往人们对立法问题界定单纯的客观性认识而言的，只是对立法问题界定主观性等特征的强调。毫无疑问，作为将具体的社会现象、客观条件建构为立法问题的立法过程，立法问题界定同样受到客观社会现象的限制，具有客观性和社会性。

从历史上看，中国特色社会主义法律体系的发展历程最早可追溯到新中国成立之前中国共产党在革命根据地和解放区所开展的各类立法活动。不可否认的是，无论是当时的立法探索，还是当下的立法实践，都是因应社会历史变迁而针对特定的社会问题所作的法律选择。这便意味着，作为立法活动前提的立法问题并非法律体系内部规定所产生的，相反，乃是受外在于法律体系的客观环境变化驱动而生的。换句话说，立法问题界定源于特定社会现象和社会条件的驱动。这决定了立法问题界定在动力来源上具有"外力驱动性"。事实上，只有已经确定的法律体系无法包容的现象、条件出现，才可能推动法律体系的调整。社会现象和社会条件与法律体系的规制范围并无二致时，根本无需采取立法的行动。

立法问题界定的"外力驱动性"主要是指立法问题界定在动力来源上的外部性。这种特征主要体现在两个方面：一方面，驱动立法的客观事实具有外部性。社会现象和条件之所以可能构成立法问题的事实基础，原因在于，这类事实本身难以在既有的法律体系之中找到确切的评判依据。换句话说，这类事实处于既定法律体系所包含的"事实类型"之外，乃是外在于法律体系的存在。例如，在刑法修正案（十一）出台之前，我国刑法难以规制非法植入基因编辑胚胎的行为。即便法院最终在"贺建奎基因编辑事件"中判处贺建奎非法行医罪，但正如学者们注意到的，非法行医罪本身实际上难以完整地包纳非法植入基因编辑胚胎行为。[1] 另一方面，驱动立法的功能期待具有外部性。诚然，笼统而言，法律体系承担着维护社会秩序、保障人民权益的功能期待。在此意义上，"将某一问题纳入法律规制之中"，这一期待依然是内在于法律体系的，或者至少可以说没有超出法律体系的规范期待。但是，将某类原本不被法律所规制的现象纳入法律、将原本处以此种法律责任的行为处以另一种法律责任，依然是一种对既有法律体系规范范围、规范力度的调整，亦即外在于既有法律体系的期待。

不过，需要特别指出的是，法律体系与其他政策体系在某些方面存在

---

[1] 参见朱晓峰：《人类基因编辑研究自由的法律界限与责任》，《武汉大学学报》（哲学社会科学版）2019 年第 4 期；王康：《"基因编辑婴儿"人体试验中的法律责任》，《重庆大学学报》（社会科学版）2019 年第 5 期。

着本质性的区别。就一般的公共政策（尤指法律以外的公共政策）而言，目的性、有效性是其主要的价值追求，因此，因时、因事而异调整公共政策可谓常态。法律体系则有所不同。由于可以调整和处置人类最基本的权利，法律被要求具有基本的安定性，以确保各类社会主体对行为结果的可预见性。易言之，法律具有安定性的要求。法的安定性是法的内在要求，也是法治国原则的核心内容，源自对社会秩序的深层需求。① 法的安定性原则要求，法律体系的规范要尽可能是确定的②，并且不会随时出现变动。因为一旦法的安定性遭受损伤，人民对法律的预期自然便会受到影响，对法律的遵守和立法活动的实际效果自然也将会有所折扣。这一原则会产生维护既有法律体系稳定不变的牵制力，对于注定会改变法律体系的立法问题界定而言，显然会构成一种内在的阻力。

这种阻力产生的限制具体表现为两个方面：一方面，既有法律理念和法律体系对立法问题准入标准的限制。亦即，法律体系的特殊性决定了立法问题并非一般的问题，只有具备立法意义的问题方可以被视为立法问题。而此种立法意义的确定和判断，则往往受到既有法律体系的限制。特别是，在是否应当将某类现象视作法律问题（而不再是简单的社会问题、道德问题）予以规制的判断中，既有法律体系在这些问题上的标准具有明显的限制。例如，如果某类现象的危害性已经超过既有刑法所规定行为，那么该类现象将很可能被视为犯罪。反之，如果某类现象的危害性远低于既有刑法所规定的内容，那么该类现象被视为犯罪的可能性便会降低。另一方面，既有法律体系对立法问题具体表述的限制。立法问题的界定除了"是不是立法问题（问题性）"的判断，还包括"是何种立法问题（问题类型）"的判断。后者既包括对立法问题类型归属的界定，也包

---

① 戴建华：《论法的安定性原则》，《法学评论》2020 年第 5 期。

② ［德］罗伯特·阿列克西：《法的安定性与正确性》，宋旭光译，《东方法学》2017 年第 3 期。

括对立法问题"语言化""法条化"的表达。显然，这两者都会受到既有刑法的限制。一方面，立法问题界定往往会形成对既有体系的"路径依赖"[①]，即在较早时点上发生的立法（及其结果）会影响在较晚时点上发生的立法的可能结果。另一方面，立法的法典化特征也会基于法秩序的统一与体系协调的价值规范而要求立法问题界定充分顾及既有法律体系，从而避免立法引发的秩序混乱。这既要求界定立法问题的类型归属时应当符合类型的协调性要求[②]，也要求立法问题的语言表述尽可能与既有法律体系保持一致。而事实上，这种来自既有法律体系的限制也是立法问题具体表述经济性和便捷性的必然选择。概言之，在特定问题是此类问题还是彼类问题的具体界定上，立法问题必然受到既有法律体系的内部限制。

就此而言，立法问题界定实际上受到两种不同方向的作用力的影响。其中，来自法律体系内部的作用力主要是一种阻力。在这种力量的作用之下，法律变动被抑制，故而这种力量不会构成立法的动力。在考察立法问题界定逻辑的动力特征时，外部驱动力的考察显得更为重要。而内在阻力，则构成了考察立法问题界定实践样态的规范隐忧与理想图景的线索。

第二节　外力驱动立法问题界定的实践样态

按照前文的整理，驱动立法问题界定的客观现象和条件可以被区分为问题源流之下的不同类型。由此，可以根据类型的差异，将立法问题界定的实践样态区分为五种不同的类型。这五种类型的实践样态可以通过刑法立法活动的例证来加以观察。

[①] 参见田野：《国际政策扩散与国内制度转换》，《世界经济与政治》2014 年第 7 期。
[②] 参见杜宇：《刑法规范的形成机理》，《法商研究》2010 年第 1 期。

一、立法问题界定的类型

（一）实害指标驱动型

这种实践样态主要是指，当某种社会现象达到一定指标时，该指标将驱动立法者把对该类现象的规制视为立法问题。在汉语中，指标是衡量目标的某种参数。具体到法治建设中，指标预示着权利的行使效果、受保护状态。[①] 因此，决策者往往会将一个指标方面的变化视为一个系统的状态方面的变化，进而将此界定为问题。[②] 当某种社会现象的指标达到一定程度时，将直接驱动立法问题的建构。原因在于，指标达到一定程度意味着该类现象已经较为普遍，受其影响的人员已非少数。出于对普遍秩序的确证与维护、对普遍利益的强调与保护，立法者必须在法律层面确定具有普遍性的应对方式。以刑法为例，当严重侵犯法益的现象反复出现并达到一定指标时，立法者自然便会将其视为刑法立法问题。这是刑法履行惩治犯罪职能的题中之义。正所谓，"只要某种行为严重侵犯了法益，或者侵犯了重要法益，就应当将这种行为作为犯罪处罚"[③]。从来源看，指标可能来自立法机构的直接测量、国家相关部门的汇总，也可能来自社会组织、人大代表、普通公民的统计和反映。

以刑法立法为例，我国立法过程中，这类立法问题界定的事例不在少数。"醉驾入刑"便是极为典型的案例。在讨论"醉驾"是否需要入刑的过程中，酒后和醉驾肇事的数据得到了法律部门的高度重视，并构成了立法者关注酒驾问题的核心动力。根据最高人民法院的统计，仅酒后和醉酒驾车肇事，2009 年 1 月至 8 月便发生 3206 起，造成 1302 人死亡。而

---

① 参见李朝:《量化法治的权利向度——法治环境评估的构建与应用》,《法制与社会发展》2019 年第 1 期。

② 参见［美］约翰·W. 金登:《议程、备选方案与公共政策》,丁煌、方兴译,中国人民大学出版社 2017 年版, 第 87 页。

③ 张明楷:《增设新罪的观念——对积极刑法观的支持》,《现代法学》2020 年第 5 期。

在 2009 年 8 月开始的严厉整治酒后驾驶交通违法行为专项行动中，公安部 3 个月内便查出酒后驾驶违法行为 21.3 万起。[1] 亦即，酒驾、醉驾的危害指标驱动了醉驾入刑的立法问题界定。最终，2011 年 2 月，刑法修正案（八）出台，明确规定醉酒驾驶机动车的将构成危险驾驶罪。

（二）严重风险预警型

这种样态主要是指，当某种现象存在严重的风险时，对该类风险的预警驱动立法者将对该类现象的规制列为立法问题。如第一章所述，现代社会中风险的普遍性、风险现实化危害的严重性要求法律对严重风险作提前的预防性安排。这直接地影响了立法问题的建构。面对可能引发实害的危险现象，虽然可能导致的实害并未发生或者尚未以指标的形式表现出来，但立法者会出于预防危害、保护社会利益的目的将该类问题视为立法问题。由于风险预警具有较高的专业能力要求，发出预警的人大多为特定领域的专业人士。这种思路在面对这两种情况时表现得尤为突出：其一，某类行为引发实害的风险过大，该类行为一旦实施，大概率会引发实害危险。其二，虽然某类行为引发实害的风险并不是很大或难以确定，但该类行为一旦引发实害，后果将十分严重。

近年来，这一类型的立法问题界定在刑法领域表现得颇为明显。第一章第二节所展示的"非法植入基因编辑胚胎罪"的设置便是一个典型案例。而在更广泛的刑法立法中，受风险社会的影响，风险刑法理论、积极主义刑法观应运而生并确切地影响着我国的刑法立法。而受此逻辑影响，以风险管控为导向的刑法立法不断扩张，甚至成了医药卫生、环境保护等高风险领域刑事立法的"新常态"。[2] 除此之外，近年来颇受关注的个人信息保护法、数据安全法、生物安全法等已出台的法律，以及仍在讨论中

---

[1]　参见王威：《醉驾入刑：马路杀手的"解酒药"？》，《检察日报》2010 年 8 月 18 日。

[2]　参见蓝学友：《规制抽象危险犯的新路径：双层法益与比例原则的融合》，《法学研究》2019 年第 6 期。

的人工智能法所针对的问题都包含大量的由风险预警推动界定的问题。

（三）焦点事件诱发型

这种样态主要是指，由于某一焦点事件的发生，特定社会问题受到社会民众广泛关注，进而使立法者将其界定为立法问题。其中，所谓焦点事件，在理论上是指突发且不寻常的，能引起民众及政府广泛关注的事件。[①] 研究显示，在公共决策的过程中，焦点事件直接影响着问题的界定，能改变公众及舆论对政策问题的观点和态度，带来政策变迁的压力，甚至决定着政策方向[②]，具有政策"催产素"的效果。[③] 这在本质上揭示了焦点事件诱发型刑法立法问题界定的逻辑。焦点事件发生后，往往会引发多个维度的社会辩论：事件暴露了哪些问题？问题产生的原因是什么？如何解决这些问题？[④] 在这些辩论中，不可避免地包含以法律方式来解决这些问题的讨论，进而使该问题从社会问题转入立法问题的讨论之中。

焦点事件诱发型的刑法立法问题界定在近年来的刑法立法活动中屡见不鲜。例如，刑法修正案（十一）增设刑法第282条之二"冒名顶替罪"，将"盗用、冒用他人身份，顶替他人取得的高等学历教育入学资格、公务员录用资格、就业安置待遇的"行为纳入刑法规制范围。其立法问题的建构便与王丽丽、陈春秀等被顶替上大学的焦点事件密切相关。[⑤] 立法者曾

---

① 武晗、王国华：《注意力、模糊性与决策风险：焦点事件何以在回应性议程设置中失灵？——基于40个案例的定性比较分析》，《公共管理学报》2021年第1期。

② 参见赵静、薛澜：《回应式议程设置模式——基于中国公共政策转型一类案例的分析》，《政治学研究》2017年第3期；武晗、王国华：《从资源利用、生态保护到公共卫生安全——野生动物保护政策中的焦点事件与社会建构》，《公共行政评论》2020年第6期。

③ 参见江永清：《基于多源流模型的我国双创政策之窗开启分析》，《中国行政管理》2019年第12期。

④ 侯光辉、陈通、傅安国、田怡：《框架、情感与归责：焦点事件在政治话语中的意义建构》，《公共管理学报》2019年第3期。

⑤ 《关于聊城市冠县、东昌府区两起冒名顶替上学问题调查处理及相关情况的通报》，山东省教育厅网，2020年6月29日。

公开表明，面对引起社会广泛关注的高考冒名顶替事件，"全国人大常委会法工委将根据全国人大常委会的审议意见和社会公众意见，积极研究冒名顶替行为入刑问题"①。又如，受"香港球迷嘘国歌""港专学生侮辱国歌"等焦点事件影响②，刑法修正案（十）增设刑法第 299 条"侮辱国旗、国徽、国歌罪"，将"在公共场合，故意以焚烧、毁损、涂划、玷污、践踏等方式侮辱中华人民共和国国旗、国徽的"行为纳入刑法规制范围。这些立法活动中，立法问题的建构与焦点事件密切相关。

（四）关联法律促进型

这主要是指，法律体系中位于关联地位的法律发生变化，随之促使立法者将与关联法律变动相关的问题界定为立法问题的样态。法律体系是一整个结构化的系统，其中的各部门法之间存在着或显或隐的联系。当其中一个法律发生变化时，关联法律与变化法律之间的协调便会成为立法的问题，否则，便会出现法律之间难以衔接甚至相互矛盾，进而使人无法适从的问题。因此，当关联法律在法益保护策略、具体制度内容上发生变化时，立法者便会将相应的问题列入立法问题之中。

这种立法问题界定在刑法这种保障法的建构过程中颇为常见。由于保障法在整体法秩序中需要承担保障前置法的功能，当前置法的调整性利益和保护性利益发生变化时，便会形成促进立法者调整相应不法行为圈的动力。③否则，便会出现明显的刑民、刑行无法衔接的问题，从而导致其在整个法秩序中的保障功能付之阙如。在法定犯时代，这种前置法律发生变

---

① 史一棋：《高考冒名顶替如何严惩？全国人大常委会法工委这样说》，"人民日报政文"微信公众号，2020 年 8 月 7 日。

② 参见《香港球迷再嘘国歌遭国际足联处罚》，观察者网，2019 年 12 月 24 日；《港专学生侮辱国歌被轰出毕业典礼，校长霸气怒怼：没有妥协余地！》，搜狐网，2017 年 12 月 19 日。

③ 参见田宏杰：《立法扩张与司法限缩：刑法谦抑性的展开》，《中国法学》2020 年第 1 期。

化促进的刑法立法问题界定正在不断增加。以刑法修正案（十一）为例，其中不少条款的立法问题界定是前置法律的促进。具体而言，这体现在：其一，民法典出台促进的问题界定。如受民法典第 185 条"侵害英雄烈士名誉"条款影响，立法者将侵害英雄烈士名誉的问题列入刑法立法问题之中，并最终增设"侵害英雄烈士名誉、荣誉罪"（刑法第 299 条之一）。其二，著作权法、商标法、反不正当竞争法修改促进的问题界定。《全国人民代表大会宪法和法律委员会关于〈中华人民共和国刑法修正案（十一）（草案）〉审议结果的报告》明确指出，为了与修改后的著作权法、商标法等衔接，有必要对刑法有关知识产权犯罪的规定作进一步修改完善。[①]这表明了立法者将假冒注册商标罪，销售假冒注册商标的商品罪，非法制造、销售非法制造的注册商标标识罪，侵犯著作权罪，销售侵权复制品罪，侵犯商业秘密罪的修改建构为刑法立法问题正是由于前置法律修改所促使的。其三，证券法修改促进的问题界定。受 2019 年证券法修改影响，立法者在本次立法活动中将欺诈发行股票、债券罪和违规披露、不披露重要信息罪的修改建构为刑法立法问题。其四，生物安全法制定促进的问题界定。受生物安全法出台的影响，立法者将对非法采集我国人类遗传资源或者非法运送、邮寄、携带我国人类遗传资源材料出境等行为的规制建构为立法问题。[②]此外，值得注意的是，不仅行政法、民法等国内前置法律的变化可以促进刑法立法问题的建构，国际法的变化也会产生此种效果。例如，刑法修正案（十一）之所以把自洗钱犯罪视为刑法立法问题，便与国际反洗钱组织在自洗钱评估问题上的质疑密切相关。[③]

[①] 《全国人民代表大会宪法和法律委员会关于〈中华人民共和国刑法修正案（十一）（草案）〉审议结果的报告》，中国人大网，2020 年 12 月 28 日。

[②] 参见周光权：《刑事立法进展与司法展望——〈刑法修正案（十一）〉总置评》，《法学》2021 年第 1 期。

[③] 参见王新：《〈刑法修正案（十一）〉对洗钱罪的立法发展和辐射影响》，《中国刑事法杂志》2021 年第 3 期。

（五）法律实施反哺型

这种样态主要是指，法律体系的实施使既有法律的问题暴露出来，进而反向促使立法者将暴露出来的问题界定为立法问题。在实证主义和理性主义的视角下，法律以及政策建立在完全理性的基础之上。但事实上，人类法治发展历史已经充分表明，完全理性的假设很难站得住脚，渐进主义理性才更加符合现实状况。这种视角下，法律和政策的发展更大程度是"一种渐进的改进，而不是突变的发展"[①]。不少立法问题的建构正是在这种逻辑上展开的。亦即，在实定法制定出台之后，司法者通过具体个案的裁判，发现实定法在面对个案时的具体问题。当这些问题呈现出一定的普遍性时，便得到集中的概括，进而反馈到立法者手中，促进立法者将相关问题界定为立法问题。

建构中国特色社会主义法律体系的立法实践中存在很多这种法律实施反哺型的立法问题界定。其原因在于，一方面，立法活动具有天然的滞后性，面对快速发展变化的现代社会，法律并不能一劳永逸。法律的实施必然会使一些尚未预见到的问题暴露出来，进而促使立法者将其建构为立法问题。另一方面，中国特色社会主义的立法和司法历史并不漫长，立法者不可能在一开始便能够达到完全理性的要求，只能通过法律实施发现立法问题，进而推动我国立法的科学化。正如董必武所说，"一代新规要渐磨"[②]。在当前通过法律实施反哺立法的实践中，最主要的路径包括两条：一是"司法解释—立法"的路径。亦即，针对司法适用法律时存在的问题，最高司法机关主动制定司法解释，指导下级司法机关适用法律。待司法解释的内容在个案裁判中较为成熟时，立法者再将司法解释中已经多次实施过的法律适用方式确定为实定法律。二是"判例—立法"的路径。亦即，立法者通过提取司法判例中对于完善法律体系有益的因素，将判例中

[①] 崔先维：《渐进主义视阈中政策工具的选择》，《行政论坛》2010 年第 5 期。

[②] 董必武法学思想研究会编：《董必武诗选（新编本）》，中央文献出版社 2011 年版，第 491 页。

已经多次适用过的法律规则确定为实定法律。总体而言，这两种方式往往以丰富的司法实践为基础，能够较为准确地反映实定法所存在的问题，有利于立法问题的建构。

我国刑法从 1979 年刑法向 1997 年刑法的蜕变，以及 1997 年新刑法制定以来 20 多年的刑法修正历史中，通过法律实施情况反哺立法构成了我国刑法发展的重要路径。而这一历史过程中最典型的个例莫过于"嫖宿幼女罪的废除"。1997 年，立法者进行刑法修订时，在刑法中单独设置嫖宿幼女罪，并将其与强奸罪相区别。根据该罪规定，嫖宿不满十四周岁幼女的，处五年以上有期徒刑，并处罚金。同时，根据刑法对强奸罪的规定，奸淫不满十四周岁幼女的，最高可至死刑。可见，在实定法意义上，嫖宿幼女罪与强奸罪存在明显的罪刑区别。这种立法在刑法实施过程中引发了巨大争议：由于未满十四周岁的幼女往往不具有成熟的性意识和性认识，更难具有对于"嫖宿"等性交易行为的认识，所以在实践中往往只能从"嫖宿者"的角度来认定构成"嫖宿"还是"强奸"。而由于二者在刑罚上的巨大差异，犯罪嫌疑人肯定会否认其强奸属性。这对于保护幼女的性自主权明显不利。[①] 随着仁寿嫖幼案、习水嫖幼案等案件的不断爆出，这种立法上的缺陷更是充分暴露出来。因此，刑法修正案（九）作出删除"嫖宿幼女罪"的立法决定。《全国人民代表大会法律委员会关于〈中华人民共和国刑法修正案（九）（草案）〉审议结果的报告》明确表明了刑法实施反哺刑法立法问题界定的整个过程："考虑到近年来这方面的违法犯罪出现了一些新的情况，执法环节也存在一些问题，法律委员会经研究，建议取消刑法第三百六十条第二款规定的嫖宿幼女罪。"[②]

---

① 关于"嫖宿幼女罪"在刑法实施中的问题，学界和社会公众具有众多讨论，在此不一一罗列。详细可参见《"嫖宿幼女罪"为何遭千夫所指?》，中国青年网，2015 年 8 月 21 日；林建军：《嫖宿幼女罪立法缺陷之多重视角检审》，《妇女研究论丛》2015 年第 3 期等。

② 乔晓阳（全国人大法律委员会主任委员）：《全国人民代表大会法律委员会关于〈中华人民共和国刑法修正案（九）（草案）〉审议结果的报告》，2015 年 8 月 24 日在第十二届全国人民代表大会常务委员会第十六次会议上。

二、五种实践类型的关系

当然，这五种类型只是一种"理想类型"的划分，是理论上用于整理和透视我国立法过程中复杂的立法问题界定逻辑的理论工具。而实际上，我国的立法活动大多是在极为复杂的社会背景下展开的。经验事实的纷繁复杂决定了立法问题界定的客观实践不可能仅受某种单一机制的驱动。相反，现实情况下，立法问题界定往往是前述不同类型的叠加与融合。

从既有实践来看，多种外因共同驱动立法问题界定的情况为数不少。以前文所述的"非法植入基因编辑胚胎入罪"为例，虽然医学、生物学、哲学等专业人士的风险预警在促成立法问题的建构中起到了很大作用，但同时，该立法问题界定中，焦点事件诱发、关联法律促进、法律实施反哺的机制也很明显：其一，"贺建奎案"这一突发的焦点事件引发了极为汹涌的舆论浪潮，普通公众和立法者在该案中首次明显地意识到非法植入基因编辑胚胎潜在的风险。其二，民法典、生物安全法等关联法律的出台要求刑法及时调整不法行为范围，从而更好地履行其保障法的职能。其中，"基因编辑条款"的出现便要求建构刑法立法问题时，对非法植入基因编辑胚胎行为予以注意。其三，"贺建奎案"发生之后，刑事司法的反馈显示，现行刑法无法直接规制非法植入基因编辑胚胎行为。就此而言，严重风险预警、焦点事件诱发、前置法律促进和刑法实施反哺完全可能对同一个刑法立法问题的建构产生影响。除此之外，实害指标驱动与前述机制也完全可能共存。刑法修正案（六）关于组织残疾人、儿童乞讨的刑法立法问题的建构便体现了这一点。资料显示，当时，组织强迫残疾人、儿童乞讨现象突出，"丐帮帮主"宫清平操纵残疾儿乞讨牟利一案更是引发社会各界的舆论关注，但当时的刑法却并不能直接规制组织强迫残疾人、儿童乞讨的行为。同时，随着《城市生活无着的流浪乞讨人员救助管理办法》出台，在刑法上对组织残疾人、儿童乞讨的行为予以规制成为保障行政法顺利实施的基础。易言之，实害指标驱动、焦点事件诱发、前置法律促进和刑法实施反哺共同促进了刑法立法问题的建构。

第三节　内在审视立法问题界定的规范隐忧

五种机制及其叠加和融合基本上可以呈现出当前我国立法问题界定的实践样态。不过，这并不意味着只要存在上述外力，便会发生立法问题的建构。立法问题界定还面临着来自法律体系内部的阻力。只有外力突破内部阻力时，方才可能实现立法问题的最终建构。而实际上，在内部阻力的视野下，一些立法问题界定的实践现实存在着规范上的隐忧。例如，焦点事件在推动立法问题界定时，可能因其突然性而影响立法者的判断，进而导致立法问题界定的结果存在规范上的瑕疵。每当重大恶性刑事案件发生，都可能引发社会各界汹涌的民意表达，诱发情绪性的刑事立法而埋下立法活动的规范隐忧。[1] 这些隐忧在立法过程中牵制着立法问题的建构，进而形成对外力的阻力。总体上看，从法律体系内部审视立法问题界定中可能的规范隐忧主要包括以下三种。

一、问题存在与否的误判与法律功能的错位

在发生学上，立法问题包含多个发展阶段：差异性的个体需求、相似性的个体需求、复杂交织的社会问题、相似性的社会问题、共同性的社会问题、立法问题。其中，前面五个阶段是个人问题向社会问题、政策问题演进的过程[2]，而最后一个阶段则是一般政策问题向立法问题的蜕变。这

---

① 参见刘宪权：《刑事立法应力戒情绪——以〈刑法修正案（九）〉为视角》，《法学评论》2016 年第 1 期。

② 参见靳永翥、刘强强：《政策问题源流论：一个发生学的建构逻辑》，《中国行政管理》2016 年第 8 期。

包含两个方面的内涵：一方面，立法问题在源头上与个体需求、社会问题密切相关；另一方面，立法问题界定是个体问题转化为社会问题并最终确立为立法问题的过程。就此而言，立法问题的界定本质上便是个别问题向普遍问题、社会问题向立法问题的建构。而立法问题一旦不能与其他问题准确地区分开来，便可能导致立法问题存在与否的误判。遗憾的是，目前来看，立法问题界定的运行机制并不能避免误判的发生。

首先，焦点事件存在使立法者将个体问题误判为普遍问题的风险。实践经验和理论概括都已表明，焦点事件往往会引发"围观效应"[①]，催生社会诉求对于政策变革、法律调整的压力，进而在"压力—回应"的议程设置模式之下，推动议题的建构。[②] 从根本上看，焦点事件所蕴含的推动问题界定的动力来自两个方面：一是焦点事件与其外部主体在生活经历上具有的一定的贴合度，二是焦点事件本身具有的突发性、特殊性。前者是焦点事件能够引发共鸣的根本原因，而后者则是焦点事件引发大多数人关注的直接原因。在理想状态下，既具有代表性又因其特殊性而引发各界关注的焦点事件能够推动决策者对于某些普遍问题的注意。但现实情况中，焦点事件很可能因其特殊性而对决策者的注意力产生误导，使决策者将个别问题或少数问题误判为社会中的普遍问题和多数问题。既有刑法立法实践中，这种受焦点事件导致的误判并不少见。"天价过路费案"及其引发的立法争议便是如此。2011 年河南"天价过路费案"曝光，引起社会舆论强烈反响。该案中，被告人时军锋、时建锋为谋取利益，与某武警支队的朋友合作，通过伪造武警部队车辆号牌等相关证件，骗免高速公路通行费数额数百万元。对此，全国人大代表广西壮族自治区检察院检察长张少康在

---

① 参见蒋俊杰：《焦点事件冲击下我国公共政策的间断式变迁》，《上海行政学院学报》2015 年第 2 期。

② 参见江天雨：《中国政策议程设置中"压力—回应"模式的实证分析》，《行政论坛》2017 年第 3 期。

"两会"期间提出议案，要求增设"偷逃收费公路通行费罪"。[1] 而事实上，之后的司法情况显示，这类行为完全可以诈骗罪等已有罪名进行规制，无需再行立法。

其次，法律实施反馈存在使立法者将司法问题误判为立法问题的风险。当前，司法者已经习惯于通过司法解释或指导性案例等方式解决法律适用问题。但应当注意的是，并不是所有法律适用问题都是立法问题。其原因在于，法律条文是对具体经验事实的抽象表达，必不可少地具有概括性。[2] 司法者在适用法律条文进行个案裁判时进行司法解释，并不意味着立法活动必然存在问题。如果能够证明司法者所面临的法律适用问题只是条文释义等解释问题，那么便不应当将其视为立法缺漏，亦即，不应将其视为立法问题。就此而言，将所有法律实施反馈中呈现的法律适用问题全部视为立法问题，便可能导致将司法问题误判为立法问题。

概言之，既有的刑法立法问题界定机制依然存在误判立法问题存在与否的风险。这种误判的规范隐忧在于可能导致法律功能的错位。法律是社会系统整体中的一部分。对法律的功能期待决定着是否需要以立法的方式来改变法律的现状。而法律的社会功能是社会系统内部的功能分化形成的，使法律与其他社会系统之间结成一种结构耦合的关系。[3] 对立法问题存在与否的误判，既可能把不应由法律调整的问题纳入法律调整范围之内，也可能把不应由立法调整的问题纳入立法活动之中。而这都有可能破坏法律与其他社会系统的既有关系，进而导致法律在社会功能分化中的错位。

一方面，将个别问题误判为普遍问题会破坏法律与其他社会系统之间

---

① 唐珊珊：《张少康代表建议刑法增设偷逃收费公路通行费罪》，正义网，2011 年 3 月 9 日。

② 参见付立庆：《论刑法用语的明确性和概括性——从刑事立法技术的角度切入》，《法律科学》2013 年第 2 期。

③ 参见周维明：《系统论刑法学的基本命题》，《政法论坛》2021 年第 3 期。

稳定的耦合关系。当前，社会治理已逐渐细分为不同精细的领域。在规范体系中，既包括以成文法形式公布运行的法律、行政法规、部门规章，也包括以非成文法（或者所谓非典型性法）形式运行的道德、习惯。这些不同领域的规范体系背后有不同的支撑和保障体系，并为违反规范行为确定着差异明显的责任方式。在此意义上，如果将所有社会系统（特别是法律以外的其他系统）的个别问题视为法律问题，则会产生三个方面的负面效果：一是扩大法律系统在整个社会治理系统中的干预范围。二是压缩其他社会系统的治理领域，导致部分法律法规最终被虚置化。三是导致法律系统与其他社会系统之间原本稳定的耦合关系发生新的动荡。以刑法为观察原点，这些结果将导致刑法体系变得臃肿不堪，刑事司法系统面临的社会治理压力不断加大，刑法的功能无法得到发挥。

另一方面，将司法问题误判为立法问题会破坏立法者与司法者之间原有的平衡。对于司法者而言，理想的法律不仅是完善的，同时也应当是稳定的。但是，由于法律固有的滞后性，完善的法律并不存在。因而，稳定的法律显得更加现实。只要法律稳定，司法者可以利用法律解释等方法填补法律漏洞，从而增强法律的灵活度。就此而言，将司法问题误判为立法问题，虽然在某种程度上可能会进一步提升法律体系的完善程度，但也可能造成负面效果：一方面，对司法者而言，可能会缩小司法者进行法律解释的空间，增加其灵活适用法律的难度；另一方面，对立法活动而言，也可能导致法律体系过于烦冗，以至于破损原有法律条文之间的协调性，反而增加准确适用法律的难度。这些问题的出现，不仅将削弱立法活动的合理性，更可能导致原有的法律功能得不到正常发挥。

二、问题类型的误判与法律规范目的的阙如

对立法者而言，立法问题界定除了确定存在问题，还必须确定"属于何种问题"。对立法问题类型的区分和判断具有相当重要的意义。一方面，从立法的针对性来看，只有准确区分问题的类型，方能"有的放矢"地作

出较好的立法回应。另一方面，从司法的便捷性来看，只有立法者对问题类型进行准确区分，司法者适用法律时才无需在探寻立法者原意上耗费太多的精力。可惜的是，既有的立法问题界定机制在进行问题类型区分上的贡献依然略显不足，而这无形中便增加了立法问题类型的误判风险。主要的误判风险包括以下两种：

第一，对法律保护客体类型的误判。法律是对特定对象的保护。笼统而言，法律的功能在于保护人的自由、社会的秩序、国家的安全等。但显然，立法者在建构具体的法律体系时不能笼统地将某种法律尤其是某个具体的法律条文归结为对笼统对象的保护。只有明确地确定具体的法律保护客体，才能够确定具体的法律规范目的。然而，既有的立法问题界定实践却有可能导致立法者对法律保护客体的误判。以关联法益促进型实践为例，由于关联法律本身是对特定秩序的规定，这使立法者在建构立法问题时不可避免地陷入一种关联法秩序的"思维惯性"之中。将与关联法律相关的立法问题一味地归类为秩序法益受到侵害的问题。而这往往会导致对法律保护客体类型的误判。具体而言，这种误判包括两种情形：其一，将对个人的侵犯误判为对公共秩序的侵犯。比较典型的如刑法第302条规定的，盗窃、侮辱、故意毁坏尸体、尸骨、骨灰罪。从行为特征上看，这一犯罪行为是针对特定个体的侵犯。尤其是侮辱尸体罪，其侵犯的法益载体主要是尸体和尸体的亲属。但是，现行刑法将其视为对公共利益的侵犯，认为该类犯罪为扰乱公共秩序罪。第二，将对权利的侵犯误判为对秩序的侵犯。其中，比较典型的是将侵犯公私财产权的问题误判为侵犯市场经济秩序的问题。集资诈骗罪、贷款诈骗罪等罪名的设定都存在这一问题。集资诈骗、贷款诈骗以及合同诈骗等犯罪行为，虽然涉及对国家金融秩序的破坏，但在本质上这类行为侵犯的依然是公民的合法财产权益。

第二，对规制对象类型的误判。这主要是指对行为类型的误判。现代法律认为，法律的规制对象主要是行为。正如马克思所说："对于法律来说，除了我的行为以外，我是根本不存在的，我根本不是法律的对象。"①
这便要求立法者充分准确地区分行为的法律类型。然而，在现行的立法问
题界定中，却存在不小的误判行为类型的风险。受实害指标驱动的立法问
题界定便可能导致行为类型的误判。在实害指标驱动型的问题界定中，呈
现在立法者面前的，往往是最直接的实害指标，即造成了何种利益的多少
损失。但是，实害指标并不能彰显行为的具体类型。立法者很容易发生危
险行为和实害行为的误判、危险行为中抽象行为和具体危险行为的误判。
以刑法立法为例，随着生物安全、环境安全等领域立法活动的增加，立法
者对于潜在的立法问题到底是抽象危险行为还是具体危险行为，抑或是实
害行为的判断尚未形成明确的标准。同时，实害指标驱动的刑法立法问题
界定还可能导致刑法问题类型的杂糅。由于不能准确地区分危害行为的类
型，立法者在实践中存在将不同类型的问题杂糅处理的情况。这便是刑法
出现大量竞合犯的原因所在。

对问题类型的误判将导致原有真实立法目的的落空。在现代法学实践
运行和理论体系中，立法目的的重要性不言自明。正所谓，"目的是一切
法律的创造原因"②，是"全部法律的创造者"③。显然，误判立法问题的类
型不能反映立法者的立法意图，只会导致法律体系规范目的的阙如。

一方面，从问题解决方案的正确性来看，将此种问题判断为彼种问题
并按照彼种问题予以解决，无法帮助立法者得出此种问题的正确解答方
案。由于目的的指涉对象的错误，作为问题解决方案的立法活动，对于立
法者原本想要解决的问题，注定是徒劳的。而更加消极的结果则是，这种
误判可能导致立法者创制出并不合理的法律条文，并引发其他负面效果。

---

① 《马克思恩格斯全集》第1卷，人民出版社1995年版，第121页。
② 于改之、蒋太珂：《刑事立法：在目的和手段之间——以〈刑法修正案（九）〉为中心》，《现代法学》2016年第2期。
③ ［美］博登海默：《法理学：法理哲学与法律方法》，邓正来译，中国政法大学出版社1999年版，第109页。

这对于立法目的的实现百害而无一利。另一方面，从问题解决方案的可行性来看，受制于问题类型的误判，在规范目的指引下的法律条文解释面临着巨大的困难。"嫖宿幼女罪"的设立便是一个典型的案例。无论是按照刑法学的一般学理，还是按照刑法关于强奸罪的规定，在设立"嫖宿幼女罪"时，均可以得出与幼女发生性行为属于强奸行为的结论。就此而言，嫖宿幼女的问题在类型上是侵犯幼女性自主权的行为。然而，立法者却将其判断为嫖宿幼女的问题，一种严重侵犯社会管理秩序的行为。显然，立法者出现了将此类问题判断为彼类问题的误判。这种误判的结果显而易见：立法者原有的加强幼女保护力度的立法目的完全落空，甚至反而削弱了对幼女性自主权的保护力度。

三、问题轻重的误判与法律体系协调的破损

立法问题的建构必然包含对问题轻重的区分。法律体系必然包括法律后果体系，法律后果体系则必须包含法律责任的轻重之分，而这种区分的前提，便是对问题轻重的区分。无论是"轻轻重重"的传统法制观念，还是责任主义等现代责任理念，都对此提出了要求。否则，无论是将所有违法行为判处更轻的责任，还是判处更重的责任，都只会导致法律体系的失能。以刑法为例，虽然我国刑法没有采取与法国等域外立法相同的轻重罪区分的立法体例，但我国刑事责任制度内部依然具有明显的幅度区分，这说明立法者实际上还是区分了不同罪行的轻重。这种区分是对罪行而非对犯罪性质的划分。[①] 但遗憾的是，既有的部分立法问题界定机制在驱动立法问题界定时，反而可能误导立法者对问题轻重的判断。

首先，严重风险预警无法对不同危险行为的轻重类型进行区分，存在将所有风险都判断为严重风险的可能。在风险无处不在的现代社会，各行

---

① 参见郑丽萍:《轻罪重罪之法定界分》,《中国法学》2013 年第 2 期；王文华:《论刑法中重罪与轻罪的划分》,《法学评论》2010 年第 2 期。

业的风险预警驱动着立法者对其中具有严重风险的行为作出反应，并通过立法活动来予以调整和规制。而为了引起立法者的注意，风险预警所针对的主要是某类行为可能引发的最大的风险，或者某类行为中具有最大可能引发风险的行为，否则，风险预警便只具有一般意义上的提醒功能而不能改变刑法立法。这导致的问题是，驱动立法问题界定的风险预警，都会偏向于建构得出风险最为严重的立法问题。而受其影响的立法，也只能得出存在严重风险和不具有风险两种情况。这显然与现实情况不符。从现行立法活动来看，虽然立法者已经注意到在"情节严重"的基础上通过"情节特别严重"等立法技术来区分危险行为的严重风险和特别严重风险，但大量立法依然只注意到了"情节严重"的情形。刑法立法近年来针对风险预警进行的问题界定便是如此。

其次，焦点事件只对于建构同类危害行为或危险行为具有帮助意义，对于该类行为与其他类型行为的区分，焦点事件的作用颇为有限。严格来看，焦点事件虽然能够引发不少公众的共鸣，但就揭示行为的危害程度而言，焦点事件最多只能征表特定行为的危害程度。虽然立法者可以通过类型建构的方式透视与焦点事件同类型的危害行为的严重性，但其局限性依然明显：第一，将一个事件建构为一类事件，其类型意义本身就较为薄弱，容易产生个别代替普遍的问题；第二，一个事件与其他事件的区分，并不能直接等同于一类事件与他类事件的区分。简单地将二者混同，很可能只是将同一类型事件的具体表现误认为不同类型事件的界分。概言之，焦点事件诱发并不能帮助立法者准确区分刑法立法问题的严重程度。

此外，关联法律的促进也不足以区分立法问题的严重程度。关联法律促进型立法问题界定的根本动力逻辑在于要求法律体系为关联法律提供保障，或者与关联法律保持协调。然而，关联法律所能提供的只是一种笼统的动力来源，协调性的要求并不足以帮助立法者判断如何区分对关联法律的违反程度。易言之，前置法律虽然能够为立法问题的建构提供驱动力，却不能帮助立法者对立法问题进行轻重的区分。可以看到，现行刑法体系中大量受前置法律影响而进行的立法，只有是否违反前置法律的标准，而没有给出明确的标准来区分刑法立法问题的轻重程度。

在前述三种机制的作用下，立法问题的界定存在误判立法问题轻重程度的风险。尤其是，立法者有可能将所有的风险都判断为严重的风险，将所有的问题都判断为严重的问题。显然，这一判断结果在规范意义上将直接有损于法律体系的内在协调。

一方面，将导致不同违法行为处罚力度协调性的破损。整体法秩序中，法律体系所规制的不同行为之间存在着不可避免的牵连关系，这要求立法者必须根据不同行为在法律上的不同意义来区分其法律后果，进而设置和完善法律后果体系。这在公法的立法中尤为明显。以刑法第233条规定的过失致人死亡罪与过失致人重伤罪为例，两罪在行为样态上差别较小，都是行为人的过失行为。唯一的差别在于，前罪的危害结果重于后者，即前罪所揭示的立法问题重于后者。而一旦缺少对立法问题轻重程度的区分或者区分不够准确，将破坏不同立法问题在法律后果体系上的协调关系。现行刑法立法中便存在这种不同罪名之间刑事惩罚力度的不协调。例如，刑法第128条规定的非法持有、私藏枪支、弹药罪和第130条规定的非法携带枪支、弹药、管制刀具、危险物品危及公共安全罪。前者规定，违反枪支管理规定，非法持有、私藏枪支、弹药的，处三年以下有期徒刑、拘役或者管制；情节严重的，处三年以上七年以下有期徒刑。后者规定非法携带枪支、弹药、管制刀具或者爆炸性、易燃性、放射性、毒害性、腐蚀性物品，进入公共场所或者公共交通工具，危及公共安全，情节严重的，处三年以下有期徒刑、拘役或者管制。比较而言，在同样情节严重的情况下，前者处罚重于后者。但事实上，前者仅仅是行为人持有枪支，其造成的危险是一种抽象的危险。而后者则是行为人携带枪支进入公共场合，且危及公共安全，已经形成了具体的危险。就此而言，前者是一个较轻的问题而后者是较重的问题。由于对问题轻重程度的误判，两个罪名之间刑事惩罚力度的协调性明显受损，刑法出现了法定刑轻重倒置的问题。①

另一方面，将导致同一违法行为在不同法律体系之间、在同一法律体系内部不同条款之间法律后果协调性的破损。在现实的法律现象中，不仅不同的行为之间存在牵连关系，不同的法律体系之间也存在牵连乃至竞合关系。因此，经常会出现不同法律都可以评价某一特定行为的现象。例如，对于所谓的"欺诈"，民法、刑法、治安管理处罚法、消费者权益保护法等都可以加以评价。由此，如果不具体地区分欺诈行为的危害程度，民法、刑法以及其他部门法之间的协调性便会遭受损害。因此，对不同行为类型背后的立法问题进行轻重程度的区分便显得颇为必要。以刑法立法活动为例，刑法在立法时便明确采用"情节严重""情节特别严重""数额较大""数额特别巨大"等程度区分词语。然而，虽然立法者已经有意识地对问题轻重程度进行区分，但由于前述三种机制的固有问题，依然有不少立法活动没有对同一罪名内部不同立法问题的轻重程度进行区分。以寻衅滋事罪为例，立法者并未对众多行为类型之间的轻重程度进行区分，这导致司法人员在适用法律时，不得不采取"以刑制罪"或"以刑议罪"的策略来平衡罪名与刑责。

第四节　立法问题界定的理想图景

对立法问题界定动力特征的总体考虑，以及对外部动力机制和内部阻力机制的具体分析，可以为立法问题界定的理想图景提供线索。所谓"理想图景"，其本质是现实状况的理想发展方向。从方法论的角度看，关于理想图景的讨论包括两个部分：一是对客观实践状态的概括和总结，包括

---

① 参见童敏：《罪刑失衡的源头防治——来自刑事立法角度的分析》，《安徽警官职业学院学报》2009 年第 5 期。

对具体实践状态的白描、对现实风险的剖析。二是以客观实践样态为改造对象的应然设计，是对实践展开规范限度的探寻。即描绘立法问题界定的实践样态、反思立法问题界定的规范隐忧，前文已经完成了第一部分的工作。因此，接下来关于理想图景的探讨将主要从规范限度展开。

如本章第一节所述，立法问题界定受到外部驱动力和内部阻力两种力量的影响。因此，立法问题界定的理想图景首先便包括对外部驱动力（法律体系的外部因素）和内部阻力（法律体系的内部规定）关系的处理。与此同时，法律作为一种承载价值内核的文本，还包含了形式与实质两个维度。由于立法技术等客观因素的限制，法律的形式与实质之间不可避免地存在着张力。这便要求，理想的立法问题界定还必须包含对法律体系形式与实质关系的理性处理。就此而言，立法问题界定的理想图景应当包括以下两个方面的四个限度。

一是外部限度与内部限度。外部限度是指法律体系外部因素影响立法问题界定的规范限度，尤其是，外部规范系统对立法问题界定应被限制在何种程度。这一维度上的讨论以影响立法问题界定的外部因素及其影响机制为主要分析对象。内部限度是指从法律体系内部分析立法问题界定限度。这一维度上的讨论以影响立法问题界定的内部因素及其影响机制为主要分析对象。由此对理想图景的讨论，主要围绕立法问题界定与法律体系内部规定的关系展开。例如，法律体系的内部协调性对立法问题界定的限制。

二是形式限度与实质限度。形式限度是指基于法律体系形式特征的立法问题界定限度。这一维度的讨论以立法问题的形式特征为出发点。对理想图景的讨论则主要是对其形式标准的设定。例如，立法问题界定应当确保满足哪种或者哪几种形式标准。实质限度是指围绕法律体系的实质要求所确立的立法问题界定限度。这一维度的讨论以立法问题的实质性要求、实质性影响为出发点。对理想图景的讨论，则主要是对其实质性标准的设定。例如，立法问题界定应当采纳何种本质性标准等。

一、外部限度与内部限度

立法问题界定是立法活动的逻辑起点，包含两个方面的意义：一是回应法律体系的外部需求，二是完善法律体系的内部构成。前者是立法问题界定对法律体系外部的社会规范体系的功能性意义，后者是立法问题界定对固有法律体系的改正、调整意义。立法者对这两个方面意义的理解决定了其建构立法问题的意愿，因此，立法问题界定的理想图景必须在这两个方面的限度之内。

（一）外部限度：社会规范系统的功能需求

立法问题界定是"外力驱动型"的活动。但是，这并不意味着立法建构需要对所有的外力因素都有所回应。一方面，外力因素本身便存在理性与非理性之分，非理性的外力因素并不一定真正有助于法律体系和社会治理的完善。另一方面，法律体系的功能是有限的[①]，而现实生活中的外力因素纷繁复杂，将所有外力因素的消解都寄托于立法活动显然并不现实。因此，有必要将外力因素对立法问题界定的驱动限定在特定的限度之内。

从立法问题界定的实践样态看，立法的动力来自社会发展状况与法律体系之间的紧张关系。现实生活中，一旦出现社会问题，人们总会诉诸规范系统予以解决。而当社会上出现既有社会规范系统无法解决的问题时，社会问题与规范系统之间的张力便会出现，进而催生出规范更新的要求。立法活动便是规范系统更新的一种。在此意义上，确定立法问题界定的外部限度，关键在于厘清法律体系与其他社会规范系统之间的关系，进而从中确定外部因素影响立法问题界定的边界。因此，必须在系统论的视野下审视法律体系与其他社会规范系统之间的关系。总体上看，立法问题界定应当以社会规范系统的功能需求为外部限度。

---

① 参见孙笑侠：《论司法多元功能的逻辑关系——兼论司法功能有限主义》，《清华法学》2016 年第 6 期。

　　首先，从法律体系的外部视角看，法律是一种社会规范系统，与其外部的社会规范系统共同构成社会规范系统。根据系统论，社会是一个巨大的复杂系统，其内部包含许许多多的子系统。^①出于对规范性的追求，每一个社会都通过长期的交往建立特别的社会规范系统。在学者们看来，社会规范系统是文化系统中实现规定协调人的行为、组织有秩序的人类群体生活等功能的部分。无论愿意与否，人们都在思考和行动上受社会规范系统的规范和诱导。^②在当前的人类社会中，法律体系便是社会规范系统中的一个部分。学界对此并不存在争议。

　　其次，法律体系与其他社会规范系统之间是一种结构耦合关系。社会规范系统是法律在系统论视野下与法律外部规范系统的共同之处。然而，法律与其他的规范系统毕竟存在不少差别。例如，法律体系具有严厉性，甚至可以直接剥夺公民的基本政治权利，而其他规范系统往往不具有此种严厉性。这种差异性决定了法律体系与其他规范系统之间并非重合关系。相反，按照系统论的观念，法律与其他社会规范系统之间是一种结构耦合关系。所谓结构耦合关系，是指不同社会系统之间互为"系统—环境"的关系，亦即，一个系统将其他系统视为环境，而其他系统同时也将该系统视为环境。^③行政法、刑法等公法部门与外部规范系统之间的结构耦合便是非常明显的例子。在整个社会规范系统中，刑法以其严厉的处罚程度为前置规范的实施提供着制度性的保护。当一种行为严重违反前置规范时，刑法便介入对该类行为的处罚。

　　最后，法律体系与其他规范系统之间的边界构成了立法问题界定的外部限度。这种边界是由法律体系与其他规范系统在整个社会规范系统内的功能分工决定的。系统论的视野下，社会子系统之间的结构耦合关系并不

---

　　①　参见徐经泽、胡宗煊、李小芳：《社会学和系统论》，《文史哲》1985年第4期。

　　②　参见庄平：《社会规范系统的结构与机制》，《社会学研究》1988年第4期。

　　③　参见周维明、赵晓光：《分化、耦合与联结：立体刑法学的运作问题研究》，《政法论坛》2018年第3期。

是随机形成的。相反，子系统之间以一种结构化的形式存在，各个组成部分之间以有序的方式相互关联，并对社会整体发挥相应的功能。^① 此即为系统论中结构功能主义的基本命题。以此为基点，社会规范系统对法律系统的功能需求决定了其在整个社会系统中的地位和存在必要性。正如刑法学界对刑法功能的认知一样，社会系统对刑法的功能期待是保障人权、惩治犯罪。就此而言，刑法系统与其他社会规范系统之间的边界便是犯罪。不过，由于社会系统总是不断发生变化的，其内部各种子系统之间的结构耦合也必然会不断地松动和二次耦合。例如，虽然可以将犯罪视为刑法与其他社会规范系统之间的边界，但由于社会形势尤其是犯罪形势不断变化，边界也必然是一种可变的边界。因此，只能从一个较为抽象的角度来确定刑法与其他社会规范系统之间的边界。系统论的基本观点认为，社会作为一个系统是由一系列沟通组成的。^② 这意味着，法律体系与其他社会规范系统之间的边界来自不同系统之间反复的沟通与磨合，从而形成新的具体的对法律体系的功能需求。

概言之，社会规范系统的功能需求构成了法律体系与其他社会规范系统之间的边界，进而构成了立法问题界定的外部限度。其中，其他社会规范系统既包括一般性的社会规范，例如国民在日常生活中通过漫长的交往所形成的伦理道德，也包括成文的实体性规范，还包括不具有严格法律形式的政策性规范。

（二）内部限度：与既有法律体系的协调

尽管立法受外力驱动而来，但其始终是一种对法律体系的修正和改变。如学者所说，体系性思考乃是作为法治国不可放弃的基本方法而存在。^③ 除了满足外部社会规范系统的功能需求，立法问题界定还应当与既

---

① 参见刘润忠：《试析结构功能主义及其社会理论》，《天津社会科学》2005 年第 5 期。

② 参见周维明、赵晓光：《分化、耦合与联结：立体刑法学的运作问题研究》，《政法论坛》2018 年第 3 期。

③ 劳东燕：《功能主义刑法解释的体系性控制》，《清华法学》2020 年第 2 期。

有法律体系保持协调。否则，立法问题界定不仅无法改善法律体系的问题，还会引发法律体系的混乱而阻碍其规范功能的真正实现。例如，刑法立法中一旦出现罪名之间界限不明的情况，便可能导致刑法适用的困难，而这不仅不能实现以新的条文解决新问题的目的，还会导致旧的条文因刑法修正而被司法实务放逐。立法问题界定与既有法律体系的协调，主要是指立法问题界定标准与既有法律体系中立法问题判断标准的协调。具体而言，这种标准协调应当体现在三个方面：

第一，立法问题存在与否的标准协调，亦即，是否为立法问题标准的协调。受所处社会规范系统的功能需求影响，立法者会产生修改法律体系的想法。但是，社会规范系统的功能需求往往是一种概括性的，立法问题与其他规范问题之间的界限并不会直接呈现。如果只要存在法律体系外的系统动力便对法律进行修改，那么法律体系与其他规范系统之间的边界将不断模糊，最终被过分工具主义化，沦为达到特定功利目的的工具而丧失其作为法律体系的独立性。[①] 因此，必须以既有法律体系中立法问题的标准对外部规范系统提出的规范需求进行筛选。就此而言，阐释法律体系对立法问题的认知标准便显得颇为必要。这个问题牵扯到对法律体系的形式标准和实质标准等不同维度，后文将在形式限度和实质限度的讨论中进行展开。此处应当明确的是，无论既有法律体系对立法问题采取何种标准，立法问题的建构在总体上都应当与之保持较好的协调性。尤其是，确保拟界定为立法问题的社会问题与既有法律体系明确规制的问题大致相当。

第二，立法问题类型的标准协调，亦即，此类问题还是彼类问题区分标准的协调。中国特色社会主义法律体系是一个庞大的体系，其中包含多个部门法律。每个部门法在保护客体和规制对象上都有其自身的类型特征。这些类型特征决定着该法律在整个法律体系乃至于整个社会规范体系中的功能定位。因此，在界定立法问题时，必须注重立法问题与既有法律

---

① 参见谢望原：《谨防刑法过分工具主义化》，《法学家》2019 年第 1 期。

体系对问题类型的划分标准相协调。需要参照的标准包括两个方面：一是法律保护客体的类型。保护功能是法律的核心功能。无论是保护特定的社会秩序，还是特定主体的权益，法律都是对某种对象的法律保护。保护客体反过来决定着法律体系的建构方向。因此，在建构立法问题时，必须准确界定问题的类型。以刑法立法为例，我国刑法分则的体系化和类型化总体上以法益这一保护客体的类型区分为基本依据。例如，分则的一至七章均在章标题中明确表明，该章的犯罪是对国家安全、公共安全还是其他法益的侵犯。因此，便可以从特定问题所涉及法益的具体类型为基点，参照既有刑法体系对特定法益的保护方式，从而使刑法立法问题界定与既有刑法体系相协调。二是法律规制对象的类型。法律是保护法，也是规制法，为社会各类主体提供了行为规范。在界定立法问题时，必须准确界定其规制对象。以刑法为例，现代刑法以行为为规制对象，刑法学界一度将刑法条文所呈现的犯罪构成理解为行为类型。[①] 在此意义上，刑法立法问题界定必然以行为类型的建构为核心，且必须与既有刑法体系在行为类型上的区分保持协调。亦即，应当以既有刑法体系为参照，对刑法立法问题归属于此类问题还是彼类问题作出区分。例如，相应的问题属于危险（风险）问题还是实害问题、是抽象危险问题还是具体危险问题、是诈骗问题还是盗窃问题等等。

第三，立法问题轻重程度的标准协调。立法问题界定时对轻重程度的判断也十分必要。而现行立法问题界定机制在这一问题上依然存在轻重误判的规范隐忧。就此而言，在进行问题界定时，对问题轻重程度协调性的把握显得颇为重要。这种协调的实现，可以依托于两个方面的路径：一是对问题严重程度的质性分析。这可以相关社会现象侵害法律拟保护客体的严重性、法律拟保护客体的重要性和必要性等为标准。目前，学界的质性

---

① 参见杜宇：《刑法学上"类型观"的生成与展开：以构成要件理论的发展为脉络》，《复旦学报》（社会科学版）2010 年第 5 期。

分析主要展开于司法论之中，立法论上的讨论颇为欠缺。有必要强调立法问题与现行法律条文在法律保护客体、法律规制对象的位阶、侵害程度等范畴的比较，确定特定问题的轻重程度。二是对问题严重程度的实证分析。这是在立法中实现法律体系均衡性的重要保障。对此，可以从立法问题的法律后果的轻重程度入手进行研究。以刑法立法为例，如学者所说，刑罚的轻重是社会对犯罪的反应或评价的严厉性程度，本质上是犯罪与社会控制之间的关系在立法者头脑中的主观反映。[1] 因此，可以通过刑罚程度的比较来反推相应立法问题的严重程度。

　　总体而言，立法问题的界定离不开对既有法律体系的参照。即使立法是一种对既有法律体系的改变，也不能忽视立法活动中对现行立法的阐释和反思。这要求立法问题界定充分参照既有法律体系对立法问题存在与否、类型区分、轻重判断的标准，并寻求一种体系上的协调。而这也是法教义学立法面向的功能之所在。[2]

二、形式限度与实质限度

　　"相对于社会生活，法律只不过是一种形式，因而法律必然具有形式的特征。法律之发达，实际上就是法律形式的发达。"[3] 在此意义上，立法活动本质上是一种形式化的活动，立法问题界定则是一种对社会现象的形式化改造。与此同时，立法活动所建构的形式结构始终离不开社会生活的实质内容，实质意义上的问题属性是立法问题的根本支撑。就此而言，立法问题界定的理想图景需要满足形式和实质两个维度的限度要求。

（一）形式限度：立法问题的一般构成

　　社会现象建构为立法问题的形式化过程是立法活动的起点，制约着后

① 白建军：《刑罚轻重的量化分析》，《中国社会科学》2001 年第 6 期。
② 参见姜涛：《法教义学的基本功能：从刑法学视域的思考》，《法学家》2020 年第 2 期。
③ 陈兴良：《社会危害性理论：进一步的批判性清理》，《中国法学》2006 年第 4 期。

续立法、执法、司法过程的展开。而事实上，立法、执法、司法对法律条文的形式化需要，又反过来制约着立法问题界定的形式性要求。这种形式性要求主要表现为对立法问题基本要素的要求。按照当前学界主流，构成要件论被视为这些立法基本要素的总体分析框架，民法、刑法、行政法等多个部门法领域都将构成要件论视为法律基本要素的分析工具。在此框架之下，立法问题基本要素的形式性要求即为构成要件要素的要求。而在整个法律体系之中最基本的构成要件要素可以分为四种，即主体、行为、结果、因果关系。四者共同构成了立法问题的一般构成。

其一，立法问题应当是关于行为人的问题。立法问题始终是"人"的问题。这要求立法问题应当是行为人所导致的问题。反之，如果相应问题乃是由自然事件、意外事件等非人为原因所导致，那么该类问题便不应当被视为立法问题。例如，由地震、洪水等自然灾害引发的财产损失、社会秩序混乱等问题并非人为因素所导致，不应被视为立法问题。而如果洪水的暴发系人为原因所致，那么其中与人有关的问题便可以视为立法问题。例如，事后证明，洪水暴发虽然与强降水等自然事件有关，但如果水库管理人员及时泄洪，财产损失等问题完全可以避免，那么，水库等水利设施的管理问题便可以成为立法问题。

其二，立法问题应当是关于人的行为的问题。立法必须围绕着人的行为展开。立法问题界定应当准确识别在特定社会问题中是否存在需要法律加以规制的行为，并以对其规制为主要的问题导向。以刑法立法为例，根据刑法学界的共识，危害行为是刑法规制的核心，刑法上的危害行为应当具备有体性、有意性、有害性三个基本属性。[①] 刑法立法问题界定也应当符合这三个方面的要求：首先，刑法立法问题应当由具有身体动静的行为所引发，包括具有明显身体动静的作为和特定的不作为；其次，刑法立法

---

① 参见高铭暄、马克昌主编：《刑法学》（第4版），北京大学出版社2010年版，第70—71页。

问题应当由具有行为人意志的行为所引发，避免将无意识行为引发的问题界定为刑法问题；最后，刑法立法问题应当由有害的行为所引发，无害行为或者非法律上有害的行为（法令行为）不应当被建构为刑法立法问题。

其三，立法问题应当是会引发特定结果或者具有引发特定结果危险的问题。社会规范系统对法律的功能期待是保护特定的保护客体，预防或者惩治侵犯保护客体的特定行为。如果特定的社会问题并不足以构成法律意义上的危害结果或者不会造成相应的危险，那么该问题便不足以被视为立法问题，按照一般社会问题以道德、习惯等其他规范系统解决即可。立法论的视角下，对法律上危害结果或者危险的判断，一方面需要借鉴社会规范系统的功能需求，参照刑法、民法、行政法等法律体系与道德、习惯等其他规范系统的边界，另一方面需要参照既有法律体系对保护客体的保护程度。反之，应当避免将不足以引发法律结果或者危险的问题视为立法问题。

其四，立法问题界定还应当以行为与结果之间存在法律上的因果关系为向导。多样而具体的社会生活中，行为与结果（危险）总是普遍地存在。但是，并非所有的行为与结果之间都具有相互对应的因果关系。法律只对行为与结果之间具有因果关系的情形予以规制。在以司法适用为面向的构成要件理论中，这是毫无疑问的。实际上，在立法活动中也应当强调因果关系的指导意义，将立法问题界定限定在行为与结果之间存在因果关系的情形之中。值得注意的是，法律上的因果关系并不必然是自然原因力的还原。相反，立法者还具有拟制或推定因果关系的权限。因果关系对立法问题界定的限制体现在两个方面：一方面，立法问题界定应当尽可能以自然原因力为遵循，确保其建构的问题符合自然因果法则。另一方面，在自然原因力难以察觉而必须拟制因果法则的情况下，应当以高度盖然性为标准，进行因果关系的拟制。

当然，主体、行为、结果、因果关系只是立法问题的一般构成所包含的内容。为了适应经验事实的多样性，立法问题界定过程中事实上坚持着立法问题的一般构成与修正构成并行的立法思路。在特定场合下，立法问题的建构不仅应当在前述形式限度之内，修正的构成也可以被视为其形式限度。刑法立法活动中未遂犯、帮助犯等特殊犯罪形态的立法便是如此。

（二）实质限度：客体侵害和规范违反的二元竞合

虽然立法是形式化的活动，但人们越来越发现，"法治是一种价值实践"[①]。法律体系不仅是形式化的文字，更是承载特定价值期待的实质体系。要确保法律体系承担起价值期待的维护者角色而不会成为社会主流价值的破坏者，首先便需要在立法过程中进行实质性的考量。在多元的中国特色社会主义法律体系中，这种实质性的考虑是多元的。不同的部门法有着差异明显的实质限度。例如，对于刑法而言，其立法问题的实质限度即犯罪的实质；对于治安管理处罚法而言，其立法问题的实质限度即破坏治安管理秩序的实质。而对于民法典这种包含多元篇章的法律而言，其实质限度则更为丰富，既可能包含侵权的实质限度，也可能包含违约的实质限度。对于这些纷繁复杂的实质限度，学界概括出了两条主线，即对法律保护客体的侵犯和对法律规范的违反。其中，前者意指对法律所保护的特定客体例如当事人的权利（权益）的侵犯，后者意指对法律所确证的某种法律规范的违反。在部分学者看来，这两条线索之间呈现互斥的关系。法律问题的实质要件要么只是对客体的侵犯，要么只是对规范的违反。以刑法研究为例，一时兴起了"法益侵害说"与"规范违反说"之争。因此，可以这场争论"管中窥豹"来讨论立法问题界定的实质限度。

刑法学家罗克辛认为，德国学界的路径是借助法益理论为刑法的暴力干预找到一个界限，并认为，应当以对法益的侵害为标准来限定刑法立法。[②] 对此，雅克布斯（Jakobs）则持有不同的观点，在他看来，在利益

① 王静：《社会主义核心价值观在司法裁判中的定位与双重关系》，《法制与社会发展》2023 年第 5 期。

② 参见［德］克劳斯·罗克信：《刑法的任务不是法益保护吗?》，樊文译，载《刑事法评论》第 19 卷，第 147 页。

保护中寻找刑法特点的工作没有希望获得什么收获，应当将犯罪理解为对规范的否定，或者是证实了对法忠诚的缺乏①，因而应当以规范违反为犯罪的实质标准。而受苏联刑法学影响，我国传统刑法理论引入了社会危害性说，在犯罪概念中强调犯罪的实质标准是社会危害性。②随着德日刑法理论的引入以及阶层犯罪论体系在国内学界的兴起，以社会危害性理论为核心的传统刑法理论遭受猛烈批判，被学界逐步否定和放弃。学者们的主要理由在于，社会危害性的判断缺乏实质性的标准，其背后潜藏着侵犯人权的危险。③因此，犯罪的实质之争主要表现为法益侵害说与规范违反说之争。同时，这场争论也被视为刑法的目的和任务之争，亦即，刑法应当以法益保护为目的，还是应当以规范效力（规范确证）为目的。④两种观念的争论对于诸多刑法学问题的立场选择都有重要的影响。例如，有学者从法益侵害说（法益保护说）出发，认为应当在刑事违法性上坚持结果无价值的标准，并以此与行为无价值论者展开了激烈的争论。⑤

不过，回归犯罪的实质这一问题，二者最主要的分歧在于，法益侵害说认为，法益保护才是刑法的目的，刑法只需要将对维持国民共同生活具有价值的、特定的、客观上可以把握的利益或状态（法益）作为保护目标即可。而由于伦理规范在内容上不够明确，并不能为构成要件的明确性提供支持。伦理规范与刑法规范本身并没有价值，而是为了保护一定的价值才存在。此外，谴责犯罪人是为了维护规范效力还具有将人当作工具之

---

① 参见［德］G. 雅克布斯：《刑法保护什么：法益还是规范适用？》，王世洲译，《比较法研究》2004 年第 1 期。

② 参见陈兴良：《社会危害性理论：进一步的批判性清理》，《中国法学》2006 年第 4 期；刘艳红：《入罪走向出罪：刑法犯罪概念的功能转换》，《政法论坛》2017 年第 5 期。

③ 参见陈兴良：《社会危害性理论：进一步的批判性清理》，《中国法学》2006 年第 4 期。

④ 参见劳东燕：《结果无价值论与行为无价值论之争在中国的展开》，《清华法学》2015 年第 3 期。

⑤ 参见张明楷：《行为无价值论的疑问——兼与周光权教授商榷》，《中国社会科学》2009 年第 1 期。

嫌。因此，不应当采取规范违反说。① 另一方面，学界也提出了法益侵害说的诸多问题。法益概念本身便颇为空洞，而随着风险社会的来临，法益过度精神化等问题逐步出现，法益理论面临危机已是不争的事实。② 而在犯罪判断中，仅仅考虑法益侵害之有无存在诸多不足，包括不能防止刑法评价对重要要素的缺漏等多个方面。③ 易言之，法益侵害说也存在明显的问题。

可以看到，单独的法益侵害说和规范违反说都不足以完全说明犯罪的实质。事实上，二者之间是部分重叠和相互补充的关系。于大部分犯罪而言，法益侵害和规范违反都能征表其本质，二者只是犯罪实质的两个不同侧面。例如，于故意杀人罪而言，显然，该类犯罪既是对他人法益（生命权益）的侵犯，也是对不可无故伤及他人性命这一行为规范的违反。而事实上，在刑法的目的和任务的讨论中，保护法益和保护规范效力也并不冲突。例如，规范违反说的主张者也开始承认，法益保护是刑法的最终目的，而对规范有效性的保护则是法益保护的路径所在。④ 与此同时，这两个标准除了构成违法犯罪实质的一体两面，还能够相互弥补对方在理论适用上的不足。如前所述，法益侵害说的主要问题在于法益概念的空洞性、法益范围的不确定性，规范违反说的主要问题在于规范价值的中立性、保护目的的异化等。比较之下，二者可以较好地相互补足：除了道德等特殊

---

① 参见张明楷：《行为无价值论的疑问——兼与周光权教授商榷》,《中国社会科学》2009 年第 1 期。

② 参见刘炯：《法益过度精神化的批判与反思——以安全感法益化为中心》,《政治与法律》2015 年第 6 期；陈家林：《法益理论的问题与出路》,《法学》2019 年第 11 期。

③ 参见周光权：《行为无价值论的法益观》,《中外法学》2011 年第 5 期。

④ 参见周光权：《新行为无价值论的中国展开》,《中国法学》2012 年第 1 期。值得注意的是，周光权在其论述中提出，规范违反说应当发展为新规范违反说，将犯罪的实质定位为对整体法秩序的违反，而非对伦理道德规范的违反。这种观念的更新，本质上只是对规范违反说中规范范围的调整，并未从根本上改变规范违反说的理论路径，因而本质上依然是规范违反说。

的规范系统，刑法以外的其他法律规范体系在内容上总体较为明确，以该类规范体系为指引确定刑法立法问题的边界，可以克服法益概念的空洞性和法益范围的不确定性；虽然少数犯罪所侵害的法益不能较为清晰地界定，但无论如何，危害行为所直接指向的危害客体总是可以预见的，而这便足以帮助立法者判断是否需要为特定规范提供刑法上的保护，从而克服规范在价值上的中立性、对人的异化等问题。

就此而言，法益侵害与规范违反的二元竞合是一种更为妥帖的立场。而这种立场对实质的犯罪概念的改造，将通过"立法的犯罪概念"①为刑法立法问题提供一个实质限度。以刑法立法为例观照中国特色社会主义法律体系的其他部门法，可以发现，其他法律体系也可以依照法益侵害和规范违反的二元竞合来考量立法问题界定的实质限度。只不过，刑法明确以法益保护为任务，其他部门法在保护客体上可能与之略有区别，因此需要从客体侵害与规范违反的二元竞合来理解。

三、不同限度的位阶顺序

综合以观，理想的立法问题界定应当在外部限度与内部限度、形式限度与实质限度之内展开。立法者应当参照上述限度判断是否应当将某一社会问题界定为立法问题。当然，这种判断并非杂乱无章随意进行的。前述限度之间存在较为固定的位阶顺序。立法者在判断时应当遵循位阶顺序。原因在于，一方面，不同限度之间存在张力，需要对其位阶顺序进行梳理，才能为立法者的判断提供具有可行性的参照。另一方面，对不同限度进行位阶顺序的整理，将有利于增强立法者判断的经济性和便捷性。

不同限度间位阶顺序的确定应当遵从两个基本的原则：第一，符合立法问题界定的基本规律；第二，符合判断的经济性和便捷性要求。在这两

---

① 参见陈兴良：《形式与实质的关系：刑法学的反思性检讨》，《法学研究》2008 年第 6 期。

个原则的指导之下，可以将不同限度的位阶顺序确定为：社会规范系统的功能需求（外部限度）→立法问题的一般构成（形式限度）→客体侵害和规范违反的二元竞合（实质限度）→与既有法律体系的协调（内部限度）。

首先，应当将社会规范系统的功能需求置于位阶顺序的最前面。立法问题界定是一种外力驱动的法律活动，这决定了在判断是否应当建构立法问题时应当首先考虑其外部限度，判断立法问题界定是否达到或超出了社会规范系统的功能需求。在社会规范系统已经基于社会形势、社会治理等因素产生了对立法的功能需求时，可以考虑将相应的社会问题界定为立法问题。如果社会形势的变化并不足以引发对立法的功能需求而只需要以现有的其他社会规范系统应对即可，那么便不将其建构为立法问题。否则，将所有的社会变化都视为立法问题，只会导致对社会变化的过度反应而破坏法律体系的安定性。

其次，对于社会规范系统提出需立法予以解决的问题，应当以立法问题的一般构成进行形式上的筛选。立法是一种形式化的活动。只有符合形式要求的问题，才能够通过立法予以规制。因此，对于符合社会规范系统的概念需求的问题，应当首先以立法问题的一般构成进行筛选。

再次，以客体侵害和规范违反的二元竞合为标准，对拟建构的立法问题进行实质上的判断。理想化的立法活动应当是形式与实质的完美统一。对于符合立法问题形式表征的问题，应当进一步判断其是否存在客体侵害或规范违反的实质，确保拟建构的立法问题与应然语境中的实质标准相符合，避免将形式上可能具有危害性，但实质上既不会导致客体侵害又不会构成规范违反的行为纳入法律之中。

最后，对照既有法律体系对符合前述三种限度的问题进行协调性的判断。总体上看，社会规范系统的功能需求、立法问题的一般构成、法律问题的二元实质标准都是立法问题的本体性限度。值得注意的是，立法不仅是对某个条文的改动，更是对整个法律体系的调整。因此，在前述本体性的思考之外，还需要对立法问题界定进行体系性的评估，使其与既有法律体系达成协调。尤其是，在是否构成立法问题、此类还是彼类立法问题、轻问题还是重问题等方面进行协调性判断，进而尽可能使立法问题界定的展开与既有法律体系相协调。

　　总体上看，前述位阶顺序可以对立法问题界定提供层层筛选的指引，能够逐步缩小立法问题的范围。因此，前述位阶顺序在某种程度上也是一种效力位阶。虽然某些问题符合前面的限度限制，但如果超出了后一种限度的范围，那么也应当将其排除在立法问题之外。就此而言，后一种限度对前一种限度所包含的范围是进一步的限缩和排除。

第三章　立法过程中的政治互动

在法学学科的不少观察者们看来，对中国特色社会主义法律体系的评价只与法律有关，应该"发乎于法、止乎于法"。法律系统之外的其他因素，则被认为是政治学、社会学或者说人类学等其他社会科学关注的事情。故此，所谓社科法学与法教义学之争时至今日依然也没有结束。特别是，随着中国特色社会主义法律体系的不断健全，法律条文的教义阐释成为更亟须解决的问题。加之缘起于德国、日本等国的法教义学研究方法在国内传播日益广泛，法教义学自21世纪初以来强势崛起[1]，原本兴盛的政法法学、法社会学等社科法学研究范式逐渐衰落。在法教义学学者看来，法学是关于规范的学问，应当以法律条文的教义阐释为主要使命。甚至有学者明确提出，"法教义学是法学的核心"[2]。反之，观察法律决策过程中政治因素的社科法学则仅仅被视为法教义学的补充和辅助。

然而，法律的现实发展历史显示，法律并不是孤立的规范体系，也不是来自所谓的"绝对精神"或"绝对观念"，而是在现实关系中占据统治地位的个人对自己的力量所进行的建构，包含着丰富的价值期待和政治因素。正如马克思已经揭示的，那些占据统治地位的个人，"除了必须把自

---

① 参见陈兴良：《法学知识的演进与分化》，《中国法律评论》2021年第4期。

② 参见孙海波：《论法教义学作为法学的核心——以法教义学与社科法学之争为主线》，载《北大法律评论》（第17卷·第1辑），北京大学出版社2016年版，第201—232页。

已的力量构建成国家外，还必须使他们的由这些特定关系所决定的意志具有国家意志即法律这种一般表现形式"①。就此而言，法律体系的建构必不可少地与法律系统以外的国家政治力量密切关联。在现代社会，随着民主政治的广泛深入发展，政治主张必须符合法定程序和法定形式，法律主张则必须获得基本的政治认同方可成为国家意志，这已经成为现代政治和法治的重要特征。易言之，政治已经在事实上成为立法过程中不可分割、密切关联的影响因素。

对于法律体系与政治之间的关系，卢曼（Luhmann）作出了更为准确的形容："立法既是政治权力的重要彰显，也是巩固政治权力的关键途径。"② 从理论上看，中国特色社会主义法律体系的建构与完善看似是在立法法等实证法律或者法理的限制下进行的，但归根结底，这些过程都是由人的意志和人群的共识所决定的。而这些共识的形成过程以及这些共识转化为法律的过程，"不是在法系统内，而是在政治系统内做出的"③。以我国的刑法立法活动为例，1979 年刑法的制定与 1978 年的改革开放密不可分，刑法修正案（十一）新增的非法植入基因编辑胚胎罪等危害生物安全罪名与党的十八大以来提出的总体国家安全观、生物安全观等政治主张密切相关。就此而言，政治互动构成了立法过程的重要组成部分，厘清立法过程的议程设置逻辑离不开对政治互动的审视。

第一节　立法过程中的政治：从场域到动因

立法与政治之间的关系本质上就是立法与政治、法律与政治（或者说

---

① ［德］马克思、恩格斯：《德意志意识形态（节选本）》，人民出版社 2018 年版，第 100 页。

② 参见［德］卢曼：《社会的法律》，郑伊倩译，人民出版社 2009 年版，第 225 页。

③ ［德］迪特·格林：《政治与法》，杨登杰译，载郑永流主编：《法哲学与法社会学论丛》第 6 卷，中国政法大学出版社 2003 年版，第 120 页。

更为宏观的法治与政治）的关系。而这并不是一个新鲜的话题。自法律出现以来，立法与政治的关系便成为人类社会面临的知识议题。早在古希腊时期，亚里士多德便曾指出："法律似乎可以说是政治活动的产品。"① 而从政治发展史来看，立法活动正是政治发展的历史产物，正所谓"法治国家是法治化的国家状态"。② 如习近平所说："每一种法治形态背后都有一套政治理论，每一种法治模式当中都有一种政治逻辑，每一条法治道路底下都有一种政治立场。"③ 立法与政治在事实上存在着密切的关联。这决定了对立法逻辑的探讨，离不开对其背后的政治因素的分析。在此逻辑基础之上，晚近以来的学者们进一步细致地研究了立法与政治关系的现实表现。例如，有学者有意识地观察和研究了立法过程中政治与法律技术的互动逻辑④，也有学者关注到了政治因素在慈善法、食品安全法等各类立法逻辑中的地位。⑤

略显可惜的是，从学术领域来看，既有的这些研究大多展开于政治学、政策学或者社会学的视域之下，其研究的对象也主要是某些较为小众的部门法而没有延伸到整个法律体系。而且，既有研究的落脚点都在于推进政治学、政策学或者社会学的知识更新。虽然学者们注意到了以立法为案例研究对象，但最终的研究成果大多止于对我国决策者进行公共政策决策逻辑的分析以及对相应决策的改进分析。例如，在开展《中华人民共和国疫苗管理法》的多源流分析时，论者逐一分析了该案例中存在的各种源

---

① ［古希腊］亚里士多德：《尼各马可伦理学》，廖申白译注，商务印书馆 2003 年版，第 317 页。

② 卓泽渊：《法政治学研究》，法律出版社 2011 年版，第 439 页。

③ 《习近平关于全面依法治国论述摘编》，中央文献出版社 2015 年版，第 34 页。

④ 参见冯亮、何俊志：《人大立法中政治与技术逻辑的互动》，《学术研究》2018 年第 8 期。

⑤ 参见章高荣、赖伟军：《理念、制度与权力——慈善法决策过程分析》，《社会学评论》2022 年第 10 期；王刚、唐曼：《理论验证与适用场域：多源流框架的理论分析——基于 14 个案例的检验分析》，《公共行政评论》2019 年第 5 期。

流，但其落脚点仅在于"揭示疫苗管理法出台的必要条件，以期为我国今后制定疾病预防控制领域的公共政策设置提供借鉴"。① 而这种研究在法学视域下能够产生何种知识增长，却没有得到学者们的重视。与此同时，虽然法学界也有不少研究者致力于讨论立法过程中的政治因素，但这些讨论的局限性也很明显。学者们虽然讨论了政治对于立法活动的作用或者政治与立法活动的关系，但主要停留于抽象的学理层面，并未实现向现实样态的延伸。学者们在一般法理的层面对法的政治化、政治法律化、法与政治的分离等命题的讨论便是如此。② 显然，这些研究都难以帮助观察者揭开立法过程中的政治互动逻辑，更难以在此基础上为政治系统与法律系统的良性互动寻求更为妥善的方案。

当然，也有不少学者在梳理、总结、反思以及展望中国特色社会主义法律体系的建构历程时，有意识地将其放置于政治背景的变化之中。例如，高铭暄、赵秉志教授等多位学者多次在中国共产党成立的重要纪念年份、新中国成立的重要纪念年份等时间点回顾中国共产党的成立或者新中国的成立对于发展和完善刑法立法的重要意义。③ 王利明教授则不仅注重在新中国成立的重要纪念年份、改革开放的重要纪念年份回顾在这些大的政治背景下民法立法的发展历程④，更是专门讨论了在全面深化改革这一

① 白锐、黄丹：《基于多源流理论的〈中华人民共和国疫苗管理法〉的政策议程分析》，《医学与社会》2020年第7期。

② 参见［德］迪特·格林：《政治与法》，杨登杰译，载郑永流主编：《法哲学与法社会学论丛》第6卷，中国政法大学出版社2003年版，第120—134页。

③ 参见高铭暄：《新中国刑法立法的伟大成就》，《法治现代化研究》2020年第1期；高铭暄、曹波：《新中国刑事治理能力现代化之路——致敬中华人民共和国七十华诞》，《法治研究》2019年第6期；高铭暄、孙道萃：《我国刑法立法的回顾与展望——纪念中国共产党十一届三中全会召开四十周年》，《河北法学》2019年第5期；高铭暄、徐宏：《改革开放以来我国环境刑事立法的回顾与前瞻》，《法学杂志》2009年第8期；赵秉志：《改革开放40年我国刑法立法的发展及完善》，《法学评论》2019年第2期等。

④ 参见王利明、石冠彬：《新中国成立70年来民法学理论研究的发展与瞻望》，《人民检察》2019年第1期；王利明：《回顾与展望：中国民法立法四十年》，《法学》2018年第6期。

新的政治发展阶段中的民法立法（民法典编纂）前景。[①] 换句话说，有不少重要学者已经有意识地从"立法的现实场域"这一维度来理解政治现实对于立法过程的重要意义。

毋庸置疑，回归政治这一现实场域来分析和评价法律体系的建构逻辑在理论和现实上都是必要的。受理性主义等法学思潮的影响，在一些学者看来，法是自在自为的，不受政治系统的影响而独立存在。但实际上，与理性主义法哲学视域下的"法"不同，现实中的法律体系由人所创造，以具体的文字呈现，由国家强制力支撑，因而不可能是黑格尔所说的自在自为的法。现实中的法律体系乃是现实的、具体的、特定的主体在法律程序中建构而来的法。因此，正如马克思主义法学理论所揭示的，对法的本质的考察应当从其现实的历史出发，从中揭示法的本质。立法的现实历史表明，真实的立法活动绝不只是去发现和复原所谓自在自为的法，相反，真实的立法活动是发生于政治系统之中的、现实的法。这种法需要经由现实的立法程序确认方才能成为真正的法。而这个确认过程，无论是问题界定、方案设计和选择，还是最终的审议投票，都现实地发生于政治系统之中。无论是我国的全国人民代表大会，还是国外的国会，毫无疑问都是政治系统的现实表征。其背后，则是其所代表的国民，或者对其具有领导权限的政党。而这些政治系统的运作方式都是特定的政治背景决定的。在此意义上，"场域性"的分析是揭示立法逻辑的必然环节。

但是，仅仅从场域的视角来理解立法中的政治依然是不够的。"场域性"的分析给观察者造成了一种错觉，即政治只是立法的发生背景，即便能够影响法律体系的建构，也只是一种背景性的、间接的影响。因此，只需要从笼统的层面来开展"场域性"的分析即可。既有的"场域性研究"也的确大体如此。学者们虽然讨论了政治对于立法的意义，但基本上都是将其作为一个大的时代背景。例如，在讨论我国环境刑法的变迁时，高铭

暄教授指出："党的十七大报告更是以党的纲领性文献的形式将可持续发展的要义归入我们党执政兴国的指导思想——科学发展观的基本内涵，并且创造性地提出了生态文明的概念，这些均构成了我国环境刑法和环境刑法学持续发展的动力。"① 这里可以看到，高铭暄教授已经意识到了执政党理念对于立法的推动作用。但是，在其后续论述中，高铭暄教授只是梳理了环境刑法的变迁，对于执政党理念如何以及应该如何推动环境刑法为代表的立法活动却没有展开具体的阐释。换句话说，在场域性的分析中，研究者们的分析视点大体都停留于将政治视为立法和发展的时代背景，并未深入揭示政治因素从哪些角度影响着法律体系的建构，也没有关注这些影响是如何生成的。

在有的学者看来，虽然不得不承认立法者及其创制的整个法律体系是在政治系统之中"出生"的，但法律体系的内涵、外延及其生效机制都独立于政治系统。显然，如果依照马克思主义法学理论的基本方法去考察法律体系的现实历史，那么便会发现，学者们的这些看法只是一种理念。真实的立法活动不仅发生于政治系统之中，更代表着政治因素推动所形成的各种共识。真实的立法过程中，政治之于立法，不仅仅是其笼统的、间接的以至于形象模糊的活动场域，更是影响立法活动的具体的、直接的现实动因。"政治溪流对于议程状态具有明显的促进作用或者抑制作用。"② 一种社会现象最终成为法律问题，一项立法提议最终成为法律提案，都离不开政治系统中重要角色的努力推动，离不开各种政治因素的现实立场。这些问题和提案最终要成为法律，必须建立在政治系统所达成的政治共识的基础之上。正所谓民主政治是法治的保障。在人民民主国家，一个或一些问题、一项或一部法律最终要以国家意志的形式获得确定，必须经过政治

---

① 高铭暄、徐宏：《改革开放以来我国环境刑事立法的回顾与前瞻》，《法学杂志》2009年第8期。

② ［美］约翰·W. 金登：《议程、备选方案与公共政策》，丁煌、方兴译，中国人民大学出版社2017年版，第153页。

上的投票，以人民民主的方式加以确认方可。而这种民主投票，不是所谓的"走形式"，而是代表着人民利益诉求的实质选择。概言之，政治不仅是立法的发生场域，更是立法的重要动因。因此，必须如同麦克道格尔所说，在政治决策的意义上理解和把握法律①，将政治动因视为理解影响立法的重要因素。

当然，需要说明的是，在现代知识体系中，"政治"的定义纷繁复杂，"包括了几乎与权威性价值分配或者收益和成本的分配有关的任何活动"②，且在具体的表述上存在无数不同的版本和学说。对此，本书无意在政治的具体内涵上作精准的辨析。本书将直接采用政策学上尤其是金登对所谓"政治溪流"的识别口径，以第一章所整理的分析框架来识别影响刑法立法的政治动因。在此基础上，本书将尝试尽可能厘清立法过程中政治动因的类型构造。与此同时，本书同样坚持，政治系统与法律系统是具有各自不同规定性的两个社会系统，两者之间的现实关系在不少情形下存在张力。因此，在厘清立法中政治动因的基础上，本书还将对二者进行关系性的审思，进而尝试探寻一种政治动因影响立法的良性机制，以发展立法过程中的政治互动。

第二节　立法过程中政治动因的现实样态

如前文所述，影响立法的政治动因可以被划分为不同的类型。因此，可以从政治动因的类型构造以及类型之间的现实关系来审视立法过程中政治动因的现实样态。

---

① Myres S. McDougal. Law as a Process of Decision: A Policy-Oriented Approach to Legal Study. *Natural Law Forum* 1 (1956): 1–53.

② ［美］约翰·W. 金登：《议程、备选方案与公共政策》，丁煌、方兴译，中国人民大学出版社 2017 年版，第 137 页。

一、政治动因的类型构造

在金登看来，政治溪流主要包括国民情绪、有组织的政治力量和政府内部事件。与金登所处的美国不同，我国立法过程始终坚持人民至上，坚持中国共产党的领导。而在这一建构和发展过程中，关键个人也发挥着重要的作用。因此，可以将我国立法过程中的政治动因概括为中国共产党对立法工作的领导、人民利益及其情绪表达、关键个人的助力和推动三种主要类型。

（一）中国共产党对立法工作的领导

在金登看来，有组织的政治力量是推动决策议程的重要因素。因此，在考察议程设置时应当注意考察利益集团、政党、联盟等对象。毫无疑问，立法过程也受到各类有组织的政治力量的影响。但是，与强调多党制以及盛行政治游说的西方国家不同，影响我国立法过程的有组织的政治力量虽然也包括多种类型，但其中最主要的政治力量当属中国共产党这一执政党。中国共产党基于其治国理政方略而对立法工作的领导构成了最为重要的政治动因。

毋庸置疑，政党政治是现代政治生活最重要的一部分。作为特定阶级、阶层、集团或群体的利益代表，政党对一国的立法活动具有多重意义上的影响。一方面，政党对包括立法权在内的国家权力有着最直接而现实的影响力。在绝大多数国家，政党都拥有对立法直接的影响力，无论是多党制、一党制还是政党协商制国家，尽皆如此。另一方面，政党是特定群体的利益代表，在价值观念上代表着特定人群之间的共性。这使其对立法活动有着特定的功能需求和价值期待，而功能期待正是立法活动得以发动的价值驱动力。就此而言，剖析政党对立法的影响是还原立法逻辑的必要步骤。这也是多数学者在议程设置研究中都高度关注政党的原因所在，甚至有学者将政党政治视为影响政策议程设置的关键因素[①]，有不少学者由

---

① 参见徐锋：《社会运动、政策议程与西方政党政治的新变迁》，《马克思主义与现实》2011年第6期。

此展开了专门的个案研究。我国国内公共政策议程设置的研究明确提出，应当将中国共产党的观念视为最为重要的因素之一。^① 按照与国家政权联系的不同，政党主要可以分为执政党、在野党、反对党、联合执政的党和参政党。^② 其中，执政党往往代表着更加广泛的群体利益，在所有政党中有较大的国民基础，对所在国各个领域都具有政治上和法律上的领导地位。因此，与其他政党相比，执政党对立法活动有更大的影响力。在此意义上，剖析立法政治动因中的政党因素应当首先关注执政党。

我国实行的是中国共产党领导的多党合作和政治协商制度。在这一新型政党制度中，中国共产党居于领导地位，是执政党，是国家治理的"主心骨"。^③ 近代以来的历史经验也充分证明，中国共产党对于我国国家独立、现代化建设具有至关重要的历史意义。从实然和应然两个维度出发，作为执政党的中国共产党都应当在国家治理中居于最重要的地位。从历史经验看，新中国成立以来我国的立法实践自始至终都在中国共产党的领导下进行。1949 年 9 月，正是在中国共产党的领导下，中国人民政治协商会议召开并制定了具有临时宪法性质的《中国人民政治协商会议共同纲领》。此后，也正是在中国共产党的领导下，第一届全国人民代表大会第一次会议于 1954 年顺利召开并制定了《中华人民共和国宪法》，由此正式开启中国特色社会主义法律体系的建构历程。

如果考察具体部门法的编纂历史，则可以更加清楚地看到中国共产党对立法工作的领导对于建构中国特色社会主义法律体系的重要意义。以刑法立法为例，我国刑法立法的发展历史已经表明，中国共产党的领导对于

---

① 参见王刚、唐曼：《理论验证与适用场域：多源流框架的理论分析——基于 14 个案例的检验分析》，《公共行政评论》2019 年第 5 期。

② 参见许奕锋：《中国特色社会主义参政党对政党政治理论和实践的价值研究》，《社会主义研究》2021 年第 4 期。

③ 参见政武经：《新型政党制度是"中国之治"的重要政治保障》，《政治学研究》2021年第 1 期。

刑法立法的不断完善具有根本性的意义。刑法立法所取得的成就"与立法机关在立法过程中贯彻党的政策，坚持党的正确领导密不可分"①。新中国成立以后1979年刑法制定以前，我国的刑法立法主要围绕着党领导的群众性运动展开，刑法规范则主要以这些运动中所颁发的各类规范指示、条例等为主。②例如，1951年4月颁布的《妨害国家货币治罪暂行条例》等。十一届三中全会召开以后，为了加快法制建设，由中国共产党中央政法小组牵头，重新启动了刑法草案的修订工作。其后，虽然这一工作交由全国人大常委会法制委员会直接负责，但在草案提交给全国人大审议之前，也是经过了中共中央政治局原则通过。③而从1979年刑法的起草说明来看，刑法立法过程中不仅征求了党内其他部门的意见，同时也强调在刑法中坚持党的指导思想为刑法的指导思想，并应当以党的方针、政策所明确规定的内容作为刑法所需要明确保护的合法财产。④其后，在1997年对1979年刑法的大规模修订以及后来的多次刑法修正中，都可以清楚地看到，立法者明确将中国共产党的指导思想、治国理政方略作为刑法修正的遵循。例如，立法者在说明刑法修正案（十一）时明确提出，"党中央和全国人大常委会历来十分重视刑法的修改和完善工作"，此次刑法修正的必要性依据包括"落实党中央决策部署的要求"。⑤在说明刑法修正案（十二）

---

① 参见高铭暄：《中国共产党与中国刑法立法的发展——纪念中国共产党成立90周年》，《法学家》2011年第5期。

② 参见高铭暄：《中国共产党与中国刑法立法的发展——纪念中国共产党成立90周年》，《法学家》2011年第5期。

③ 参见高铭暄：《中国共产党与中国刑法立法的发展——纪念中国共产党成立90周年》，《法学家》2011年第5期。

④ 参见彭真（全国人大常委会副委员长）：《关于刑法（草案）刑事诉讼法（草案）的说明》，1979年6月7日在第五届全国人民代表大会常务委员会第八次会议上。

⑤ 参见李宁（全国人大常委会法制工作委员会副主任）：《关于〈中华人民共和国刑法修正案（十一）（草案）〉的说明》，2020年6月28日在第十三届全国人民代表大会常务委员会第二十次会议上。

的立法意图时，立法者也明确表明，"这次刑法修改的基本考虑：一是，坚决贯彻落实党中央决策部署，将党中央决策部署转化为法律制度。紧紧围绕党中央反腐败和依法保护民营企业的大政方针，更加注重统筹发挥好刑法的规范保障、引领推动作用"①。

回溯历史，中国共产党对我国立法的领导方式有多种形态。高铭暄教授以刑法立法为例将中国共产党领导我国立法的方式概括为三种，分别为政策思想指导、组织领导、工作方法上的指导。② 这种概括方式具有一定的合理性，但政策思想指导显然并不足以概括党的政治领导所包括的丰富内涵，例如，我国刑法始终坚持"以人民为中心"的立场，显然，人民立场不仅是一种政策思想，更是中国共产党的根本政治立场。③

中国共产党在领导立法的实践中，往往会同时采用一种或多种领导策略。政治领导具有最根本性的地位。而贯穿政治领导全过程的，则是中国共产党的执政理念。以政治领导的方式在立法过程中贯彻中国共产党的法治理念构成执政党影响立法的核心逻辑。首先，从政党政治的基本逻辑来看，政治理念是执政党治国理政方略的逻辑起点，是执政党与其他政党和其他有组织的政治力量最主要的区别。因此，以贯彻执政党理念为核心的政治领导方略在所有领导方略中居于最根本的地位。其次，从中国共产党的执政实践来看，中国共产党始终将政治领导置于最高的、最根本的地位，并反复强调加强党的政治建设和政治领导力。党的二十大报告将政治领导力放置于所有执政能力之前。此外，从立法实践来看，中国共产党执政理念变化带来的立法实践的变化最为生动地诠释了党对立法的领导。以

---

① 沈春耀（全国人大常委会法制工作委员会主任）：《关于〈中华人民共和国刑法修正案（十二）（草案）〉的说明》，2023 年 7 月 25 日在第十四届全国人民代表大会常务委员会第四次会议上。

② 参见高铭暄：《中国共产党与中国刑法立法的发展——纪念中国共产党成立 90 周年》，《法学家》2011 年第 5 期。

③ 参见周尚君：《坚持以人民为中心的法治思想》，《法学杂志》2021 年第 1 期。

刑法修正案（十一）为例，新增非法植入基因编辑胚胎罪，非法引进、释放、丢弃外来入侵物种罪等多个危害生物安全罪名与 2020 年 2 月生物安全观被纳入总体国家安全观之中密切相关。

（二）人民利益及其情绪表达

自启蒙运动以来，法律便被视为对天赋人权的保障。一国之人民是最初拥有立法权的主体，立法权"只是社会的各个成员交给作为立法者的那个个人或议会的联合权力"①。在此逻辑上，立法权在范围上必须受制于人民的权力授予。因此，在人民民主深入人心的现代社会，立法活动被视为对人民需求的回应和人民民主决策的结果。当然，在思想史上，自由主义者将国民的需求界定为对自由的需求。青年时代的马克思正是在此意义上在《第六届莱茵省议会的辩论（第一篇论文）》中作出那个著名的论断："法典就是人民自由的圣经。"②而在法哲学上，自由被视为意志的同义词，有意志必有自由。每个人都可以基于自由意志得到法与权利。盖因为此，金登在其设想的政治溪流中提出"国民情绪"这一主观因素，以回应自由主义者将法律的本质归结于自由意志的立场。但实际上，正如后来马克思在《关于林木盗窃法的辩论》中发现的，"利益所得票数超过了法的票数"③。法律不是人民自由的圣经，而是"物质利益的圣经"④。易言之，为立法活动所回应的人民需求可能在表象上是一种情绪性的需求，但在根本上，依然是利益性的需求。反之，立法权的行使在实质上应当以保护人民利益为目的，在形式上可以充分考虑人民对其利益的现实表达。在此意义上，人民的利益和利益表达构成了其中的核心驱动力。其中，人民利益是人民表达立法意愿最本源的动力，由于人民在组成结构上的多元多样性，

---

① ［英］洛克：《政府论》（下篇），叶启芳、瞿菊农译，商务印书馆 1996 年版，第 83 页。

② 《马克思恩格斯全集》第 1 卷，人民出版社 1995 年版，第 176 页。

③ 《马克思恩格斯全集》第 1 卷，人民出版社 1995 年版，第 288 页。

④ 刘恩至：《从"人民自由的圣经"到"物质利益的圣经"——论马克思法哲学本体论的转向》，《马克思主义研究》2018 年第 5 期。

人民对其利益诉求的表达总是以舆论的方式进行，并最终以人民情绪的形式在传统和社交媒体、国家机关调研报告、国家工作人员的日常生活感受等媒介呈现出来。基于国家乃是人民利益的捍卫者这一基本的政治立场，人民情绪表达自然而然地会对立法者产生一种外在的压力，促使立法者重新审视既有法律，并慎重决定是否要对既有法律进行修改。

值得注意的是，不同于用所谓"国民情绪"的主语"国民"以及相关的"公民"概念，用"人民"来描述立法过程中的价值主体更为合适。首先，人民概念具备比公民或国民概念更强的包容性，能够包纳可适用法律的所有主体。比较之下，从概念的内部规定性来看，公民的概念具有更强的规定性，公民身份也被视为一个普遍但复杂的身份。[1] 在公民意识等的规定下，并非所有的人类主体都被视为公民。其次，中国特色社会主义法律体系的理论起点和指导思想是马克思主义基本原理和马克思主义法学理论，人民是马克思主义基本原理和马克思主义法学理论的核心范畴，是马克思主义理论体系的核心关键词。[2] 这在理论基点上决定了以"人民"取代"国民""公民"的合理性。此外，从我国立法的历史来看，从革命根据地时期的法制实践到当代中国的法治建设，"人民"都是立法的逻辑起点。所有法律的名字都冠以"人民"二字便是最好的证明。就此而言，以人民利益及其情绪表达来指称影响立法的政治动因具有理论上的合理性。[3]

---

① 参见赵颖：《公民身份概念流变的历史考察》，《郑州大学学报》（哲学社会科学版）2015 年第 1 期。

② 孙民：《"人民至上"对马克思主义人民观的原创性贡献》，《理论探索》2023 年第 6 期。

③ 需要补充说明的是，前文第一章在对立法过程的议程设置逻辑作总体考察时使用的是"国民情绪"一词。之所以采取这种表述，主要是因为第一章的主旨在于对多源流分析框架总体适配性的检验，并不涉及对政治动因的详细考察，因而直接沿用了金登著作译文的"国民情绪"一词。而此处则需要对立法过程中的政治动因与国外的政治情况作细致的区分，所以明确论述了"人民利益""人民情绪"这一表达方式的理由，并由此统一采用"人民利益""人民情绪"的表述。出于第一章和此处论证目的以及语境差异性的考虑，本书在写作过程中并未对两处的表述进行简单的统一化处理。

以刑法立法活动为例，我国立法过程的经验事实足以说明，人民利益及其情绪表达是影响我国立法的重要政治动因之一。作为刑法立法的结果，多处现行刑法的制定与修改细节都表明其受到了人民利益及其情绪表达的推动。例如，刑法第 1 条明确表示，制定刑法是"为了惩罚犯罪，保护人民"。这说明刑法立法是以人民利益为出发点的立法活动。同时，晚近以来的多次刑法修正活动都与人民利益保护形势的变化以及人民基于利益所进行的情绪表达密切相关。一方面，人民利益保护形势的变化直接推动了部分罪名的增删。由于近年来安全生产风险日益影响人民利益的保护，立法者在 2020 年提出，"坚持以人民为中心，适应新时代人民群众日益增长的美好生活需要，围绕坚决打好'三大攻坚战'，加强保护人民群众生命财产安全，特别是有关安全生产、食品药品、环境、公共卫生等涉及公共、民生领域的基本安全、重大安全"[①]。为了实现这一目标，刑法修正案（十一）最终修改了高空抛物、妨害公共交通工具安全驾驶、冒险组织作业等多个罪名的相关规定。另一方面，基于利益的人民情绪表达形成政治动因推动了刑法立法。晚近以来的多次刑法修正活动中均可以较为清晰地看到人民情绪表达的影响。在现代社会，无处不在的社会风险以及与之相随的风险意识使人们的不安全感堆积日盛，"如何为个人提供制度性安全保障开始支配公共政策的走向"[②]。这种情绪投射到刑法立法之上，便是各种强烈的出入罪要求。例如，前文所述"贺建奎案"发生后，呈现在传统媒体和社交媒体中是强烈要求将非法编辑人类基因的行为纳入刑法规制之中的表达，而这毫无疑问对于刑法修正案（十一）增设"非法植入基因编辑胚胎罪"颇有助力。近年来未成年人实施恶性行为引发的汹涌舆情也正是刑事责任年龄降低的现实原因。此外，部分罪名的增删更是直接以

---

① 李宁（全国人大常委会法制工作委员会副主任）：《关于〈中华人民共和国刑法修正案（十一）（草案）〉的说明》，2020 年 6 月 28 日在第十三届全国人民代表大会常务委员会第二十次会议上。

② 劳东燕：《公共政策与风险社会的刑法》，《中国社会科学》2007 年第 3 期。

回应、保护人民的特别情绪为核心目标。其中，最典型的立法实例莫过于刑法修正案（十一）增设"侵害英雄烈士名誉、荣誉罪"。正如学者所说，"英雄烈士是享有特殊称号的死者，其往往是社会共同价值观念的象征和社会集体情感的符号"①，侵害英雄烈士名誉、荣誉罪的增设在相当大的程度上正是对人民情感的保护。

（三）关键个人的助力与推动

作为一种建构性的活动，立法离不开一个个具体的个人。无论是法律所服务的人民，还是具体开展立法活动的主体以及影响立法活动的主体，在根源上都由具体的个体组成。于立法活动等决策性活动而言，形形色色的个体之中，直接影响决策效果的"关键个人"对于立法活动具有重要的意义。尤其是，当既有决策失误或者失灵之时，关键个人扮演着议程决定者的角色。②学者的既有研究已经表明，关键个人经常会扮演提升议程设置可能性的关键角色，牵引着议程设置线索的发展。③

影响立法的关键个人主要包括两类：一是直接关键个人，即在立法程序中直接主导立法活动开展的关键个人，也可以被称为立法者中的关键个人。如学者所言，决策过程中的"关键个人"虽然受到外部环境的影响，但决策者具有相当程度上的自主性，正是这种"决策自主性"给决策结果的优化带来了可能。④一方面，立法活动的直接关键个人是外部环境与法

---

① 王钢：《刑法新增罪名的合宪性审查——以侵害英雄烈士名誉、荣誉罪为例》，《比较法研究》2021年第4期。

② 参见杨志军、欧阳文忠、肖贵秀：《要素嵌入思维下多源流决策模型的初步修正——基于"网络约车服务改革"个案设计与检验》，《甘肃行政学院学报》2016年第3期。

③ 参见杨志军：《从垃圾桶到多源流再到要素嵌入修正——一项公共政策研究工作的总结和探索》，《行政论坛》2018年第4期。

④ 参见杨志军、欧阳文忠、肖贵秀：《要素嵌入思维下多源流决策模型的初步修正——基于"网络约车服务改革"个案设计与检验》，《甘肃行政学院学报》2016年第3期。

律系统进行互动的直接承受者，既承担外部环境所施加的压力，也需要与立法活动的直接工作人员进行沟通，更在一定程度上承担着与外部环境进行沟通的任务。这些关键个人需要将外部环境对法律体系的功能期待转化到立法时所考虑的因素之中，并在大多数时候承担着是否要回应外部环境期待的决策任务。对于立法者决定不通过立法活动予以回应的功能期待，这些关键个人还需要作出回应，说明立法不予回应的理由。例如，对于为他人进行非医学的胎儿性别鉴定导致选择性别的人工终止妊娠后果的行为是否入罪的问题，全国人大教科文卫委员会、国家计生委以及部分全国人大常委会成员提出了入罪的建议，而立法者在与其他常委会成员、法律专家等商议后反复慎重研究，基于意见分歧较大的原因，作出了暂时不予入罪的决断，并在全国人大常委会与人大代表进行了反复的沟通。[1] 另一方面，直接关键个人作为立法工作的直接参与者，可以基于其政治信仰、价值取向、知识背景等因素发挥其自身的主观能动性，以一种相对自主的姿态影响立法活动。在此意义上，关键个人与其所处外部环境之间存在一定的相对距离，能够较为独立、理性地进行立法活动相关的思考与决断。

立法活动中，直接关键个人可能是立法活动的主要组织者，也可能是立法工作的主要承担者。前者对整个立法活动的展开有全局性的掌控力，也对整个立法活动的潜在评价承担着全面责任，因而，在关键时刻往往对于事关立法活动全局的事项有决策权。后者所谓立法工作的主要承担者在立法活动中则直接关注立法的具体设计，在具体某些条文是否设置、如何设计等问题上，立法活动的主要承担者起着决定性的作用。总而言之，历史经验充分表明，我国的立法和发展离不开直接关键个人在特定历史时期

---

[1]　相关沟通资料可参见安建（全国人大常委会法制工作委员会副主任）：《关于〈中华人民共和国刑法修正案（六）（草案）〉的说明》，2005 年 12 月 24 日在第十届全国人民代表大会常务委员会第十九次会议上；周坤仁（全国人大法律委员会副主任委员）：《全国人大法律委员会关于〈中华人民共和国刑法修正案（六）（草案）〉审议结果的报告》，2006 年 6 月 24 日在第十届全国人民代表大会常务委员会第二十二次会议上。

主动承担历史责任。

二是间接关键个人。立法从来不是立法者自娱自乐的活动，相反，立法始终处于外部环境的期待之中，是与其他社会系统相耦合的规范系统之一。立法活动不仅是立法者书面工作的结果，更受与之相关的多种间接因素的影响。这些因素中的个人，也因此扮演着间接关键个人的角色。例如，在特定领域具有专业影响力的专家往往对该领域立法议程有明显的影响。

二、政治动因的类型关系

前述三种类型的政治动因在我国立法过程中广泛存在，推动着立法者开展法律体系的建构。值得注意的是，三种政治动因之间既有区别，也有关联。

一方面，三种类型的政治动因表现出不同的类型特征，相互之间存在较为清晰的类型边界。例如，中国共产党对立法工作的领导与人民利益及其情绪表达在表现方式上存在明显不同。中国共产党对立法工作的领导往往表现为较为正式的、形式化形态，例如，中国共产党的政治文件、工作计划等。人民利益及其情绪表达所呈现的形式则表现出明显的非正式性。在社交媒体快速发展的当下，几乎所有人都可以在社交媒体上表达其利益诉求。又如，人民利益及其情绪表达与关键个人的助力与推动在专业程度上也存在差异。人民利益及其情绪表达以利益为原点。当以情绪化的方式表达出来时，往往具有非理性的特征。关键个人的助力与推动则往往借助于专业化或者知识化的方式推进。因此，关键个人的助力与推动会具有更强的理性特征。此外，三种不同类型的政治动因之间的类型边界较为清晰，尤其是三者在主体上存在较为明显的区别。中国共产党对立法工作的领导是中国共产党这一主体的行动，而人民利益及其情绪表达源自人民主体，关键个人的助力与推动则局限于直接关键个人和间接关键个人两种主体。

另一方面，三种类型的政治动因之间也存在着紧密的关联。从价值取向来看，三种类型的政治动因之间存在价值取向的关联性。例如，中国共产党对立法工作的领导在根本上与人民利益具有一致性，中国共产党领导立法工作的目的正在于保障人民的根本利益。而关键个人之所以能够助力立法活动的开展，也是因为其价值追求与中国共产党的领导、人民利益具有一致性。从作用机制来看，三种类型的政治动因之间也存在作用机制的共通之处。中国共产党对立法工作的领导，在作用机制上正是领导立法工作保障人民的利益。而人民利益及其情绪表达、关键个人推动立法的过程中，也需要坚持中国共产党的领导，与中国共产党领导立法工作的基本方略紧密结合起来。

第三节　政治动因影响立法过程的关系审视

在系统论的视野下，政治动因归属于政治系统，立法则是法律系统的内部活动。因此，政治动因影响立法的过程，实际上就是政治系统与法律系统的互动过程。而政治系统与法律系统的划分源于两者具有不同的内在规定性。虽然两者同属于社会系统，但在价值追求、运作机制等方面存在差异。两者之间的互动必然具有两个不同的面向。一方面，作为社会大系统的有机组成部分，两者之间的关联性会在特定情形下表现出对特定价值追求的相同立场，最终形成系统合力，推动政治和法律的发展。另一方面，作为两个具有内在差异的系统，规定性差异导致两者之间的现实互动存在着不可避免的张力。就此而言，有必要基于两者在系统归属上的这种特征，在观察政治动因影响立法的过程时进行关系性的审视。

一、政治动因与立法过程的同向本质

法律体系的建构离不开政治动因，政治动因的变化往往会直接影响法

律体系的变化。在此意义上，立法与政治动因在大多数时间是"同向而行"的，呈现出总体一致的关系。这是两者在底层逻辑上的一致性决定的。这也是我国政治建设过程中不断强调法治的根本原因。

首先，从利益主体来看，二者都强调"人民"的主体地位。在新中国成立以来的话语体系中，"人民"一词自诞生以来便充满政治色彩，而受宪法、宪法性文件以及中国共产党的报告限定，人民往往被视为权利主体的概念。[①] 因此，当代中国政治语境所使用的"人民"概念都具有"主体性"。与此同时，由于马克思主义的"人民"概念具有浓烈的阶级意识，与"非人民""敌人"等概念是对立的主体概念。就此而言，人民不仅是政治主体，更是主体中的中心主体。这也是三种政治动因的共性所在：强调"以人民为中心"的中国共产党、人民利益及其情绪表达、关键个人都强调"人民"的中心主体地位。而这也是我国立法过程的主线。自新中国将我国的法制（治）建设推向现代以来，人民便被确立为法制（治）建设的主体。前文在论及"人民利益及其情绪表达"对刑法立法的影响时已经充分说明，正是对人民主体权益的保障影响着刑法立法，而刑法第1条和第13条的实定文本已经充分显示，人民正是刑法立法所要保护的法益的主体。概言之，影响立法的政治动因与立法本身都强调对人民主体地位的维护。

其次，从价值取向来看，二者都以利益保护为主要目的。毫无疑问，人民利益及其情绪表达追求的是对利益的保护。中国共产党则在执政理念中反复强调，其领导立法的基本目的在于保护人民利益。虽然党领导立法的既有实践在不同阶段表现出不同的特点，但是，不同时期的领导方略都以保护人民利益为目的。"以人民为中心"的领导方略，其重要内容便在于要求中国共产党领导立法需要以人民福祉为宗旨，维护人民的合法权

---

① 参见李超群：《"以人民为中心"何以作为人权主体话语？——基于马克思主义语境中"人民"概念之证成》，《人权》2021年第1期。

利，以人民关切为导向，回应人民的利益期待。[①] 这正是"习近平法治思想"的题中之义，也是习近平的人民情怀在治国理政中的现实反映。[②] 正如习近平在讲话中所指出的："我们要依法保障全体公民享有广泛的权利，保障公民的人身权、财产权、基本政治权利等各项权利不受侵犯，保证公民的经济、文化、社会等各方面权利得到落实。"[③] 这是作为中国特色社会主义法律体系哲学基础的马克思主义法学原理相较于理性主义或自由主义法学的核心区别。而在现代法治理念中，利益的法律保护也越来越被视为法律体系最重要的功能之一。以刑法、民法为例，法益保护已经成为当下这两部重要的部门法最重要的法治理念。法益概念也成为法学理论中最为重要的概念之一。更为重要的是，在现实实践当中，中国共产党领导立法工作的方略与理念、人民利益及其情绪表达、关键个人的助力和推动等确实都以利益保护为目标，三重政治动因之间的合力则更加强化立法过程中的利益保护。

此外，从决策方式来看，二者都以民主集中为基础。诚然，虽然政治系统与法律系统在利益主体和价值取向上都保持一致，但这不足以使二者在最终的决策结果上达到一致。但是，我国主要的政治原则与立法的基本规则决定了二者在决策方式上的一致性。这是立法活动最终实现利益主体和价值取向一致性的实践保障。一方面，民主集中制构成了我国最重要的政治原则。在政治设计中，前述三种政治动因都包含了民主集中的内在要求。中国共产党将民主集中制写入了党章，并将民主集中制确定为治国理政的基本方略。在此语境之中，关键个人在发挥政治权威时，也接受民主集中制的限制。而"人民"概念虽然包含对每个个体利益的尊重，但自提

---

① 参见胡玉鸿：《"以人民为中心"的法理解读》，《东方法学》2021 年第 2 期。

② 参见程丙：《国内学界关于"以人民为中心"思想研究述评》，《社会主义研究》2020 年第 4 期。

③ 习近平：《在首都各界纪念现行宪法公布施行三十周年大会上的讲话》，载《习近平谈治国理政》第 1 卷，外文出版社 2018 年版，第 141 页。

出以来,"人民"概念都包含群体的含义。因此,人民利益代表的不仅是区别化的单一个体利益,更是群体利益的表征。人民利益通过情绪表达影响立法,本质上正是人民通过民主渠道行使权利,进而形成集体决议的过程,具有鲜明的民主集中色彩。另一方面,我国立法的决策同样以民主集中制为准则。立法法第 24 条和第 41 条明确规定,法律案的表决都应当超过表决人数的半数方才得以通过。这决定了立法的最终决策必须是民主集中基础上的表决。

综合以观,虽然政治系统与法律系统在规定性上互有差异,但是两者在利益主体、价值取向、决策方式上都具有高度的一致性。这决定了两者总体而言具有方向上的一致性,也使政治动因与立法活动总体上呈现"同向而行"的样态。

二、政治动因与立法过程的现实张力

如前文所述,习近平在《关于〈中共中央关于全面推进依法治国若干重大问题的决定〉的说明》中明确指出了我国立法中存在着立法部门化、争权诿责等多种问题。从本质上看,这些问题便是政治逻辑与立法之间现实张力的表现。虽然总体上政治动因能够产生与立法相向而行的动力,但政治系统与法律系统毕竟是两个存在差别的系统。受不同内在规定性的限制,两者之间不可避免地存在现实张力。这在两个方面表现得最为突出:

一方面,某些情形中人民利益及其情绪表达可能与立法产生现实张力。人民利益及其情绪表达作为立法的政治动因总体上既符合政治学和法学的基本理论逻辑,也与现实的总体实践样态相符合。然而,在一些具体情形中,人民利益及其情绪表达也可能产生对立法的负面影响。这包括的情形主要有:

第一,人民利益的识别有误。人民利益的边界是模糊的。而在法律的视野下,只有达到特定标准的人民利益(即法律权利或者合法利益)才需要以法律的方式予以明确保护。相反,不在此范围的利益即便是人民利益，也无需以法律方式予以保护。就此而言，一旦对人民利益的建构和识别有误，那么既可能导致应当受法律体系保护的利益没有被纳入法律保护范围，也可能导致不需要由法律体系保护的利益而被纳入法律之中。前者意味着法律对人民利益的保障存在明显缺漏，后者则可能导致法律规制范围的不当扩大。而如果制裁类法律不当扩大了规制范围，则不仅难以实现利益保护目的，反而有可能损害人民的潜在利益。这种难题在当前的刑法体系中并不少见，刑法学上关于"占有是否属于盗窃罪（或侵占罪）保护之法益"的争论便是典型的由人民利益建构不够准确所导致的。[①]

第二，人民利益的情绪表达不当。于立法者而言，及时回应人民的情绪表达往往会为其塑造出一种"想他人之所想、急他人之所急"的正面形象。然而，虽然人民情绪表达的是多数人的想法，但由于其始终极具感性色彩，所以受情感影响的立法依然不能摆脱情绪表达可能存在的问题。例如，情绪表达与特定利益诉求之间可能缺乏一致性，这种情况下，情绪表达给立法者带来的只有政治上的压力，而难以帮助立法者准确识别出应当以法律保护的人民利益。

第三，受情绪驱动的立法存在固有缺点。正如学者在反对刑法的"情绪性立法"时所明确指出的，这种立法活动往往会受到非理性的民意或舆论的裹挟而违背立法活动必须具有的严谨、理性等要求。[②] 对情绪表达的回应性议程设置更是可能因为议程设置过于仓促[③]，导致立法问题界定、立法条文设计等工作不够完备而无法保证立法的质量，最终反而危及法律体系的权威性，甚至影响到政治系统的严肃性。

---

① 参见张明楷：《刑法学》（第 5 版），法律出版社 2016 年版，第 942—944 页；柏浪涛：《侵占罪的保护法益是返还请求权》，《法学》2020 年第 7 期。

② 参见刘宪权：《刑事立法应力戒情绪——以〈刑法修正案（九）〉为视角》，《法学评论》2016 年第 1 期。

③ 参见赵静、薛澜：《回应式议程设置模式——基于中国公共政策转型一类案例的分析》，《政治学研究》2017 年第 3 期。

另一方面，某些参与立法体系建构的关键个人、团体或部门在进行立法时存在着不符合立法规律的问题。立法离不开关键个人的助力和推动，尤其是直接主导立法的立法者个人、部门或者相应团体，由于掌握着更多的信息，所以在立法过程中往往具有更为重要的影响力。但是，这并不意味着关键个人的意见足以确保立法的科学合理。事实上，决策信息和决策权威在呈现、传递和利用的过程中往往呈现逐渐缩减的趋势，而面对着掌握更多具体信息的具体立法者，关键个人的指示、批示可能存在信息失灵的风险。① 更何况，在充斥着海量信息的现代社会，所有个人所能掌握的信息都只是其中一部分，关键个人对特定事项的认知同样存在模糊性。与此同时，立法者同时也是科层制体系的一个环节。而科层制的固有弊病决定了，一旦立法者陷入尽快回应科层制压力的怪圈，那么立法活动将难以避免仓促和不完备的风险。这些原因都可能导致关键个人在立法过程中与法律系统消极的互动。结合既有立法实践来看，消极的互动机制包括两种主要的类型：一是主观的消极立法互动，即立法者因消极的主观心态而进行具有消极效果的立法互动；二是客观的消极立法互动，即立法者虽然在主观心态上以积极的立法互动为目的，但其客观效果却导致了政治动因与刑法立法的紧张关系。

主观的消极立法互动主要包括小团体立法，即立法者以个体、团体等少数群体的利益考量、价值取向为准绳进行的立法活动。该类立法互动中，出现少数人掌握本该由大多数人掌握的立法权，并以少数人的价值好恶为取向而开展立法的现象。应然语境中，立法是保护全体人民利益的立法活动，或者至少以保护绝大多数人的利益为目的，立法权归全体人民所有。然而，立法权和立法者的现实化过程中存在两种消极的立法互动机制：一是立法官僚化。随着立法工作最终被纳入科层管理的现实语境中，

---

① 参见韩志明：《问题解决的信息机制及其效果——以群众闹大与领导批示为中心的分析》，《中国行政管理》2019年第4期。

理想的立法者逐渐隐退，官僚化的立法机构和立法者兴起代之 [1]，并逐渐形成一个较为封闭的"立法官僚工作圈"。立法官僚们的利益诉求、价值取向代替了人民的利益诉求和价值取向，原本应当反映在法律体系之中的人民利益被掩盖，人民立法逐渐演变成了"官僚立法"。二是立法部门化。立法官僚化的伴生问题还在于，除了以个人价值好恶为准绳的立法，立法官僚还可能以其部门利益为取向进行立法，即"立法部门化" [2]。立法部门化的原因与立法官僚化的原因高度相同，即立法者仅以其个人或者团体的利益考虑、价值取向为基准进行立法，最终将归属于全体人民的立法权私化为个人或者部门的权力。因而，这两种立法互动机制在本质上都是小团体立法互动。

官僚立法和部门立法是依照立法价值标准的主体归属进行的分类。依照立法价值标准的不同，主观的消极立法互动还可以分为私益立法、他益立法。其中，前者例如立法者为了扩大其部门权力进行的立法（部门化立法、争权诿责立法），为了获得个人或者部门政绩以实现职级晋升，或者受地方保护主义驱使而进行的立法（政绩立法、利益博弈立法、地方保护主义立法）等；后者例如立法者在权力寻租过程为了寻租者利益进行的立法（寻租立法）。总体而言，习近平所指出的部门化倾向的立法、争权诿责的立法、利益博弈的立法、利用法规实行地方保护主义的立法，本质上就是这种主观的消极立法。

客观的消极立法互动意指立法者虽然并不存在消极互动的故意，但其客观效果为消极的互动。这种互动机制中，立法者秉持着善良的主观心态，但因为对法律体系（或者特定部门法）的功能、目的等内在规定性理解的不同，在客观的立法活动中导致消极结果。以刑法立法为例，从当前

---

[1]　参见白龙、周林刚:《立法官僚的兴起与封闭——以 1979—2010 年全国人大立法为中心的考察》,《文化纵横》2011 年第 3 期。

[2]　参见彭波、张潇月:《立法岂能部门化》,《人民日报》2014 年 11 月 19 日。

的刑法实践来看，客观的消极互动主要包括情绪性立法，即立法者主要是因应社会情绪而忽略现实问题进行的立法活动；懈怠立法，即立法者在面对立法需求时，不及时予以回应而呈现出的懈怠互动。

三、政治动因与立法过程的价值张力

由上观之，政治动因在影响立法时，不可避免会产生与法律体系之间的现实张力。这种张力不来自其他地方，而是两种系统在价值取向上的差异决定的。例如，政治系统在面对社会问题时，可能会为了特定政治目的而追求应对措施的有效性，强调对特定问题给出及时快速的回应。比较之下，法律体系虽然也构成了政治系统的组成部分，但出于对既定规则体系的维护，对安定秩序的维护，以及对预期利益的维护，法律体系强调对特定问题的解决需要具有可预见性，以实现法律体系"固根本、稳预期、利长远的保障作用"①。具体而言，两者之间的价值张力表现在以下两个方面：

一方面，有效性与安定性的价值张力。在政治语境中，政治和治理都被要求具有较高的有效性，即能够对社会中存在的问题予以较为及时、有效的回应。有效性被视为治理是否合格的主要标准之一。在此标准之下，政治因素往往会对立法产生较大的压力，要求立法者在出现社会问题之后，尽快作出具有针对性的立法回应。例如，发现醉酒驾驶的损害严重，便要求醉驾入刑；挥霍浪费的现象严重，便要求增设"挥霍浪费罪"。②有效性驱使下的立法往往能够快速地回应社会问题，并起到一定的社会治理效果。但是，于立法而言，有效性与安定性原则之间却存在一定的张力。法的安定性原则要求，法律体系的规范要尽可能是确定的，且被最大

---

① 习近平：《高举中国特色社会主义伟大旗帜 为全面建设社会主义现代化国家而团结奋斗——在中国共产党第二十次全国代表大会上的报告》，人民出版社 2022 年版，第 40 页。

② 参见《代表建议设挥霍浪费罪 一年后获中纪委回复》，《中国青年报》2010 年 3 月 9 日。

程度地遵守。^① 法的安定性不仅是法的内在要求，更是法治国原则的核心内容，源自对社会秩序的深层需求^②，与国家治理密切相关。一旦法的安定性无法得到保证，人民对法律的预期自然便会受到影响，对法律的遵守和立法活动的实际效果自然也会有所折扣。换句话说，如果立法忽视了安定性原则而一味追求立法的有效性，法律体系的实证效果必然会有所损伤。有学者便指出，当前刑法立法过度的活跃化实际上正面临着安定性受损、过分工具主义化的质疑。^③

另一方面，政治合法性和法律合法性的张力。在政治学者看来，合法性是一国政体所拥有的认同度、支持度和运转状态的重要表征。^④ 在合法性理论下，现代国家的政治运转必须以合法性为基础，遭遇了合法性危机的政治体往往可能面临制度崩溃、政治崩溃的局面。其中，西方将政治合法性来源归结为竞争性选举程序，而我国学界晚近以来主张绩效或经济增长也可以构成合法性的来源。受此逻辑驱动，政治对立法的要求便在于助力其达成政治合法性的目标。然而，从法律上看，合法性主要指合法律性，尤其是与实定法所规定的原则、规则、规范的符合性。受此限制，立法便不能仅以政治合法性为唯一遵循，相反，还必须受到宪法、宪法性法律以及某些自然法的限制。可惜的是，政治合法性与法律合法性并非完全一致。原因在于，政治合法性是对一国政治制度、政治成效的整体衡量，而法律合法性则主要是在法治语境下的评判。法律合法性只是政治合法性的一个部分，而政治合法性所考虑的内容则远远超过了法律本身。因此，满足政治合法性的内容很有可能并不满足法律合法性。例如，根据我国宪

---

① ［德］罗伯特·阿列克西：《法的安定性与正确性》，宋旭光译，《东方法学》2017 年第 3 期。

② 戴建华：《论法的安定性原则》，《法学评论》2020 年第 5 期。

③ 参见谢望原：《谨防刑法过分工具主义化》，《法学家》2019 年第 1 期。

④ 臧雷振：《政治合法性来源的再审视——基于中国经验的政治学诠释》，《求实》2019 年第 2 期。

法要求，刑法立法应当严格遵守比例原则。受该原则限制，需要以刑法予以规制的社会现象应当充分考虑刑法上可罚的违法性 ①，而非将所有一般违法或者违反道德要求的行为都归为犯罪。但是，政治合法性显然并不包括对比例原则的考虑。在此意义上，政治动因与立法之间显然会产生一种张力：基于政治合法性的考虑，某些行为应当以法律加以处罚以维护国民利益；基于法律合法性的考虑，某些行为虽然实属违法，但基于比例原则等考虑，则不必处以法律责任，而只需要处以道德等其他责任。

第四节　政治动因影响立法过程的良性机制

站在立法的基点考察，政治动因与立法之间的关系本质上是外部规定性与内部规定性的关系。其中，政治动因位于法律体系之外，作为政治系统或政治系统的组成部分以政治逻辑运转，代表着政治系统对刑法立法的定位和期待。比较之下，立法则受法律系统基本逻辑的制约，具有其自身价值取向。在立法过程中，两者不可避免进行互动。因此，需要基于对政治动因影响立法的总体考察，以及对政治动因与立法之间关系的审视，探讨政治动因影响立法的良性机制。这是缓解政治动因与立法之间关系张力的必要出路。

一、良性互动的总体方向

将作为整体的社会划分为多个不同的系统是系统论的经典分析范式。系统论认为，社会是一个巨大的复杂系统，由许许多多个子系统集合而成。② 复杂的社会活动可以被拆解为多个不同系统之间的互动，复杂活动

---

① 参见姜涛：《追寻理性的罪刑模式——把比例原则植入刑法理论》，《法律科学》2013年第1期。

② 参见徐经泽、胡宗煊、李小芳：《社会学和系统论》，《文史哲》1985年第4期。

的运行规律也可以系统之间的相互关系、变动规律等范式进行分析。在此分析进路下，立法活动中政治系统与法律系统的互动可以系统论的基础命题进行概括，并从中寻找一种良性发展的方向。

根据系统论的观念，立法过程中的政治系统与法律系统之间呈现为结构耦合的关系。[①] 如前文所述，所谓结构耦合是指两个不同系统之间互为系统和环境的关系。政治系统与法律系统的结构耦合关系具体体现在两个方面：一方面，立法活动中的政治系统与法律系统互为系统和环境的关系。中国共产党对立法工作的领导、对人民利益的维护、关键个人对立法活动的影响等政治因素所组成的政治系统毫无疑问形成了立法的环境，而同时，立法的程序限制、价值追求等也构成了政治系统厉行法治的环境。另一方面，政治系统与法律系统之间存在结构性的功能区分关系。不同系统之间的结构耦合并非随意产生的。事实上，正如工程科学中不同系统都存在不同功能一样，政治系统与法律系统之间的结构耦合也是一种以功能区分为基础的耦合。其中，政治系统的独特功能在于产出具有集体约束力的决定。卢曼认为，这种功能赋予了政治系统在社会中的重要性，限定了政治系统的边界和运行范围。[②] 法律系统的功能则在于为社会中的各个主体提供规范上的指引和稳定的规范期待。其中，前者依赖于法律系统的规范系统属性，后者则是法律系统的强制性、命令性的题中之义。比较之下，两种系统之间的功能明显是不同的。这也是政治系统与法律系统在互动中可能出现紧张关系的原因。

值得注意的是，结构耦合关系只是对政治系统与法律系统关系的总体概括，这并不意味着二者之间的关系是一成不变的。社会系统的内部变化和总体跃进都足以说明，系统之间的结构耦合是一种结构可能松动、边界

---

① 参见周维明、赵晓光：《分化、耦合与联结：立体刑法学的运作问题研究》，《政法论坛》2018 年第 3 期。

② 参见李强：《卢曼政治系统理论述评》，《政治学研究》2021 年第 2 期。

可能变化的耦合关系。原因在于，从来源看，系统之间的结构耦合和功能分工并不是一成不变的，相反，结构耦合乃是由社会成员在各个方面共同的价值体系构成，而共同的价值体系则来自行动者之间的社会性共识。[①]就此而言，社会成员之间共同价值体系和社会性共识的改变必然产生两种效果：其一，社会内子系统的内部构造、外部边界发生变化，内涵和外延的改变促使既有系统向新的系统蜕变；其二，不同系统之间的功能分工发生变化，既有系统之间的关系随之改变。而这两种效果都预示着，虽然社会子系统之间总体上的结构耦合关系不会改变，但随着社会成员之间共识的重新确立，结构耦合关系的"耦合点"也必将有所不同。换句话说，政治系统与法律系统之间的结构耦合关系，本质上是一种边界可移的结构耦合关系。

对前述逻辑反向推导，则可以发现，缓解政治系统与法律系统之间的紧张关系可以诉诸社会成员之间新的共同价值体系和社会性共识。换句话说，二者之间的互动可以共同价值体系的重构为方向，以新的社会性共识来指引政治动因对立法的影响，使二者之间的紧张关系向"共识凝聚"的方向发展。事实上，这种发展方向本身也与法律规则的内在属性相契合。随着胡塞尔完成先验自我到主体间性的推导，西方哲学开始了从主体哲学向主体间哲学的转向。这种转向投射到法学领域后，人们开始对法律、规则、秩序有了新的解读：秩序、规则及其合理性源于人类主体之间的关系互动[②]，并在本质上表现为主体之间的共识。这种对实然语境中立法活动本质的揭示一方面体现了立法与我国政治系统始终强调的民主集中的决策方式存在内在的同质性，另一方面也为政治与立法的互动提供了一个良性的发展方向，即凝聚新的、两种系统以及两种系统所代表的社会成员之间的社会性共识。总而言之，政治动因影响立法的良性互动方向可以定位为

---

① 参见刘润忠：《试析结构功能主义及其社会理论》，《天津社会科学》2005年第5期。

② 杨军：《刑法上赔礼道歉的教义学构造》，《中国刑事法杂志》2021年第3期。

结构耦合的重新建立与社会成员共识的凝聚。

二、良性互动的机制构成

在此意义上，政治动因与立法之间的互动机制主要是帮助二者重建结构耦合关系和共识的机制。这要求良性互动机制应当至少包括以下方面：

第一，互动系统的建构与识别。一方面，互动系统是互动的主体，在根本上决定着系统之间互动的开始、结束，以及具体的走向。只有准确地建构和识别互动系统，才可能有良性的互动。另一方面，政治环境包罗万象，影响立法的具体因素纷繁复杂，只有准确地建构互动系统，才能确保针对立法的互动是在政治系统与法律系统之间展开的，否则，两种系统之间的互动必然会受到诸多其他因素的干扰而严重影响互动的效率和质量。立法中政治系统与法律系统的建构与识别主要依赖于合类型性判断。合类型性判断以类型特征的建构为前提，是在类型特征的指引下对待决对象与已决对象的比较，要求待决对象具备已决对象所揭示的类型特征。[1]政治系统与法律系统在具体组成上的多样性决定了，对二者的识别与建构只能依托于类型判断这一突出"事物本质"的判断，而无法依赖于高度封闭的概念式的、涵摄式的判断方式。同一系统的内部主体在主体特征、价值取向、行为逻辑等方面具有相同或相似的类型特征。这既是不同主体构成系统的主要原因，也是之所以可以通过合类型性判断识别特定系统的依据。识别和建构政治系统和法律系统，首先需要建构二者的类型特征，并在类型特征的指引下对庞大社会系统的具体组成分部分进行识别，进而确定政治系统和法律系统的具体组成部分。

关于政治系统的类型特征，已有从政治系统的功能、自主性、合法性等角度展开的具体论述，既包括应然层面的界定，也包括实然层面的分

---

① 参见杨军：《刑法上等置判断的方法论原理》，载江溯主编：《刑事法评论》第48卷，北京大学出版社2024年版，第200页。

析。其中，卢曼基于系统功能而对政治系统类型特征的界定，对于识别实然的政治系统最有参照意义。如前所述，在卢曼的知识体系中，政治系统的独特功能是产出具有集体约束力的决定。卢曼认为，这种功能赋予了政治系统在社会中的重要性，限定了政治系统的边界和运行范围。这可以从两个方面为政治系统的识别提供参照：其一，集体关涉性，即关联集体的利益或意愿；其二，约束力指向性，即以约束力结论的达成为目的指向。当然，除了这两个方面，政治系统往往还表现出相同的价值认同等其他方面的特征，但从根源上看，价值认同也来自集体关涉中的利益取舍。因此，以前述两个方面为主要类型标准识别政治系统总体上是可行的。不过，值得注意的是，有学说提出，政治系统还可以分为政治子系统和行政子系统。尤其是，受到"政治行政二分法"思潮的影响[①]，行政子系统虽然被认为是广义的政治系统的组成部分，但在子系统层面也已经与政治子系统区分开来。这虽然有助于我们理解广义的政治系统的构成，但具体而言，政治子系统与行政子系统在事实上都影响中国特色社会主义法律体系的建构。一方面，根据我国政治体制，行政权力主要归属于中央和各级人民政府，立法权由全国人大及其常委会所独有，政府对立法在体制设计上并不存在直接的交集（反而是全国人大构成了政府的权力来源）。而且，从实践来看，影响我国立法的政治因素在国家层面主要来自中国共产党，这并不属于行政子系统的内容，而只应被视为政治子系统的内容。在此意义上，行政子系统似乎并不直接影响立法。但是，必须注意的是，行政子系统构成了重要的法律执行者，相较于全国人大等立法者而言，对于法律体系内部的优点和缺点、法律体系所规制的具体社会领域更为熟悉。因此，在现实当中，行政子系统的组成部分往往对于法律草案有着较高的发言权。后文第四章将提出，部分行政子系统的组成部分甚至直接主导着立

---

① 参见肖涵：《威尔逊政治与行政二分原则的内涵矫正——基于美国历史情境的分析》，《广东行政学院学报》2018 年第 3 期。

法方案的制定过程。就此而言，识别影响立法的政治系统时，应当同时注意行政子系统的情况。

与政治系统相比，法律系统核心的类型特征则在于规范性。其原因在于，法律系统是一种规范系统。作为社会的子系统，法律系统在系统功能上承担着对社会中的人、组织的行为的劝诱、指引和规范。在此意义上，与政治系统进行沟通的法律系统的组成部分应当具有规范性指向。

前述类型特征是对互动系统核心属性的揭示。除此之外，识别和建构互动系统时还应当确定互动系统的主体、价值取向、内部运转逻辑。其中，主体意指互动系统的具体成员，包括个人、组织等；价值取向意指互动系统的目标体系设定，例如系统主体的利益追求、系统本身的安定性与灵活性等；内部运转逻辑意指系统在维持其自身运转时所遵循的行为方式及其潜在逻辑。逻辑上看，互动系统的主体、价值取向、内部运转逻辑均是核心类型特征的具体表现。因此，在识别和建构这些要素时，应当以核心类型特征为指引。

第二，系统核心诉求的整理。亦即有效、清晰地整理政治系统和法律系统各自的核心主张，包括原则主张和具体主张两种。前者意指政治系统和法律系统对于立法的原则性看法。例如，对立法的功能、活跃程度等的认知。如前文所述，在这一问题上，政治系统往往追求立法的有效性、政治合法性。在功能上，政治系统追求立法能够及时回应社会问题，帮助政治系统解决、缓解政治上的压力。在活跃程度上，政治系统基于对有效性的追求，也往往并不排斥活跃的立法。反之，法律系统对于立法则存在一些与政治系统并不相同的理解，包括对安定性和法律合法性的追求。法律系统甚至还存在功能有限主义的理念[1]，强调立法对于部分社会问题的有限功能，主张法律与某些领域的社会问题保持一定的距离。同样的，在活

---

① 参见孙笑侠：《论司法多元功能的逻辑关系——兼论司法功能有限主义》，《清华法学》2016年第6期。

跃程度上，法律系统并不喜欢过于活跃的立法。这特别表现在刑法问题上。诸多学者强调要在刑法立法上坚持刑法谦抑性原则。① 除了这种原则主张，政治系统与法律系统在立法上所关注的，更多是一些问题的具体解决方案，表现为是否应当增设某些特定罪名、是否删减或修改一些条文。其载体形式包括政治系统提出的关于立法的指示批示、立法提案、立法意见等，而法律系统具体主张的载体形式则包括立法草案说明、立法审议报告、立法修正案等。比较之下，往往在较大的改革与发展时，政治系统对立法的原则主张才会发生变化。因而，在更多的立法活动中，政治系统的核心主张往往表现为具体主张的形态。

第三，诉求的论证与对话。在识别和建构对话系统、对话诉求的基础上，可开展政治系统和法律系统关于立法诉求的论证与对话。一方面，由各自系统对其立法的诉求进行论证，寻求实践证据、理论依据的支撑；另一方面，来自不同系统的立法诉求进行对话，通过诉求及其深层逻辑的比对来寻找两者之间的共识。其中，后者包含：其一，具体诉求的对话，即是否增删修订某一法律条文。例如，是否增加刑法中的罪名、是否调整刑罚力度等。其二，深层逻辑的对话，通过实践证据的对话以确定诉求的正当性、通过理论依据的对话以确定诉求的合理性、通过法律依据的对话以确定各自的合法性。前述论证和对话可以较大程度地筛除影响立法的非理性因素，使政治系统与法律系统的对话被控制在理性语境之中。值得一提的是，十八大以来特别是《中共中央关于全面推进依法治国若干重大问题的决定》通过以来，我国立法过程中建立健全了一系列保障诉求论证与对话的机制。例如，向下级人大征询立法意见机制，基层立法联系点制度，法律法规规章起草征求人大代表意见制度，立法项目征集和论证制度，委托第三方起草法律法规草案制度，健全立法机关和社会公众沟通机制，有

---

① 参见田宏杰：《立法扩张与司法限缩：刑法谦抑性的展开》，《中国法学》2020 年第1 期。

关国家机关、社会团体、专家学者等对立法中涉及的重大利益调整论证咨询机制，健全法律法规规章草案公开征求意见和公众意见采纳情况反馈机制等。这些机制的设立都旨在增强政治系统与法律系统之间关于立法诉求的论证与对话，进而广泛凝聚社会共识。

　　第四，立法者的比较和抉择。实际上，对话并不一定足以厘清政治系统与法律系统的所有分歧。二者之间的紧张并不完全来自非理性因素，各自系统的理性主张所引发的分歧才是最难消弭的部分。就此而言，对于政治动因引发的与法律系统的紧张关系，还需要立法者基于特定原则进行比较和抉择。这主要包括三个方面：其一，合宪性审查。作为政治系统与法律系统结构耦合的文本呈现①，宪法同时联结着政治系统与法律系统，并因其在政治体制和法律系统中的根本性地位而对两个系统的实际运行都具有超越性的约束力。因此，对于两个系统诉求之间的分歧，可以首先通过合宪性审查予以筛选。如果政治系统的立法诉求违反了合宪性原则，例如，过于严苛地限制和排除了个人权利或者在程序上不符合宪法的要求，那么可以将该诉求排除在外。②这对于法律系统也同样如此。其二，合目的性审查。法律体系的建构与完善总是与特定的政治目的与法律目的密切相关。但是，提出的特定方案却未必总是能够达到特定目的的方案。立法者在进行抉择之时，必须对特定的方案进行合目的性的审查，避免"目的—手段"关系的失调。③其三，合比例性审查。立法诉求除了事关正当性与合法性，还存在一个重要的合比例性要求。合比例性审查主要审查的问题是，对特定的社会问题，是否有必要以法律加以规制，或者是否有必要以特定的法律手段（而非其他法律手段）加以规制。这包括，立法目的

　　①　参见泮伟江：《宪法的社会学启蒙——论作为政治系统与法律系统结构耦合的宪法》，《华东政法大学学报》2019 年第 3 期。

　　②　参见韩大元：《关于推进合宪性审查工作的几点思考》，《法律科学》（西北政法大学学报）2018 年第 2 期。

　　③　参见刘权：《目的正当性与比例原则的重构》，《中国法学》2014 年第 4 期。

与对特定社会问题的处理是否合比例、立法与特定目的是否合比例、是否存在替代的应对手段等。[①] 其四，利益衡量。对于同时合宪性、合比例性但依然构成政治系统与法律系统的分歧的诉求，则还需要进行利益衡量。这既包括对政治系统与法律系统基本诉求的衡量，也包括对特定社会问题及其所蕴含的风险是否能够容忍的衡量。[②]

[①]　参见张明楷:《法益保护与比例原则》，《中国社会科学》2017 年第 7 期。

[②]　参见储陈城:《以利益衡量作为网络领域刑事治理的原则》，《法学论坛》2021 年第 5 期。

第四章 立法过程中的方案生成

从广义上看，立法过程包含立法问题界定、政治系统与法律系统互动等多个环节。而在狭义上看，立法过程也可以被简单地概括为一条条法律生成的过程。立法方案的生成构成了这一过程的核心。在立法问题界定完成并获得政治系统与法律系统认可之后，立法必须经过立法方案的制定与选择来完成，亦即，给"法律"赋予具体的语言形式，以具体的立法方案呈现出来。在这个过程中，不同的主体首先会形成一些宽泛的、零散的、尚未成型的规制思想，进而，随着立法问题的定型化处理和政治系统与法律系统互动的深入，逐渐定型化为某个或者某些立法意见和立法方案，并最终在立法过程中接受立法者的规范化处理和权威性选择。就此而言，立法方案生成的过程乃是立法的核心环节。相较于作为立法事实前提的问题和作为立法场域的政治尤其如此。

但可惜的是，学界关于立法方案生成的研究大多都只停留于对一个或者多个立法方案内容的研究，对于立法方案生成这一总体现象却少有专门的讨论。我们随处可见对于某种现象应当以某种法律方式予以规制的讨论，例如，用法律规制人工智能、用法律保护消费者权益、用法律改善犯罪人处遇等，诸如此类的讨论在今天的学术界、社会、国家等各个层面数不胜数。但是，关于这些讨论如何成为一个个具体的立法方案，又是哪些立法方案影响到了立法者的裁量，这些方案之间有哪些共同特征等问题，学界的研究却依然稀缺。诚然，如前所述，从国家层面到学术界层面，已经有不少人关注到了我国立法过程中的立法部门化、立法官僚化等问题。① 但是，这种讨论显然难以构成对立法过程中立法方案生成的横截式考察。毕竟，立法部门化、立法官僚化只是部分立法方案生成现象，无法代替整个立法过程的立法方案生成过程。立法过程中的立法方案生成也并非仅仅存在立法部门化和官僚化的问题。

事实上，从提出主体来看，我国立法过程中的立法方案生成除了依赖于立法部门，还依赖于普通民众的规制立场、法律专业人士的立法意见、特定群团组织的立法建议等。不同主体提出的立法方案各有利弊，并且依赖于不同的机制影响立法者的最终选择。在此意义上，考察立法过程中立法方案的生成逻辑，需要对不同主体根据不同机制推动立法方案生成的事实进行专门考察。这正是本章的主旨所在。

第一节　立法方案生成：从规制思想到立法建议

自人类社会迈入成文法时代以来，文字便成为法律最重要的载体。如何用文字尽可能好地表述法律也就成了法治的拥护者和观察者最为关心的话题。自古希腊时期柏拉图基于理想国的讨论，到近代孟德斯鸠等启蒙思想家们基于天赋人权等原理对法作出的规定，再到哈贝马斯等近现代以来最著名法哲学家所进行的讨论都是如此。而这些讨论，无论是要求法律服从神意，还是要求法律服从理性，抑或是要求法律服从自然科学规律、事物的本质，都是立足于规范导向的讨论，所得出的也都是对于立法活动的应然标准。马克思也是在此意义上提出："立法者应该把自己看作一个自然科学家。他不是在创造法律，不是在发明法律，而仅仅是在表述法律，

_____

① 参见王理万：《立法官僚化：理解中国立法过程的新视角》，《中国法律评论》2016 年第 2 期；彭波、张潇月：《立法岂能部门化》，《人民日报》2014 年 11 月 19 日。

他用有意识的实在法把精神关系的内在规律表现出来。"① 毋庸置疑，这些讨论为法律尤其是良善之法赋予了重要的规定性。无论是理性主义法哲学要求的法律必须具有普遍性和必然性，还是历史法学派所说的"实在法存在于民族的共同意识之中"②，抑或是历史唯物主义法哲学主张法律必须接受"生产的普遍规律的支配"③，都是如此。与此同时，这些法学主张也在有意无意之中塑造出一个研究传统，即制定法律最重要的环节乃是探寻作为成文法前提的某种抽象的"法"的内容。而只要知晓了这一抽象法的内容，剩下的工作便不过是将这些内容描述出来、表达出来。至于如何知晓这些内容、如何描述这些内容，则不在法学家所关注的范围之内。

在此意义上，即便是将立法逻辑的讨论完全缩小到狭义的层面——法律条文从无到有、从少到多并最终结成体系的过程，也很难在传统的法学研究之中寻找到确切的答案。而要实现对立法过程中立法方案生成的事实性还原，则必须借助于法政策学尤其是政策科学意义上的法政策学的范式来加以观察。亦即以一种观察者的视角在法和法律的规定性之外来审视法律的形成过程。这一视角将法律的形成视为一个包含多个阶段的过程。其中，先验的法并不存在，既不存在神意，也不存在自然法。在这种视角之中，法只存在两种形态，即正在讨论过程中的立法方案和已经制定完成的法律（当然，这只是一种极为简要的概括方式。实际上，立法方案也会因其处于阶段的不同而表现出多种不同的形态）。法律的形成过程，则正是从没有法到成为立法方案再到通过立法程序制定完成法律的过程。而立法方案构成了理解这一过程最为重要的理解对象。毕竟，已经制定完成的法律也是由立法方案而来。两者之间的差别仅在于是否经过了立法者在最终立法程序上的筛选。在这一程序之前所存在的，都是立法方案。而对立法过

---

① 《马克思恩格斯全集》第 1 卷，人民出版社 1995 年版，第 347 页。
② ［德］萨维尼：《当代罗马法体系 I》，朱虎译，中国法制出版社 2010 年版，第 17 页。
③ 《马克思恩格斯全集》第 3 卷，人民出版社 2002 年版，第 298 页。

程的理解，也就是对立法方案从无到有最终接受立法者挑选的过程的理解。

立法方案首先需要经历从无到有的过程。这个过程具有明显的随意性。一方面，所有的公民、组织、社会团体、国家机关都享有提出立法建议的权利。另一方面，这个权利的行使过程并未被施加严格的形式要求。所有人都可以提出任意形式的立法建议，立法建议因此随处可见。尤其是，在社交媒体快速发展的当下，每个人都能够轻松发表公开言论进而参与立法进程，甚至进行"自媒体立法"。这极大地提升了我国公民参与立法的积极性，奠定了立法的合法性基础①，也决定了规制思想的宽泛性、多元性和随意性。正如在"贺建奎案"发生之后，广大公民群体所表达的"谴责""处罚"等意愿一样。由于普通公民并不可能具备立法所需要的专业素质（他们的立法表达也不需要达到如此专业的程度），这一阶段产生的各种立法建议往往只以宽泛的规制思想示众。这个过程正是政策科学所描述的政策建议制定过程的最初阶段。金登采用了一个形象的比喻来描绘这一阶段的政策建议："备选方案和政策建议的产生过程类似于一种生物自然选择的过程。正如生命诞生之前分子在生物学家所谓的'原汤'中四处漂浮一样，思想也在这些共同体中四处漂浮。"②

随着立法活动的不断深入，法律规制思想在"原汤"中几经沉浮之后，或在有意识的立法活动中得到青睐，或逐渐隐入思想原汤之中。其中，那些得到青睐的法律规制思想走向了立法建议的第二个阶段，即法律规制思想的细化与重组。亦即，处于"漂浮"阶段的法律规制思想在经过不断地碰撞、加工之后，得到进一步的细化。这个过程首先包括法律规制思想的碰撞过程，例如规制与放任之间的碰撞、此种规制方法与彼种规制方法之间的碰撞等。而随着碰撞的进行，宽泛的规制思想同时需要迎来其

---

① 参见马长山：《新媒体时代的公民立法参与》，《师大法学》2017年第1辑。

② ［美］约翰·W.金登：《议程、备选方案与公共政策》，丁煌、方兴译，中国人民大学出版社2017年版，第110—111页。

内涵的日渐细化，从宽泛走向具体，从是否需要立法发展到需要进行何种立法，进而发展到如何构建法律语言的阶段。当进入到如何构建法律语言的阶段时，宽泛的规制思想将迎来质的变化，而彻底转化为具体的立法建议。而那些未得到关注的政策建议，则逐渐消解为政策原汤难以察觉的组成部分。当然，这并不意味着这些规制思想的效用彻底消失。随着政策活动的推进，已经"隐身"的宽泛的规制思想再次获得注意并最终影响决策过程的情况也并不罕见。除此之外，这些隐身的思想还可能作为新的规制思想的养分支撑着新的规制思想的产生。

概言之，立法方案的生成过程，乃是一个从宽泛的规制思想到具体的立法建议的过程。不过，从"规制思想"到"立法建议"虽然揭示了立法方案的动态发展逻辑，但却会给人造成一种印象，即立法方案的生成过程作为一个思想向建议的具体化、定型化的过程，乃是一个观念性的、精神性的运动过程。"漂浮"之中的规制思想成为具有自身发展路径的生命体，会依照其自身的运动过程发展为具体的"立法建议"。这与黑格尔关于国家和法律运动过程的认识不谋而合。如黑格尔所说："国家制度存在着，同时也本质地生成着，就是说，在它自身的形成中向前运动着。这种前进的运动是一种不可察觉的无形的变化。"[①] 而这一观念则来自黑格尔法哲学关于法律本质的经典描述，即"纯粹精神""绝对观念"的定位。在黑格尔看来，法律乃是绝对精神的实定法表现，制定法律的过程是绝对精神的运动过程。但是，如果从法律现实的历史进行考察便会发现，这种"绝对观念辩证运动"的观念只是一种观念，而非法律活动的现实。立法方案从一种宽泛的规制思想发展为一种具体的立法建议，虽然以观念的发展变化过程形态示人，但在本质上却并不是理念自身推动着产生的变化。

正如历史唯物主义法学观所揭示的一样，真实的立法活动从来不是抽象法理或者法律精神的运动过程，而是人这一历史主体基于社会生产实践

---

① ［德］黑格尔：《法哲学原理》，范扬、张企泰译，商务印书馆 2018 年版，第 41 页。

的历史选择。马克思早在《关于林木盗窃法的辩论》中便清晰地意识到，现实中的制定法并非所谓法理的现实化，而是立法者基于特定物质利益所作出的选择。虽然马克思当时将这种现象斥责为"下流的唯物主义……违反各族人民和人类神圣精神的罪恶"①，但在彻底确立起历史唯物主义之后，马克思清醒地认识到，在国家和法律构建过程中真正具有决定作用的现实基础，不是人的所谓自由意志，而是人的物质生活，是他们的生产实践和社会交往。正是为了维护这些社会生产实践和交往方式，身处于现实关系并且占据统治地位的个人才会将占据统治地位的社会关系构建为法律。换句话说，法律运动的真实过程乃是由人这一历史主体基于其社会实践推进的。这个变化的过程有可能是因为立法问题进一步凸显而推动政策活动家进一步摘取规制思想进行加工，例如，立法问题的指标日益明显、发生了与之相关的焦点事件；也可能是因为人民情绪或政党理念对特定问题的注意力有所提高。而无论何种动因，理念的变化都是源自具体的理念占有者所进行的理论研究或理论实践的活动，是人的主体性活动，而非观念的活动。因此，对立法方案生成过程的考察，依然离不开对人这一主体的实践活动的考察。而当我们清晰地认识到立法方案的生成乃是一个从宽泛的规制思想向具体的立法建议转换的过程之后，更为具体且重要的考察则是，是谁、如何推动宽泛的规制思想向具体的立法建议转换。换言之，基于立法方案生成乃是从规制思想到立法建议的发展过程，本章希望进一步讨论的问题是，进入立法者视野中的立法方案是谁、怎么生产出来的？

第二节　立法方案的制定逻辑

承接上文所述，立法方案从"宽泛的规制思想"向"具体的立法建

---

① 《马克思恩格斯全集》第 1 卷，人民出版社 1995 年版，第 289 页。

议"的发展过程乃是由实践主体推动。这提示我们,对立法方案生成逻辑的考察可以从立法方案的制定逻辑入手。亦即,通过解析立法方案制定主体的行动解析立法方案的生成逻辑。这大体上可以分为三个方面的内容:其一,立法方案的制定主体。即哪些主体在制定立法方案,并推动立法方案的发展变化。尤其是,立法者所关注的那部分立法方案都来自哪些主体。其二,立法方案的制定动因。即哪些因素直接推动着立法者制定立法方案。其三,立法方案的论证依据。即主体在制定和细化立法方案时的凭据是什么,他们依照何种机制推动立法方案的细化并获得立法者的注意力。由于立法方案在发端之时并不存在严格的身份和形式要求(事实上,出于对民主立法的推崇,每个阶段都是如此),不同的主体都可以基于不同的动因和不同的论据提出不同的立法方案。因此,必须借由理想类型的分析方法展开对立法方案生成逻辑的考察。

一、立法方案的制定主体

立法方案由主体创造。在政策科学中,金登将提出政策建议的主体称为政策企业家,并将其定义为"那些为了换取自己所偏好的未来政策而愿意投入自己资源的人"[1]。不过,正如杨志军等学者对"政策企业家"这一概念的批判一般,中国政策过程中不存在职业和专业的政策企业家群体。[2]虽然近年来我国也开始出现一些所谓的智库结构,但这类机构大多属于非营利性的,与美国等西方国家中以推动政策变革为营利方式的智库存在明显的区别。更何况,智库机构在推动立法活动的群体总量中也尚未占据主要地位。因此,如前文所述,中国政策环境中推动政策建议形成的主体更适合以"政策活动家"加以指称。第一章已

---

[1]　[美]约翰·W.金登:《议程、备选方案与公共政策》,丁煌、方兴译,中国人民大学出版社 2017 年版,第 192 页。

[2]　杨志军:《从垃圾桶到多源流再到要素嵌入修正——一项公共政策研究工作的总结和探索》,《行政论坛》2018 年第 4 期。

经在总体意义上说明，政策活动家实际上在整个政策过程中都扮演着重要的作用。问题界定、政治互动乃至政策之窗或政治之窗的开启，都与政策活动家密不可分。因此，为了与政策活动家的概念相区分，此处以"法案制定者"概念来描述在立法过程中那些主要从事立法方案制定的个人。

在立法过程中，法案制定者主要指在各级立法机关工作、承担立法工作的工作人员，即立法工作者。他们分散在全国人大机关与地方各级人大机关。其中，最为典型且重要的立法工作者当属全国人大中承担实际立法工作的个人。我国宪法规定，全国人大为我国最高权力机关和唯一的立法机关（就狭义的法律而言）。而根据《中华人民共和国全国人民代表大会组织法》，全国人民代表大会闭会期间，全国人大常委会负责领导宪法和法律委员会等全国人大的下属机关。同时，全国人大常委会下设法制工作委员会（简称"法工委"）。根据法工委的官方介绍，法工委在全国人大常委会领导下开展有关法律案的起草、修改、研究及审议服务工作，全面承担全国人大常委会立法工作的规划、组织、协调、指导和服务职能，对报送备案的行政法规、地方性法规和司法解释进行合法性审查，承办宪法实施监督具体工作，为全国人大及其常委会行使国家立法权提供服务保障、当好参谋助手。[①] 其中，法律案的起草、修改、研究即为立法方案的制定工作。全国人大常委会法工委的工作人员以立法为工作，因而属于专职的法案制定者。而由于其隶属于全国人大这一最高权力机关和我国唯一的立法机关，所以将其评价为最为重要的法案制定者并不为过。例如，在《全国人大法律委员会关于刑法修正案（二）（草案）和刑法第二百二十八条、第三百四十二条、第四百一十条的解释（草案）修改意见的报告》中，我们便可以看到这样的表述："法律委员会于 8 月 28 日上午召开会议，环境与资源保护委员会、农业与农村委员会、最高人民法院、国务院法制办公

---

① 《全国人大常委会法制工作委员会简介》，中国人大网，2022 年 7 月 15 日。

室的负责同志分别列席了会议，逐条研究了委员们的意见，提出了进一步修改意见。"正是全国人大常委会法工委在实际中承担着立法方案的制定与修改工作。而除了全国人大常委会法工委的工作人员，地方各级人大常委会法工委的工作人员也会承担部分立法工作职责。例如，全国人大常委会法工委下发的立法建议起草工作或者立法意见工作。

在立法过程中，立法方案的制定主体除了专门以立法活动为主业的立法工作者，还包含很多并不以法案制定为主业的"立法参与者"。这些参与者在事实上承担着各种程度的立法方案制定工作。其中，部分立法参与者在相当大的程度上从事着立法工作，在事实上具有"准立法工作者"的地位。这主要表现为两类。第一类是以执法、司法为主要工作的立法参与者。例如，公安、检察院、法院、监狱等部门的工作人员。这类人员虽然并不以立法为专门工作，但却是确保法律得到执行、获得现实生命的关键环节。这使其反过来对于立法工作具有较为明显的影响，可以直接在立法方案制定过程中提出有影响力的立法建议。从我国多部法律的制定过程可以看到，公安机关、检察机关、审判机关对于立法活动具有较为明显的话语权，各类法律的制定和修改往往也会充分征求这些部门的意见。例如，在刑法修正案（五）、刑法修正案（六）等多部修正案的审议过程中，最高人民检察院、最高人民法院对修正案发表了意见，并获得了法律委员会的采纳。第二类是作为中央人民政府组成部分的各领域的最高行政部门。例如，主管教育工作的教育部、主管司法行政工作的司法部等。虽然这些部门并非法定的立法部门，这些部门内部的法制部门工作人员既非专门的立法者，更非全国人大的立法工作者，但由于其主管特定领域，对全国范围中特定领域的情况较为熟悉，所以往往在特定法律的方案生成过程中起着主导作用。例如，贺荣 2023 年在《关于〈中华人民共和国学位法（草案）〉的说明》中便明确表示："教育部经深入调研起草了《中华人民共和国学位法草案（送审稿）》，在征求有关方面意见的基础上向社会公开征求了意见，经国务院学位委员会评议、中央教育工作领导小组审议后，于 2021 年 11 月提请国务院审议。"①而在修改刑法中关于洗钱犯罪的条文时，中国人民银行等金融领域的主管机构也被视为立法建议的主要征求对象。

除了"立法工作者"与"准立法工作者"，还存在一类具有专业基础的群体对立法方案生成具有重要的影响，即专门的法学研究者。法学研究者们以法律体系或立法工作的内在规律为研究对象，熟练掌握着立法方案生成所需的法律专门知识，因而经常在立法方案生成过程中扮演重要的角色。我国晚近以来的立法实践也充分表现出了对法学研究者所提出的立法方案的重视。一方面，立法机关日渐重视法学研究者对于制定立法草案的作用，往往会通过座谈会、学术研讨会、学术课题发包等各类方式征求法学研究者的意见。另一方面，法学研究者也会积极地向立法机关提交立法建议，通过内参、学术发表等多种方式呈现其关于立法方案的制定思路。以民法典的制定为例，全国人大便曾多次召开关于民法典制定的研讨会，并且通过向法学研究者发包课题的方式征求研究者的立法方案。按照王利明教授所述，"在党的十八届四中全会作出'编纂民法典'这一重大决定后，全国人大常委会法工委定于 2015 年 9 月 14 日至 9 月 16 日召集有关专家开会讨论民法总则的制定"。而在那之前，"2001 年根据法工委的分工安排，由梁慧星教授领衔负责物权编的草案建议稿，我负责的是侵权责任编和人格权编草案的建议稿"②。

除了法学研究者，在专门领域具有专业知识的人（非法学领域研究者）也往往会对立法方案的生成产生重要影响，进而构成立法方案的制定主体之一。法律的科学性和最终效果与对特定社会关系的认识密切相关。与此同时，具有专门知识的人往往对于专门领域的法律有着更为敏锐的感

---

① 贺荣（司法部部长）：《关于〈中华人民共和国学位法（草案）〉的说明》，2023 年 8 月 28 日在第十四届全国人民代表大会常务委员会第五次会议上。

② 王利明：《民法典编纂中的若干争论问题——对梁慧星教授若干意见的几点回应》，《上海政法学院学报》（法治论丛）2020 年第 4 期。

知度，而这些法律也往往会对专家们有着超过他人的影响力（包括专家的个人利益、专家所处领域的发展前景等）。因此，尽管并非法律专业人士，但这些具有专门知识的人也会基于其对专门领域的知识积累或利益偏好提出立法方案。例如，在"贺建奎案"发生之后对基因编辑问题的法律规制提出多项建议的基因专家和生物安全专家。这些专家并非专门的法律从业者，但由于对法律所规制的社会关系具有深入且专门的认识，因而也对立法方案的生成具有具体的影响。而近年来，为了进一步提升立法的科学性，立法者在制定立法方案的过程中也越来越注重征求专门领域的专家意见。"专家"日渐成为各种立法说明中的常见词汇。

在立法参与者中，还存在部分主体，虽然对最终的立法方案影响较小，但同样会参与立法方案制定。这些参与者，有些可能具备由立法机关、立法程序或制度所认定的身份，例如，人大代表、基层立法联系点的街道工作人员等。这些人员虽然被立法机关和立法程序赋予了专门的参与立法的权利（以及权力），但是，与西方国家的议员不同，我国的人大代表、基层立法联系点的街道工作人员并不以立法活动的推动为主业，因此无法被评价为"立法工作者"。同时，这些人员也难以像教育部、司法部等中央部门工作人员一般熟悉其从事领域在全国范围内的情况，其所在单位也不具备对全国问题提出立法建议或制定立法草案的权力，因此也并不具备"准立法工作者"的地位。而除了这些主体，还有一些并未被立法机关赋予专门立法身份的主体，例如，在互联网时代拥有诸多粉丝的大V。出于民主立法的基本原则，这些主体都可以普通公民的身份参与立法建议，影响立法方案的生成。

综合以观，立法过程中立法方案生成的主体至少包括立法工作者、准立法工作者、法学研究者、非法学领域研究者、普通民众等。值得注意的是，在当下中国的立法现实中，这些立法方案的制定主体往往不会孤立行动，而是会通过主体之间的互动，并注重借用彼此的力量推动立法方案的生成。立法工作者会注重通过学术研讨、座谈会、课题发包等方式征集准立法工作者、法学研究者、非法学领域研究者等多种主体的立法意见。而法学研究者、非法学领域研究者等也会注重通过内参、资政报告、公开发表等方式提出立法方案。

二、立法方案的制定动因

立法方案的提出依赖于具体的制定动因。对于立法方案生成逻辑的考察，离不开对具体制定动因的考察。无论是宪法和法律明确赋予立法权限的立法工作者，还是准立法工作者，抑或是在任何场合都可能提出立法建议的普通民众，都存在某种提出法律规制思想或具体立法建议的动因。有些动因会直接在立法方案中明确展示出来，有些动因则是在背后推动着立法方案的制定（例如，为了使其立法方案获得更多他者的赞同而借用某种更可能符合他者偏好的动因予以展示，某些制定者因此可能会借用他人的立场来提出自己的真实想法）。在立法过程中，基于知识背景、利益诉求、价值偏好等多种因素的差异，不同的立法方案制定主体在论证其立法方案时往往会有不同的动因。总体而言，推动制定主体制定立法方案的动因可以概括为两个主要类型：

一是情感。人类主体乃是一种情感主体。情感能力是人的重要能力之一，同时也往往构成人行为处事乃至提出立法方案的动因。正如心理学所揭示的，情感"是一种评价性机能；它或者接受或者反对一种观念，要看这观念引起的是快感还是反感"[①]。而这与法律在本质上是相通的。法律本质上也是一种评价机制，对一种现象的接受与反对，取决于合法还是违法。反之，对合法与违法的判断也与人的情感倾向密切相关。当某类现象与人的情感倾向不相吻合以至于背离人的情感时，人便可能产生诉诸法律来规制该类现象的想法。而这便是情感引发立法方案的最初机制，亦即，

[①] [美]弗农·J.诺尔贝、卡尔文·S.霍尔：《心理学家及其概念指南》，李廷揆译，商务印书馆1998年版，第110页。

个人的情感催生某种立法倾向，从而以情感来论证其立法方案。这是无须讳言的。

　　当然，任何一个立法方案的制定主体都不会仅仅凭借其个人情感的偏好来提出和论证某种立法方案。尤其是，在阐释其立法方案的理由时，制定主体基本不会再以个人情感好恶来论证某种立法方案。因为在现代法治理念中，法早已不再被视为满足个人情感或欲望的工具（实际上，由此回溯法律在近现代以前的历史尤其是君主情感可以决定法律内容的人治历史，倒是可以更好地证明情感对法律的影响）。即便是将自由意志、自我意识视为法的本质的黑格尔主义者，也更多地是在客观意义上展开讨论。在现代法治建设过程中，制定者通过情感来论证某种立法方案，依赖的主要是个人情感在公共场域的演化，即公共情感。如学者所言，"法律一定程度上乃是满足公民情感需要的产物，或者说，法律之确立有其公民情感上的依据"[①]。个人情感演化为公共情感意味着多数群体均存在类似的情感需求。这便使情感问题成为社会问题。而当社会成员普遍地觉得其情感需求无法在日常生活中得到满足，或者无法得到道德、宗教等规范系统的保护时，便必然地会寻求法律的保障。"在现代社会，人们对于正义的追求、对于自由的渴望以及对于权利的关注等一系列情感性的要求，都在成文法中得到了具体的体现。"[②]而正如前文所述，法律作为一种价值形态，其本身与情感也具有高度的同构性。"在法律所涉及的领域，应当体现以人为本的精神，尊重人们的自然情感。"[③]公共情感则更是超越个人情感的随意性而具有较为稳定的内核。在此意义上，作为一种公共价值系统

---

　　① 刘云林：《公民情感的法律确认：立法伦理的应有视域》，《伦理学研究》2007年第4期。

　　② 刘云林：《公民情感的法律确认：立法伦理的应有视域》，《伦理学研究》2007年第4期。

　　③ 胡玉鸿：《法律与自然情感——以家庭关系和隐私权为例》，《法商研究》2005年第6期。

的法律也不能不考虑公共情感及其具体内容。因此，越来越多的人开始承认情感在法律中的地位，认为立法活动乃至法律的方方面面都体现着情感。①

公共情感也在事实上日益被视为构建立法方案的重要动因。早在1947年11月，毛泽东在致刚设立的中共中央法律委员会的委员张曙时的信中便提出，"法律本于人情"②。而近年来，中国特色社会主义法律体系的建构越来越注重维护中国人的公共情感。2018年4月，《中华人民共和国英雄烈士保护法》正式通过。2020年12月，刑法修正案（十一）通过，明确增设"侵害英雄烈士名誉、荣誉罪"。2021年，仇子明（网名"辣笔小球"）被南京市建邺区人民法院判处侵害英雄烈士名誉、荣誉罪，并被判处有期徒刑八个月。这一系列立法司法活动，都标志着人民的公共情感已经成为立法过程中的重要考量因素。而这至少意味着法案制定者已经充分意识到情感对于立法方案的证成作用。与此同时，围绕着前述立法活动，学术界和公共舆论领域的动向也表明，情感也被这些立法方案的制定主体视为重要的制定动因。于学术界而言，民族的共同情感已经日益被法学研究者视为侵害英雄烈士名誉、荣誉罪等相关条文所保护的对象。③于公众而言，公众舆论也开始日益注意到以法律保护公共情感的重要性。

二是利益。如果说康德、黑格尔对自由意志的推崇（尽管两者的立场存在明显差异）可以在某种程度上说明立法方案制定主体将情感作为立法方案制定动因，那么马克思对这种现象的批判便充分展示了对立法过程中物质利益所扮演角色的洞察。马克思发现，在莱茵省议会那

---

① 参见李柏杨：《情感，不再无处安放——法律与情感研究发展综述》，《环球法律评论》2016年第5期。

② 中央文献研究室编：《毛泽东书信选集》，中央文献出版社2003年版，第269页。

③ 参见王政勋：《论侵害英雄烈士名誉、荣誉罪的保护法益》，《法治现代化研究》2021年第5期。

些立法者那里，虽然他们在明面上以所谓法理来阐释其立法方案的合理性，但实际上，他们却会"为了幼树的权利而牺牲人的权利"①。在此基础上，马克思揭示出了这些立法者在事实上的立法逻辑，即为利益立法。正如马克思所说，"私人利益把自己看作是世界的最终目的。因此，如果法不实现这个最终目的，那就是不合目的的法"②。马克思的论断可谓一语中的。利益早已成为制定者在提出立法方案时最重要的考量之一，不仅仅马克思所批判的 19 世纪 40 年代的德国如此，我国的立法过程也是如此。只不过，我国立法过程中所保护的利益已经不再是狭隘的、少数群体的利益，而是在"以人民为中心"的旗帜下对全体人民的利益保护。

　　基于利益保护开展立法是现代法治理念的重要内容之一。在现代法治建设过程中，保护利益已经被视为法律最为重要的功能之一。这与权利概念在法律体系中的重要地位密不可分。启蒙运动以来，资产阶级在反对封建等级制度的过程中发明了"自然权利""天赋人权"等口号，以权利来论证法律的正当性，进而奠定了权利与法律之间的密切关联。权利也由此被总结为法律（法学）的基本概念③，甚至在自然法的意义上被等同于法本身。这使得人们往往会在论证立法方案时有意识地以权利为论证根据。不过，随着法律实践不断推进，人们发现权利概念在内涵上呈现出变动不居的状态。虽然人们从不同立场、角度提出了关于权利的不同学说，但几乎每种学说都受到过批评或修正，很难形成通说，以至于权利这个概念虽然被视为最基本的概念，但同时也成为最难以解释和定义的概念。④ 在此背景下，人们开始探究权利的核心，并在这一意义上倡导利益的概念。因为利益相比于权利在内涵上更为明确、边界更为清晰，且某种利益是否应

---

① 《马克思恩格斯全集》第 1 卷，人民出版社 1995 年版，第 243 页。

② 《马克思恩格斯全集》第 1 卷，人民出版社 1995 年版，第 272—273 页。

③ 参见张文显：《法哲学范畴研究》，中国政法大学出版社 2001 年版，第 284 页。

④ 参见刘芝祥：《法益概念辨识》，《政法论坛》2008 年第 4 期。

当得到法律保护的合理性和正当性更易为人所认知①，利益开始成为一个比权利更具优势的概念。利益法学甚至主张，利益是法律的原因，法主要规范着利益斗争，法的主要任务是平衡利益。②

这些学理思潮揭示了立法方案制定主体在提出立法方案时对权利和利益的重视，同时也说明，权利和利益构成了制定立法方案的重要动因。虽然普通民众大多并不一定能够意识到权利与利益之间的联系与区别，但是，当权利或利益问题直接映射在民众身上时，他们也会基于自身权利和利益的诉求提出立法方案。这是人的自然生存欲望决定的。而作为普通民众的代言人，被赋予法定立法权的法案制定者因此也往往在其立法方案的论证过程中强调对权利或利益的保护。"保护人民利益""保护人民权利"广泛地出现在立法者所制定的各类立法文件之中。正如立法者在说明个人信息保护法（草案）时所提到的，"在信息化时代，个人信息保护已成为广大人民群众最关心最直接最现实的利益问题之一……为及时回应广大人民群众的呼声和期待，落实党中央部署要求，制定一部个人信息保护方面的专门法律，将广大人民群众的个人信息权益实现好、维护好、发展好，具有重要意义"③。作为"权利""利益"概念提出者的法学研究者强调在制定立法方案时进行权利或利益的考量。例如，张新宝教授明确提出，平衡侵权法律关系中相关主体的利益，是制定更具有正义性的侵权责任法的基础，也是解决侵权责任法立法进程中诸多争议问题的关键。④ 而在刑事法

---

① 当然，值得注意的是，近些年来，关于利益概念或者法益概念形骸化的批判也日益增多。这使得学术界开始进一步探寻一种比利益理论更为妥善的论证路径。参见陈家林：《法益理论的问题与出路》，《法学》2019 年第 11 期。

② 参见［德］菲利普·黑克：《利益法学》，傅广宇译，《比较法研究》2006 年第 6 期。

③ 刘俊臣（全国人大常委会法制工作委员会副主任）：《关于〈中华人民共和国个人信息保护法（草案）〉的说明》，2020 年 10 月 13 日在第十三届全国人民代表大会常务委员会第二十二次会议上。

④ 参见张新宝：《侵权责任法立法的利益衡量》，《中国法学》2009 年第 4 期。

领域，法益概念更成为学者批判立法的重要理论根据，对立法具有指导和批判功能。[①] 法益对于立法活动的批判、限制，尤其是对犯罪的边界的界定，成为制定立法方案时的重要考虑因素。

当然，在现实而复杂的立法活动中，制定主体在提出立法方案时往往不会如上文所述单纯地基于某一种动因来提出某个立法方案。事实上，情感与利益之间并不可能如上文所述一般泾渭分明，相反，两者在现实中往往相互纠缠以至于在很多时候很难进行区分。例如，在不少人看来，情感就是一种利益，以至于民族情感也已经被界定为一种法益类型。[②] 情感与利益同时推动立法方案制定的情形更是比比皆是。此外，在概念体系中，情感与利益也并不一定能够包纳推动立法方案制定的所有动因，诸如政治考量、国际关系、人类命运等一些其他因素也可能发挥着动因的作用。不过，总体而言，这些考量大体都可以还原到前述两种论据及其组合之中去。

三、立法方案的论证依据

与一般的个人意见表达不同，立法方案在受到某种动因影响的同时，还必须有一定的论证。情感或者利益的诉求或许可以证明立法方案的合目的性，但却并不足以完全证明其正当性。在目的性诉求的基础上，立法方案的制定还包含着制定者自身的正当性认知。而这具体地表现在制定主体所选择的论证依据上。总体上，论证依据也可以粗略地分为两种类型：

一是经验。经验往往会构成正当性认知的来源之一。正如霍姆斯所提出的那个经典命题："法律的生命不是逻辑，而是经验。"当经验先在地证明某些做法已经确切无疑是正确的或者错误的，那么遵循经验来规范后来

---

① 马永强：《批判立法的法益概念：现实危机及其沟通理性纾解》，《比较法研究》2023年第5期。

② 参见王政勋：《论侵害英雄烈士名誉、荣誉罪的保护法益》，《法治现代化研究》2021年第5期。

的事情便显得顺理成章。经验的这种评价性和证据性特质使得立法方案制定主体往往首先会将经验作为其提出立法方案的动因。无论是普通的个人，还是从事专门立法工作的立法工作者都是如此。而这在历史主义者和经验主义者那里表现得尤为明显。在历史法学派看来，实证的就是合理的。法律是习惯假手内在的、静默作用的力量，而非借助立法者的意志而产生的。[①] 在经验主义者看来，真理是任何特定时间人们经验的总和，一切的知识都建立在经验的基础之上[②]，法律更是由经验积累而来的。这至少揭示了经验成为立法方案制定动因的两个方面的原因：一方面，经验会给人以思维惯性，使人的思维评价产生路径依赖，推动人们以经验来评判某种现象，进而构成法律规范的动因。当人类主体遇到某种直接关联于经验的现象时，自然地便会依据经验提出某种法律方案。而另一方面，经验与真理之间存在高度的同构性，甚至在经验主义之下代表着真理与善。经验已经被证明过的正确性使立法方案的制定者无法在论证立法方案时绕开已经发生的经验。

基于经验对于立法的此种重要意义，古今中外的立法实践对于以经验为核心的立法方案表现出了高度的重视。这主要表现为两个方面：一是以一般的生活化经验为基础制定立法方案。当人们基于生活需求和生产实践而形成某些生活经验时，这些经验实际上意味着对人的基本生活诉求、生存欲望的满足，构成了人们的生活前提。毫无疑问，这必然会推动人们将这类经验构筑到法律之中，同时这也足以构成以经验为核心的立法方案的正当性根据。正是在此意义上，马克思将此类经验和习惯称作"制定法的预先实现"[③]，并认为应当将这类经验确定在制定法之中。二是以法律实践经验为基础制定立法方案。如果说生活经验意味着对人的生存欲望的满

---

① 参见［德］萨维尼：《历史法学派的基本思想：1814—1840 年》，郑永流译，法律出版社 2009 年版，第 8—9 页。

② 杨子潇：《经验研究可能提炼法理吗？》，《法制与社会发展》2020 年第 3 期。

③ 《马克思恩格斯全集》第 1 卷，人民出版社 1995 年版，第 250 页。

足，那么在纠纷解决过程中形成的法律实践经验则意味着对人的法律欲望的满足。随着人们在日复一日的法律实践中形成法律实践经验，这些经验实际上也构成了人们法律认识的"前理解"内容，进而成为人们进行法律判断、开展法律实践的某种前提。故此，在立法方案中对法律实践经验加以固定便成为题中之义。这在我国古代表现为廷行事、决事比等比照先例进行立法的现象，在判例法国家则直接形成了判例法传统。

我国立法过程中，经验正是基于上述原因而被视为重要的立法方案制定动因。于普通民众（以及作为普通民众的立法者、研究者）而言，其朴素的生活经验往往构成其提出立法规制思想或具体立法建议的动因和论据。在狭义的法律层面，我们便可以清晰地看到普通民众历时性的生活实践经验对于立法方案的影响。无论是民法典对公序良俗等经验生活方式的总体保护，还是国家赔偿法、民法典、刑法等各类法律制度对赔礼道歉等传统生活经验的具体确认，都表现出了这一点。以赔礼道歉制度为例，正如学者们所说，其本身乃是一种生活经验，将其规定为法律制度具有明显的生活行为法律化的特征。[①]法律实践先例虽然具有一定的专业性，未必会直接构成普通民众制定立法方案的动因，但是，为较多公众所知晓的法律实践先例也同样会产生与生活经验相同或相似的效果。而对于具有一定专业基础的制定者而言，法律实践经验则往往会构成其制定立法方案时的主要考虑因素。中国特色社会主义法律体系的建构，从其体系整体的建构到具体法律内容的设置，都是吸收法律实践经验的产物。在宏观层面，包含宪法、民法、刑法等法律的中国特色社会主义法律体系正是吸收和借鉴漫长的人类法治实践经验而建构的。在中观层面，例如治安管理处罚法、学位法等法律的制定都建立在长期的治安管理和学位管理经验基础之上。在微观层面，指导性案例正日益成为立法方案制定的重要参考依据。

二是知识。虽然经验在漫长的时间里现实地构成了各类主体制定立法

---

① 参见姚辉、段睿：《"赔礼道歉"的异化与回归》，《中国人民大学学报》2012年第2期。

方案的依据，但是，其缺陷也很明显。如青年马克思所批判的，完全遵照历史经验建构法律，很容易"以昨天的卑鄙行为来说明今天的卑鄙行为是合法的"①，很容易陷入"产生于过往的法构成被认为是至上之物"的陷阱。因此，在反思法律经验和经验性立法的过程中，理性逐渐发展为衡量法律的标准。在马克思看来，这是康德哲学的必然结论，即"理性是衡量实证的事物的尺度"②。这实际上指出了启蒙运动以来法律思想的巨大发展，即理性开始被视为法律规范合法性、正当性的来源和标准。虽然哲学上关于"理性"的内涵存在多种学说，"理性"内部甚至还可以被区分为不同的类型，但是，在法哲学尤其是立法哲学中，近代以来的学说已经完全无法避开理性而言及立法。特别是，在自然法学说之中，"理性"可谓自然法的永恒主题和不变灵魂。③ 合乎理性则成了自然法学说对于立法活动的本质性规定，成为正义的、良善的法律的基本标准。这种思潮一方面在意识形态的层面构成了人们论及立法建议无法绕开的标准，立法方案的制定者越来越倾向于（或者被意识形态训诫得）将自己的立法方案论证为合理性的，另一方面则揭示出了现代社会中人们基于理性思考、批判而提出立法方案的一种进路。

当然，理性本身依然具有高度的抽象性，往往还需要借助具体的载体才能产生更为现实的影响力。亦即，"可视的理性"。在现代社会，这种理性主要以知识的形态展现④，即以一种确证的真信念（Justified True Belief,

---

① 《马克思恩格斯文集》第 1 卷，人民出版社 2009 年版，第 5 页。

② 《马克思恩格斯全集》第 1 卷，人民出版社 1995 年版，第 231 页。

③ 施向峰：《理性·人权·民意——西方限制立法的自然法哲学之维》，《学海》2003 年第 5 期。

④ 当然，必须提到的是，知识并不等同于理性。例如，在部分知识论者看来，知识包括经验性知识、大众性知识。而这些知识并不受传统知识论（柏拉图路线）JTB 结构的规定，与理性关系不大，甚至构成了理性的反对面（参见曹剑波：《葛梯尔反例意义的诘难》，《复旦学报》（社会科学版）2004 年第 5 期）。此处无意（当然也没有知识论的能力）对知识的具体结构和类型作专门区分，而只是选取了较为主流的观点，即承认知识与理性之间的密切关联。

即知识的 JTB 结构）存在。如果说无法单纯地以抽象的理性来论证具体的立法建议（同时，由于高度抽象，理性在实体内涵上存在着不少的分支，不同分支之间甚至可能存在矛盾，这导致其往往难以为立法方案提供明确的论证资源），那么更为具体的、边界更为清晰的、理性的载体——知识，便可以更好地为立法方案的制定提供论据。知识则更明确，并且经过了"确证（Justified）"，因而更能够成为有力的佐证。因此，随着人类社会的不断发展，立法方案的设定和选择往往充满了大量的专业知识。一方面，社会发展带来的不确定性要求运用知识来思考和解决问题、寻求法律对策；另一方面，社会发展引发的知识发展及其体系化为立法方案的建构提供了充分的工具支持，知识及其包含的真理、理性等元素构成了立法活动的主要考虑内容。

因此，在现代立法活动中，理性与知识越来越受到立法方案制定主体的重视。而这也在相当大程度上构成了中国特色社会主义法律体系这一中国式法治现代化成果与传统中国法制之间的本质性区别。在立法过程中构成立法方案制定动因的知识至少可以被区分为三种类型。一是常识，也就是常识性知识。常识是人类对基本原理、基本道理、基本是非的认识，也是人们在日常生活生产实践中所形成的知识，往往构成了人们对于公平、正义以及法律的基本认知。立法方案不能违背基本的常识，相反，制定立法方案时应当以常识为根据。二是法律知识。正如长期领导我国立法工作的彭真所说："立法是一门科学，为了搞好立法，必须学习法律，熟悉法律，特别是学习宪法，熟悉宪法。"[1] "法要有自己的独立的体系，有自己的逻辑"。[2] 立法方案的制定不能违背法律的知识。反之，法律知识则可以为立法方案的制定提供动因或者指引。在中国特色社会主义法律体系构建过程中，法律知识发挥着极为重要的作用。例如，1997 年刑法修正时

[1] 《彭真文选》，人民出版社 1991 年版，第 569 页。
[2] 彭真：《论新中国的政法工作》，中央文献出版社 1992 年版，第 295 页。

废除类推制度在很大意义上便是受"罪刑法定原则"相关知识体系的推动。而废除"嫖宿幼女罪"等立法方案的提出，也正源于刑法知识的快速发展。在中国特色社会主义法律体系已经形成的今天，通过立法活动完善中国特色社会主义法律体系更是高度依赖法律知识。这也正是立法者在制定立法方案时越来越重视征求法学研究者法律专业意见的原因。三是非法律领域的专业知识。法律作为一种对现实社会现象的调节机制必须符合特定社会现象及其所处领域的客观规律。非法律领域的专业知识因此便构成了立法活动必须考虑的因素。例如，在修改洗钱罪时，金融领域的专业知识成了重要的考虑因素。制定个人信息保护法、数据安全法、人工智能法的立法方案时离不开现代数字技术的专业知识。

当然，正如推动立法的动因往往不是单一的一样，制定主体也很少会基于某种单一的论据来提出或阐释某个立法方案。经验与知识之间也存在不少交叉地带。与此同时，制定主体们为了提升其立法方案的说服力和可接受性，往往也会尽可能地从多个方面来论证其立法方案。

第三节　立法方案的误判及其原因

经由立法方案制定主体的实践努力，尤其是，随着对立法经验总结和立法知识反思的不断深入，"宽泛的规制思想"得以获得具体的法律形式载体，进而最终蜕变为"具体的立法建议"。这是立法方案生成总体性的事实过程。不过，由于各种各样的原因，这种事实性的过程中不可避免地会出现误判，生成某些无法解决立法问题的立法方案。这种误判及其生成原因也是立法方案建构逻辑的组成部分。有必要在类型思维的指导下对立法方案的误判及其原因进行具体的考察。

一、立法方案误判的类型

不同于经由立法程序筛选出的法律条文，立法过程中由各类主体提出的立法方案质量参差不齐，既包括很多高质量的立法方案，也有很多误判的立法方案。其中，误判的类型有很多种。根据分类标准的不同，可以将立法方案的误判分为以下类型：

第一，根据误判主体的不同，可以将立法方案的误判分为个体性的误判与群体性的误判。其中，前者是指个别立法方案制定主体对立法方案的误判。这类误判源自法案制定者个体法律知识或其他专业知识的欠缺、社会经验的片面乃至于过度的个人利益追求等个体原因。这些原因一方面构成了法案制定者理解立法问题的"前理解"，潜移默化地将立法者视野中的立法方案引向错误的方向；另一方面，这些原因还可能导致法案制定者在开展立法方案论证时难以得到全面、准确的依据支撑，从而产生误判。群体的误判则是指作为群体的法案制定者对立法方案的误判。与个别的误判不同，这类误判往往受到较为普遍的因素（至少在特定群体中普遍存在）的影响。例如，特定历史时期人们所面临的历史局限性。在这些因素影响之下，法案制定者群体往往会产生群体性的误判。

第二，根据误判者动机的差异，可以将立法方案的误判分为积极追求的误判与消极接受的误判。在前一种现象中，法案制定者明确知晓其提出的立法方案具有一定的误判性，但是，由于这些误判的法案能够带给法案制定者利益或者情感，法案制定者依然积极主动地追求这些误判的立法方案。比较之下，在后一种误判现象中，法案制定者在主观心态上则表现出对最理想、合理立法方案的追求，只是因为主观或客观因素的限制而无意地制定出某些误判的立法方案。其中，主观因素导致的消极接受的误判是指，虽然立法者并不具有主动创设误判立法方案的主观故意或者并不积极主动地追求误判结果，但是，在立法方案的提出过程中并未冷静或理性地探寻合理的立法方案而只是冲动或者盲目行动，最终导致了自己并未主动追求的误判结果。而客观因素限制导致的消极接受的误判中，法案制定者已经在主观上尽最大努力追求良善的立法方案，但受知识背景、历史局限等客观因素影响而在立法方案提出过程中产生误判。

　　第三，根据误判对象的差异，可以将立法方案的误判分为问题的误判与措施的误判。如前文所述，立法实际上是包含了立法问题界定及其解决的过程。立法方案也具有这种结构。作为问题解决方案，立法方案内部必然包含对于立法问题的界定以及对该问题的解决两个部分。因此，可以将立法方案的误判分为问题的误判和措施的误判两种类型。其中，前者包括如前文所述的立法问题存在与否的误判、立法问题类型的误判、立法问题轻重的误判三种类型。而措施的误判，则是指给立法问题制定了错误的解决措施。这主要发生于两种情形：一是对立法问题与想要实现的立法目标之间因果关系的误判。而一旦错误地判断了问题与目标之间的因果关系，给出的解决措施显然无法实现想要的立法目标。二是对想要实现的立法目标与问题解决措施之间因果关系的误判。亦即，没有给特定的立法目标找到正确的解决方案。

　　第四，根据误判避免可能性的不同，可以将立法方案的误判分为难以避免的误判和可以避免的误判。在理想状态下，立法方案的误判大多是可以避免的。但由于现实情况纷繁复杂，且人类理性认识的能力存在局限，作为历史主体的法案制定者在特定的历史时期必然存在难以避免的误判。当然，这里的法案制定者既包括抽象的制定者，也包括具体的制定者。除了一般性的人类理性认识能力，法案制定者个体的认识能力也可以决定其误判是否能够避免。如果某类立法方案的制定已经明显超出法案制定者个人的认识能力，那么这个法案制定者个体对立法方案的误判往往也是难以避免的。相应而言，可以避免的误判也可以被区分为两种情形。一是特殊个体可以避免的误判。在这类情形中，对于法案制定者个体而言，其认识能力足以支撑其作出正确的判断并制定合理的立法方案，但却因为其主观心态或者其他客观因素而作出了误判。二是一般个体均可以避免的误判。这类情形中，基于对特定历史时期人类理性认识能力发展情况的客观评价，这一时期的一般人都具备对特定立法问题制定合理立法方案、避免误判的能力，但却依然引发了误判。

上述不同类型划分方式之下的误判往往也存在诸多交叉。例如，个体性的误判中往往存在积极追求的误判。而群体性的误判则在很多情形下都是法案制定者消极接受的误判而非主动追求的误判。由于这类误判在原因上难以克服，所以避免的可能性较弱，因而也可以构成难以避免的误判。

二、立法方案误判的原因

对立法方案误判进行类型学的分析有助于剖析误判生成的原因。总体而言，立法方案误判的原因可以分为以下几种：

第一，个体选择的局限性。如前述个体性的误判以及积极追求的误判所揭示的，在制定立法方案的过程中，存在制定主体积极追求甚至主动选择误判的情形，亦即，制定主体即便知晓其提出的立法方案可能构成或者已经构成某种误判，但依然有可能积极主动地追求使该方案成为正式的立法方案。这是立法方案生成过程中个体性与群体性、特殊性与普遍性之间的固有矛盾所导致的局限性。立法方案归根结底由特定个体构建而来。因此，生成的立法方案必然或多或少带有实践个体自身的、具有特殊性的价值追求（情感偏好和利益偏好）。然而，理想的立法方案乃是针对普遍主体的，必须以其规制对象的普遍性要求为遵循。在此意义上，立法方案制定主体与立法方案规制主体之间在价值追求上往往无法避免特殊性与普遍性的矛盾。如果法案制定者不能妥善处理好这种矛盾，或者直接无视矛盾而直接以个体的特殊性为选择，便很可能导致立法方案的误判。这种误判在本质上是以个体价值偏好代替普遍价值偏好，以自身价值偏好代替他人价值偏好。

在既有的立法实践之中，受此个体选择局限性影响的立法方案误判不在少数。前文反复提及的立法工作部门化、争权诿责，以及立法工作中的地方保护主义，在根本上都是受个体选择的局限性影响。实际上，主导立法工作的部门大多可以清楚地认识到其立法方案可能带来的部门权力的提升，以及对其他非部门利益的忽略或者损害。但是，由于立法方案制定始终由该部门主导，立法者在有意无意之中偏向于部门利益并不能完全避免。立法工作中的争权诿责现象更是可以清晰地呈现出这种个体选择的局限性。所谓立法中的争权诿责，本质上就是为法案制定者自身争取更多的权力、权利或权益，而将责任推卸给其他主体。而这毫无疑问地会导致立法方案或多或少地存在误判，构成与普遍利益之间的矛盾冲突。

第二，个体认识的局限性。立法部门化、争权诿责以及地方保护主义等现象中的误判源自法案制定者的主动追求。除了这一原因，法案制定者个体在认识能力上的局限性也可能导致立法方案的误判。具体而言，这种原因包括两个方面：一方面，法案制定者个体并不明确良善之法的标准以及制定良善之法的路径。在此基础上，法案制定者自然也无法制定出良善的立法方案。对于普通民众、非法学研究者等非法律专业人士而言，由于并不具备或者欠缺专门的法律知识，其提出的立法方案虽然可能具有朴素意义上的正确性，但在较为深入的法学知识检视下，合理性则往往有待商榷。"互联网判案死刑起步"便鲜明地反映了这一问题。在当下的社交平台中，对于犯罪现象的规制越来越呈现出轻罪重罚、重罪死罚的趋势。而在理想刑罚体系的衡量标准之下，刑罚应当符合责任主义、罪责均衡等多方面要求，并不能完全依照犯罪现象给法案制定者个体所带来的情感冲击而确定。换言之，重罚的法律规制思想以及由之产生的具体立法建议很可能导致立法方案的误判。

另一方面，法案制定者个体对法律规制的社会关系不具有充分的认知。这很可能导致制定出来的立法方案并不符合其规制对象的一般规律，因而导致误判。在现实中，这又包括两种具体的情况。一是对特定类型社会关系的认识不足。一般而言，特定的法律应当符合特定类型社会关系的特点规律。例如，民法应当符合人身关系、财产关系等社会关系的基本规律。刑法应当符合犯罪发生和犯罪治理的一般规律。如果对特定类型社会关系认知不足，那便可能导致立法方案的误判。二是对特定社会历史环境中社会关系认识的不足。例如，我国的立法工作必须符合我国社会关系的实际情况。相反，如果在制定立法方案时罔顾我国的实际情况而生搬硬套外国的立法方案，显然可能导致立法方案的误判。中国特色社会主义法律体系的构建在起步阶段大量学习了西方法治建设的经验。这极大地提升了我国法治建设的速度。但同时，这一过程中也出现了诸多问题。例如，简单的法律移植引发了一系列"排异反应"和社会问题。在关系到人民日常生活的民事法领域，移自西方的法律制度与传统中国的习俗之间便时常产生冲突，进而引发当事人之间的纠纷。时至今日，外嫁女是否享有娘家财产的继承权、娘家土地征收补偿款等问题，依然难以得到多方满意的立法解决方案。

第三，时代理性的局限性。个体认识的局限往往与个人因素有关。在谢晖教授看来，为了克服个体认识的局限以及主观能动性带来的各种问题，应当将客观理性确立为立法的限制和原则，从而"达致法律创制过程中的客观理性之途"①。毫无疑问，这能够有效地调和个人选择与客观规律之间的冲突，对于克服个人选择和个人认识的局限具有重要意义。但问题是，理性是绝对的吗？或者说，作为理性外在表征之一的知识具有绝对的真理性吗？知识论在近现代以来的发展并不如此乐观。随着知识论的发展，尤其是随着对以 JTB 结构为核心的传统知识论的反思的不断深入，人们日益意识到知识是一个相对概念，既存在其固有的结构特征、真理属性，也存在内容、价值、边界的相对性、有限性。知识论者威廉姆森（Timothy Williamson）更是直接以"知识及其限度"来概括知识论中的论争。② 这实际上揭示出在特定历史时期人类理性的局限性。所谓客观理性也是如此。"就个人来说，每个人都是他那时代的产儿。"③ 人的理性不可能超出其所处时代的具体条件。客观理性因此也只能存在于具体历史环境

---

① 谢晖：《客观理性：现代立法的基本原则》，《宁夏社会科学》1998 年第 6 期。

② 参见［英］蒂摩西·威廉姆森：《知识及其限度》，刘占峰、陈丽译，人民出版社 2013 年版。

③ ［德］黑格尔：《法哲学原理》，范扬、张企泰译，商务印书馆 2018 年版，第 14 页。

之中，由之所决定的法律因此也只能在当时的历史环境下具备合理性，而无法具备超越时代语境的合理性。

第四，历史经验的局限性。前文提到，在论证立法方案时，制定主体往往会寻求历史经验来证明其立法方案的合理性和正当性。并且，实践已经证明，历史经验确实影响着中国特色社会主义法律体系的建构。但是，历史经验的局限性也十分明显。历史经验源自过往，由已经发生的实践事实累积而成，这意味着历史绝对不等于现实，更不等于未来。简单地以历史经验来衡量和评价当下和未来的人类实践，意味着似乎只有回到过去才是最理想的选择。但显然，人类社会是不断向前发展的，而且，人类要实现自己的真正自由，也必须追求社会的发展。在此意义上，经验与现实、未来之间便必然呈现一种矛盾的关系。在社会历史条件不断变化的背景下，历史经验与现实情况的符合性也不断减弱。更何况，在经验主义之下，经验被视为事物本质的来源，对经验的总结被视为探寻事物本质的方式。但是，经验作为一种历史存在，也具有一定的偶然性。这便可能导致事物的偶然表现被确定为本质，最终得到与事物真实的本质完全不符合的结果。如果仅仅依靠历史经验来构建立法方案，便会导致立法方案的误判。正是在此意义上，理性主义者对历史法学派表示明显的反对，并进行了公开的论战。[①] 而历史法学派的代表性人物萨维尼也明确表示，所谓"产生于过往的法构成被认为是至上之物"只是一种对历史法学派的误解和歪曲，历史法学派主张的乃是从历史中把握法的本质。[②]

历史经验的局限性也曾引发过我国立法过程中的误判。以民法立法工作为例，如学者所说，由于新中国成立初期我国制定民法典的各类条件并不成熟，我国民事立法事实上一直采取"两步走"策略。而这使得我国的

[①] 参见舒国滢：《德国 1814 年法典编纂论战与历史法学派的形成》，《清华法学》2016 年第 1 期。

[②] 参见［德］萨维尼：《当代罗马法体系 I》，朱虎译，中国法制出版社 2010 年版，第 3 页。

民事立法长期以来不仅具有鲜明的时代烙印，而且往往局限于实践经验所得，表现出明显的经验主义色彩。受此影响，我国的民事立法虽然总体上得到了快速推进，但也直接导致了民法内在体系的陈旧、缺失、失序，以及外在体系的残缺、重复和混乱。[①] 正因如此，不少学者提出必须在破除历史经验局限的基础上编纂民法典。而由于新中国成立以来我国的立法工作总体上坚持渐进主义的基本立场，坚持通过阶段性的法律实践来探索更为完备的法律，"摸着石头过河"式的经验主义立法在各个部门的立法工作中广泛存在。这导致历史经验以及经验主义的这种局限性在刑法、环境法等其他部门法的立法工作中也有所呈现。

除了上述主要因素，其他因素也可能会引发立法方案的误判。例如，突发的国际关系变化可能会给立法者造成异于平常的立法压力，这将直接提升法案制定者产生误判的可能。与此同时，各类导致立法方案误判的因素也可能同时作用于立法方案的制定主体。而一旦多种因素同时出现，避免立法方案误判的可能性也将显著降低。

第四节　立法方案的筛选标准

从"宽泛的规制思想"到"具体的立法建议"，立法方案的发展过程具有逐步推进的特征。这个过程由立法方案的制定主体推动，受制定主体不同动因的影响，表现出不同的论证进路，也包含了多种误判的类型。在此基础上，立法方案在纷繁复杂的各种思潮之中不断碰撞、交互，最终形成为立法者所注意的备选方案。显然，并非所有的立法方案都可以在这个过程中幸存下来。除了满足并非误判的条件，立法方案还必须符合特定的筛选标准才能得到幸存。基于对立法方案生成事实的考察，可以将立法方

---

① 参见朱广新：《超越经验主义立法：编纂民法典》，《中外法学》2014 年第 6 期。

案的筛选标准概括为以下三个方面。

一、技术的可操作性

在立法方案的生成过程中，"宽泛的规制思想"与"具体的立法建议"都属于立法方案，正确的立法方案或误判的立法方案同样也属于立法方案。如金登所说，"即便是不完善的思想也可以作为试探舆论的想法"①。各种程度的想法都足以构成广义的立法方案并得到公开表达，进而获取公众的或者其他的反馈。因此，在现实当中我们可以看到各种各样的立法方案。每年全国两会召开期间，全国人大代表和政协委员提出的立法方案可谓五花八门。但显然，如果立法方案以"初步想法""初步建议""不成熟的想法"等形式呈现在立法者面前，将很难通过严格的立法程序而被立法者挑选。原因在于，立法活动的开展具有高昂的成本。无论是立法程序的逐步推进，还是立法方案审查的反复沟通，都需要耗费立法者大量的成本。这决定了立法者不可能将精力投入一个尚未成熟的、难以操作的立法方案之中。相反，从实际情况来看，立法方案除了需要获得合目的性和合理性的论证，还需要满足技术上的可操作性。

技术上的可操作性以对方案执行细节的全面考虑为前提。总体而言，立法方案可以被概括为"用什么法律方案应对什么问题"的总体结构。虽然这种总体性的考虑对于立法活动的开展具有原点意义，但这却是不够的。因为在专业立法者看来，立法方案除了需要考虑"用什么法律方案应对什么问题"，更重要的是如何实施这种方案。在立法者那里，需要考虑的更多的是立法方案的执行细节。只有充分考虑了立法方案的执行细节，立法方案才具有现实的可操作性。与此同时，对执行细节的考虑也可以显示出立法方案的成熟度。具备全面细节的立法方案才足以被视为成熟的、

---

① ［美］约翰·W.金登：《议程、备选方案与公共政策》，丁煌、方兴译，中国人民大学出版社 2017 年版，第 124 页。

完全拟定好的方案，而非"草草了事"的方案。事实上，对立法方案执行细节的全面细致考虑，也确实能够推动立法方案制定主体更为深入地思考该立法方案。

以刑法修正案（六）审议期间关于非法进行胎儿性别鉴定行为是否入罪的讨论为例，在该草案的审议稿中，立法者提及，全国人大教科文卫委员会和国家人口与计生委提出，建议对违反国家规定，为他人进行非医学需要的胎儿性别鉴定的行为追究刑事责任。而在后续的审议过程（二审稿和三审稿的制定过程）中，立法说明显示，各类法案制定者关于该条规定的操作问题产生了明显的分歧。有些人员认为这一规定的犯罪界限不清，实践中很难操作。有些人员认为不能因为取证困难，就放弃对这类行为的刑事处罚。[①] 而从后续的立法现实来看，刑法修正案（六）最终没有规定非法进行胎儿性别鉴定的犯罪。这表明，虽然在立法方案制定主体看来，是否需要规制的问题值得特别考虑，但在立法方案的筛选主体（即立法程序中的审议者）看来，立法方案的执行细节、可执行性也十分重要。这直接关系到立法方案的现实生命力。法律条款如果得不到执行便会陷入象征性立法的误区，更可能损害立法活动的权威性。实际上，立法方案的筛选主体之所以会更加关注执行细节，还是因为制定执行细节往往需要耗费比制定总体方案更多的成本。

当然，对执行细节的充分关注并不能确保立法方案必然通过最终的筛选环节。在现实情况中，某些特殊情况的发生也可能导致立法者被迫地放弃对执行细节的考虑。不过，立法方案筛选者对方案执行细节的关注程度总体上日益提高。在此意义上，通过关注执行细节提高立法方案技术上的可操作性也日益成为提高立法方案筛选可能的重要方式。

---

① 参见周坤仁（全国人大法律委员会副主任委员）：《关于〈中华人民共和国刑法修正案（六）（草案）〉修改情况的报告》，2006 年 4 月 25 日在第十届全国人民代表大会常务委员会第二十一次会议上；《关于〈中华人民共和国刑法修正案（六）（草案）〉审议结果的报告》，2006 年 6 月 24 日在第十届全国人民代表大会常务委员会第二十二次会议上。

二、价值的可接受性

法律是一种价值体系。立法方案作为潜在的法律在本质上也是一种价值规范，包含了立法方案制定主体对情感或利益的考量。而立法方案的价值考量同样也与立法方案的筛选主体以及普遍公众密切相关。要想通过立法者的筛选，立法方案必须具备价值上的可接受性。反之，如果在价值上的可接受性有所欠缺，那么立法方案最终被接受的可能性便会降低。毕竟，要求立法者为一项并不代表其价值取向（甚至与其价值取向相冲突）的立法方案背书并不现实。具体而言，立法方案在价值上的可接受性可以从两个方面加以考量。

一方面，从可接受性的评价主体来看，立法方案必须符合主要筛选主体的价值取向。所谓的主要筛选主体是指在立法过程中具有主要决策权力的主体，包括承担法定立法职责的全国人大及其常委会的成员、全国人大常委会法工委的立法工作人员等。其中的立法工作人员在事实上承担着立法方案的挑选和加工工作，并为全国人大及其常务委员会开展立法决策提供备选方案。同时，立法方案的价值取向也必须符合普通民众等社会主体的价值取向。法律乃是一种普遍规范，会直接地与普遍存在的各类社会主体的价值取向产生关联。由于普通民众及其价值取向构成了立法者的合法性来源，一旦立法方案的价值取向背离普通民众的价值取向，其获得承认和通过筛选的可能性也会降低。因此，立法方案不仅需要具备专业人士在价值上的可接受性，还需要具备普通民众在价值上的可接受性。至少，必须获得公众的默认、默许，而不能引发公众的反对。一旦引发公众的普遍反对，立法方案通过筛选的可能性也将明显降低。当然，由于掌握专业知识程度的不同，专业的立法工作人员和普通民众在具体的价值取向上很可能存在这样或那样的不同。这种情况下，立法方案便必须在两者之间寻求一种平衡，以实现价值可接受性的最大化。

另一方面，从可接受性的评价标准来看，立法方案必须符合多个层次的价值取向。其价值上的可接受性本身也包括多个不同的层次。价值上的可接受性首先意味着意识形态和核心价值观上的可接受性。亦即，立法方案应当与立法者和普通民众所处环境的意识形态和核心价值观具有总体上的一致性。如果一项立法方案与其所处环境的意识形态和核心价值观存在冲突，那么其通过筛选的可能将明显降低。这既是立法方案的价值属性所决定的，也是因为立法方案的筛选过程乃是一个政治过程，而政治过程并不会容纳意识形态的冲突。立法方案一旦可能存在意识形态风险，其价值上的可接受性便会明显受损。发生于 21 世纪初期的物权法制定风波充分显示了这一点。受北京大学巩献田教授批判物权法草案违背社会主义原则影响，拟提交全国人大审议的物权法草案重新修改并延后审议。而在具备总体价值上的可接受性的基础上，立法方案要经过筛选，还需要尽可能符合大多数人的价值取向。反之，如果立法方案只代表少数人的价值取向，而与多数人的价值取向存在冲突，那么其得以幸存的可能性也会显著降低。

不过，值得注意的是，虽然立法方案的价值取向要为多数人所接受并不算难事，但是，随着人类社会现代化进程的不断深化，多元价值日益得到提倡，立法方案的价值与社会主体间各种价值存在分歧的情形也越来越多。新时代中国特色社会主义法律体系的不断发展正面临着这一问题。随着中国式现代化不断推进，不同社会主体价值取向之间的差异日益明显。立法方案要获得多数社会主体的接受正越来越困难。在此语境下，要通过立法来为改革保驾护航，"实现立法和改革决策相衔接，做到重大改革于法有据、立法主动适应改革和经济社会发展需要"[1]，便必须进一步凝聚共识，在国家和社会发展的根本价值取向的层面，提升立法方案的可接受性。

---

[1] 《中共中央关于全面推进依法治国若干重大问题的决定》，人民出版社 2014 年版，第 15 页。

三、实践的可持续性

除了可操作性和可接受性，立法方案要通过筛选，还必须具备实践的可持续性。可操作性与可接受性意味着立法方案能够帮助立法者解决当下的问题，在时间节点上更多指向当下。而实际上，立法活动不仅是面向当下，还需要面向未来。这意味着立法方案除了需要能够满足立法者对解决当下问题的需求，还要能够满足立法者对于未来的法律活动的需求。只有这样，立法方案才能够获得立法方案筛选主体更多青睐。反之，如果立法方案仅对于过去或者当下的某些问题具有价值，而不能提升法律实践的可持续性，其通过立法程序筛选的可能性便会有所降低。结合立法方案需要可持续性的原因，可以从两个方面理解立法方案在实践上的可持续性要求。

一方面，实践的可持续性意味着立法方案对于当下或未来的各类社会现象具有较高的适配性。这是法律内在的安定性原则决定的，也是法治发挥"固根本、稳预期、利长远的保障作用"的题中之义。与其他的规范体系不同，法律必须具有一定的安定性、稳定性和可预见性，不能过于频繁地变动。否则，法律便无法达到其稳定社会秩序、保护预期利益等多个方面的功能期待，法律的权威也将荡然无存。与此同时，立法程序的严格性也决定了立法活动的开展不能过于频繁。立法机关过于频繁地就同一部法律开展立法活动，会过度消耗立法资源，最终危及法律体系的整体性构建。基于这些原因，立法方案不仅要为当下已经存在的问题提供解答方案，同时还要为未来的社会形势预留空间，以确保立法方案在一定程度上也可以适用于未来出现的各类社会现象，从而不至于过快地被社会历史所淘汰。正处于中国式现代化历史进程中的中国特色社会主义法律体系尤其应该如此。当前，我国正坚定推进全面深化改革。"虽然改革的方向和重大举措确定了，但某些具体改革措施和制度设计还不成熟，认识也不尽一致，这时立法就应当具有一定的前瞻性，为将来进一步的改革预留空间。"① 就此而言，要提升立法方案通过筛选的可能性，便需要提高立法方案与未来各类社会实践的适配性，并为社会实践的发展和进步预留一定的空间，以确保法律体系的安定性、稳定性和可预见性。

另一方面，实践的可持续性意味着立法方案的实践成本并不会降低其实践的可能性，能够确保经济上或效率上的可持续性。立法者对于立法方案的评估不仅包括立法方案在技术上的可操作性和价值上的可接受性，还包括对立法方案成本的预估。立法活动本质上是决策活动，立法者本质上乃是一个决策者。而决策便离不开对备选方案的"成本—收益"评估。因此，立法者在筛选立法方案时，也必然需要对立法方案进行"成本—收益"的法经济学评估。首先，立法方案要通过筛选，必须将法律的执行成本控制在立法者能够接受的最高限度之内。如果超出了立法者以及执法者、司法者所能承受的成本，那么立法方案往往会遭受质疑。其次，立法方案要在诸多的方案中胜出，成为最终被挑选的方案，还必须在诸多方案中表现出"成本控制优势"：要么能够获得比其他立法方案更多的收益，要么能够比其他方案节约更多的法律成本。毕竟，过高或者相对更高的成本需求意味着立法方案的实施面临着更高的负担。而这种成本的负担无疑将有损于立法方案长期实践的可持续性。近年来社会各界对"酒驾入刑"的反思已经显示，即便是立法方案在某一阶段被立法者挑选，甚至成功通过立法程序成为法条，但如果耗费了过多的法律成本，也会影响其实践的可持续性。当然，不可否认的是，要事先实现法律领域的"成本—收益"评估并非易事。因为法治活动的开展中往往包含多种变量，变量之间的因果关系颇为复杂且难以在事先得到检验。但是，这并不意味着立法方案的制定过程不能够尽可能地降低可能消耗的法律成本。事实上，如果立法方案充分考虑法律机关介入程度的降低、替代非法律解决方案的引入等内容，立法方案的实践成本便可能受到控制。

---

① 袁曙宏：《正确认识和处理新形势下改革与法治的关系》，《国家行政学院学报》2015年第5期。

第五章　考察立法过程议程设置逻辑的方法论总结

　　如导论所述，本书对立法过程的议程设置逻辑的考察采取的是一种法政策学的研究范式。然而，虽说法政策学自 20 世纪晚期以来便成为我国法学界的重要思潮，但是，正如前文所述，学者们关于何为法政策学依然存在不同的认知：或将其视为法律与政策关系的学问，或将其视为政策法律化的全面性、整体性探讨，或将其视为政策科学在法律中的展开。概言之，"何为法政策学"似乎依然是一个理论上的悬疑。致命的问题还在于，审视当下具体的法政策学研究会发现，所谓的法政策学研究似乎与其他研究很难区别开来。例如，在政策与法律关系的研究中，学者们大多注重以法治国的基本规定来调节政策与法律的逻辑张力，这与法（政治）哲学、法教义学颇为接近。在政策法律化的研究中，学者们大多注重以立法的规定性为研究起点，这与立法学几乎没有差别。在法律政策的研究中，学者们则或注重反思法律政策的正当性根据，或注重研究法律、政策规制对象的规律，而法哲学和犯罪学、社会学也以这些研究为主要旨趣。换言之，既有的所谓法政策学研究在其展开进路上与其他法学研究范式高度相似。而更重要的是，在某种程度上，法政策学对相关问题的处理还远不如其他范式得心应手。这难免让人产生这样的疑虑：是否有必要对这些研究冠以"法政策学"之名？或者说，是否真的存在一种与其他研究范式相区别的

"法政策学"？

凡此种种问题，都要求对法政策学的方法论进行系统性的反思和建构。但可惜的是，学界对此并未给予应有的关注。法政策学的研究对象是什么、具有何种特别的方法内涵、与法教义学等其他研究范式的区别何在、能够为中国特色社会主义法律体系之完善以及我国法学理论之发展提供何种助益等诸如此类的问题均没有得到正面的回应。尽管学者们大多会给出一个法政策学的定义，甚至有学者将法政策学概括为对法律政策的研究、对法律的政策学研究、对政策的法学研究三种类型，①但却既未说明每种法政策学类型的具体展开进路，也未说明三种研究类型的具体展开方式及其相较于其他研究范式的特殊性。于是，"何为法政策学"的悬疑到今天也没有得到解决。

事实上，作为"舶来品"的法政策学要成为独立的知识体系必须接受研究范式的系统构建。如果不在"法政策学是什么"的意义上澄清法政策学的历史源流及其现实发生样态，那么法政策学便无法获得其历史和现实根基。而如果不讨论"法政策学应该是什么"的规定性，并由此对现实发生的法政策学进行检讨和优化，其理论和实践价值更是无从谈起。就此而言，在法政策学的研究范式并不清晰的当下，有必要对法政策学的历史源流、现实样态、基本规定性加以全面反思，进而探寻"什么是真正的法政策学"的答案。

更为重要的是，只有回答"什么是真正的法政策学"这一问题，才能完整地呈现本书考察立法过程的议程设置逻辑的方法论特质。事实上，在我国学术界的既有讨论中，对于立法逻辑的讨论也并非没有。但是，在法政策学范式下展开的却十分稀少。因此，作为一种法政策学范式下的尝试，本书对研究的展现必须包含对方法论特质的总结。这也决定了本书在完成对立法过程的议程设置逻辑的考察之后，还需要对前文进行方法论的

---

① 参见胡平仁：《法律政策学的研究路向》，《当代法学》2001年第5期。

总结。需要说明的是，本章对考察立法过程的议程设置逻辑的方法论总结并非前文论述的线性的逻辑结论，而是对前文所作分析的方法论总结。换句话说，本章所讨论的结论并不是由前述章节的内容推导而来，而是对前文研究的方法论提炼。只不过，为了使法政策学的方法论内涵得到全面的澄清，本章还将回溯法政策学的历史源流，整理法政策学的现实样态，探讨法政策学的基本规定，进而在此基础上探寻法政策学的真实图景。

第一节　法政策学的历史源流

如前所述，当下的学术话语中存在对法政策学的多种理解。而事实上，学者们对法政策学的表述也存在差异。尤其是，除了法政策学之外，还存在法律政策学、政策法学（派）等多种不同的话语表达，而学者对此或有混同、或有区分，立场不一。因此，追溯法政策学的历史源流时有必要对其话语表述进行清理。

一、法政策学中文话语的混同

法政策学一词来源于法和政策这两种不同规范（学术）体系名称的叠加。叠加方式的不同是出现多种表述方式的原因。但事实上，审视词源和词义可以发现，中文学界的多种相关表述在指涉对象上并无不同。

一方面，法政策学与法律政策学在词源上没有明显差别。两者外文词源主要有三：一是德语词汇中的"Rechtspolitik"，二是英语词汇中的"Policy-Science of Law"，三是日语词汇中的"法政策学"。从翻译上看，这三者都可以翻译为法政策学或法律政策学。两种翻译之间的差别仅在于，将外文中的"法（即 Recht、Law、日语的'法'）"翻译为法还是法律。虽然在回到其各自的学术语境时，可以看到三者实际上代表了互不相同的研究进路（下文将详细介绍），但国内学者在引介三者进而以之为起

160

点展开研究时，并未对三者之间的差异进行区分。例如，鲁鹏宇、喻文光等学者在沿用日语"法政策学"一词时，同时将"Policy-Science of Law"意义上的论述视为法政策学的理论基础；① 胡平仁论及的法律政策学类型不仅包括"Policy-Science of Law"，还将日本学界关于法政策学的讨论、欧洲大陆的 Rechtspolitik 包括在内，② 而所谓 Rechtspolitik 正是刘志阳等学者所说的法政策学。③ 换句话说，虽然学者们在表述上存在法政策学与法律政策学的差异，但在对法政策学和法律政策学的理解上，并未将它们视为完全不同的学术进路，而是同等对待、混同使用。④

另一方面，法政策学与政策法学的指涉对象亦无二致。按照沈宗灵教授的引介，政策法学派（Policy-Science of Law）是指美国的政治学家拉斯韦尔和国际法学家麦克道格尔创立的资产阶级法学学派。⑤ 两人在 1943年联名发表的论文 *Legal Education and Public Policy: Professional Training in Public Interest* 被视为政策法学的奠基之作。政策法学派的核心主张是以政策的观点和方法来研究法律。⑥ 例如，以为公共利益决策的政策性思考方法来研究法律。⑦ 与此同时，亦有学者将拉斯韦尔和麦克道格尔的这种思想，与德沃金（Dworkin）、富勒（Fuller）等人对法律与政策关系的

---

① 参见鲁鹏宇：《法政策学初探》，《法商研究》2012 年第 4 期；喻文光：《PPP 规制中的立法问题研究》，《当代法学》2016 年第 2 期。

② 参见胡平仁：《法律政策学的学科定位与理论基础》，《湖湘论坛》2010 年第 2 期；胡平仁：《法律政策学的研究路向》，《当代法学》2001 年第 5 期。

③ 参见刘志阳：《民法政策学：后民法典时代的造法研究》，《河北法学》2021 年第12 期。

④ 例如，白利寅：《新旧动能转换的法政策学分析》，《法学论坛》2018 年第 3 期。

⑤ 参见沈宗灵："政策法学派"词条，《中国大百科全书·法学》，中国大百科全书出版社 1984 年版，第 749 页。

⑥ 参见［美］E. 博登海默：《法理学·法律哲学与法律方法》，邓正来、姬敬武译，华夏出版社 1987 年版，第 179 页。

⑦ 参见［美］哈罗德·D. 拉斯韦尔、迈尔斯·S. 麦克道格尔：《自由社会之法学理论：法律、科学和政策的研究》，王超等译，法律出版社 2013 年版，第 278—282 页。

论述共同称为法律政策思想。① 换句话说，中文学术话语将政策法学与法律政策思想视为相同的存在。如上文所述，学界所谓法政策学的外文词源之一是拉斯韦尔和麦克道格尔所谓 Policy-Science of Law，其中，Policy-Science of Law 正是以政策科学的方法来研究法律，亦即此处所说的政策法学。因此，无论是从法政策学和政策法学的代表性人物，还是其核心主张来看，二者在指称对象上并无不同。

概言之，中文学术话语中所谓的法政策学、法律政策学、政策法学的指涉对象基本相同，因而，这些话语所表述的某种研究范式均可以"法政策学"一词统称。不过，通过下文对研究传统的追溯可以发现，尽管中文学术话语中的法政策学一词在使用上是混同的，但不同的法政策学词源背后实际上包含着不同的法政策学研究传统。

二、法政策学的两种研究传统

从理论逻辑来看，作为法学与政策学的交叉学科，法政策学似乎是建立在法学和政策学独立、成熟的发展基础之上。但历史却并非如此。

按照当前政策学（或政策科学，即 Policy Science）的一般认识，现代政策学产生于 20 世纪 50 年代。② 其主要标志是以拉斯韦尔为代表的学者在其系列著作中提出"政策科学"概念，并构建出政策科学的基本理论框架。而独立的、较成熟的政策科学则到了 20 世纪 70 年代方才形成。③ 值得注意的是，在系统地设计政策科学的框架之前（或至少是同时），拉斯韦尔与麦克道格尔便提出了许多法政策学的基本问题并展开研究。原因在于，上文所述法政策学的奠基性论文 *Legal Education and Public Policy* 的

---

① 参见彭汉英：《当代西方的法律政策思想》，《外国法译评》1997 年第 2 期。

② 参见王春福、陈震聃：《西方公共政策学史稿》，中国社会科学出版社 2014 年版，第 3 页。

③ 参见陈振明：《政策科学的起源与政策研究的意义》，《厦门大学学报》（哲学社会科学版）1992 年第 4 期。

发表时间为 1943 年。而在这篇论文发表之后，麦克道格尔在 1952 年的文章中进一步倡导以政策目的为指引对法律进行比较研究①；1956 年麦克道格尔更是直接提出，法律本身是一个决策过程，应当确立"政策导向（Policy-Oriented）的法律学习路径"②，而在后续出版的著作中，麦克道格尔与拉斯韦尔将这种理论称作"以政策为导向的法学理论"③。由此，通过简单的时间比对便可发现，法政策学并非在政策科学成熟以后方才出现，相反，拉斯韦尔和麦克道格尔意义上的法政策学乃是政策科学的"孪生兄弟"。

　　而如果将视野从现代政策科学放大到所有关于政策的学问，则可以发现，还存在另一种意义的法政策学，其出现时间远远早于拉斯韦尔和麦克道格尔的年代。早在 19 世纪的欧洲大陆，法学家们已经开始广泛地使用 Politik 和 Legal Policy 的说法，并在具体的法律领域广泛开展此种研究，形成了不少高度繁荣的分支。例如刑事领域的 Politik，即刑事政策学。刑事政策学既包括对刑法体系的研究，例如"对较新的立法进行批判性介绍和比较研究"④，也包括对刑事政策与刑法体系关系的研究。此种研究的法政策学属性可谓学界的共识。追溯其起源可以发现，早在 1803 年，德国法学教授克兰斯罗德（Kleinschrod）和费尔巴哈（Feuerbach）便已经在其教科书中明确提出了刑事政策亦即 Kriminalpolitik 的概念。⑤ 而在 1847 年

---

① Myres S. McDougal. The Comparative Study of Law for Policy Purposes: Value Clarification as an Instrument of Democratic World Order. *The Yale Law Journal* 1 (1952): 915–946.

② Myres S. McDougal. Law as a Process of Decision: A Policy-Oriented Approach to Legal Study. *Natural Law Forum* 1 (1956): 1–53.

③ 参见［美］哈罗德·D. 拉斯韦尔、迈尔斯·S. 麦克道格尔：《自由社会之法学理论：法律、科学和政策的研究》，王超等译，法律出版社 2013 年版，第 221 页。亦有学者将此译为"政策定向的法哲学"，参见胡平仁：《法律政策学的研究路向》，《当代法学》2001 年第 5 期。

④ 参见［德］安塞尔姆·里特尔·冯·费尔巴哈：《德国刑法教科书》（第 14 版），徐久生译，中国方正出版社 2010 年版，第 18 页，脚注 12。

⑤ 参见卢建平主编：《刑事政策学》第 2 版，中国人民大学出版社 2013 年版，第 8 页。

出版的教科书中，费尔巴哈更是明确强调了作为一种本来意义科学的刑事政策学对于刑法的重要性。[①] 之后，这种传统经由李斯特（Liszt）、安塞尔（Ancel）等数辈学者发扬光大。时至今日，刑事政策学依然是刑事法学的重要领域，刑事政策与刑法体系的关系等法政策学意味浓烈的经典问题更是罗克辛[②]、许迺曼（Schünemann）[③]、陈兴良[④]、劳东燕[⑤]等当代学者的研究焦点。因此，如果由此追溯，法政策学实际上早在 19 世纪初期便已出现。而值得注意的是，此种法政策学并非刑事领域所特有。除了Kriminalpolitik，19 世纪欧洲大陆上其他法学部门的法学家同样在广泛地使用 Rechtspolitik 和 Legal policy 一词。[⑥] 在部分学者看来，法政策学乃是与法教义学相并列的研究范式，法教义学是"结晶化的法政策学"[⑦]。在此意义上，法政策学的出现时间要远早于现代意义上的政策科学。

由此观之，中文学界混同使用的法政策学一词背后实际上有两个差异明显的起源：一是距离当下更近的，肇始于 20 世纪 40 年代的拉斯韦尔和麦克道格尔意义上的法政策学（下文简称"拉—麦法政策学"）。二是距离当下更远的，早在 19 世纪便在欧洲大陆出现的法政策学（下文简称"欧

---

① 参见［德］安塞尔姆·里特尔·冯·费尔巴哈：《德国刑法教科书》（第 14 版），徐久生译，中国方正出版社 2010 年版，第 18 页。

② 这一问题几乎贯穿了罗克辛整个犯罪论体系，因而参考文献十分广泛。罗克辛关于刑事政策和刑法体系关系的核心论述，可以参见［德］罗克辛：《刑事政策与刑法体系》，蔡桂生译，中国人民大学出版社 2011 年版。

③ 参见［德］许迺曼：《刑法体系与刑事政策》，王效文译，载许玉秀、陈志辉编：《不移不惑献身法与正义——许迺曼教授刑事法论文选辑》，台湾新学林出版股份有限公司2006 年版，第 37—59 页。

④ 参见陈兴良：《刑法教义学与刑事政策的关系：从李斯特鸿沟到罗克辛贯通》，《中外法学》2013 年第 5 期。

⑤ 参见劳东燕：《刑事政策与刑法体系关系之考察》，《比较法研究》2012 年第 2 期。

⑥ 参见胡平仁：《法律政策学的学科定位与理论基础》，《湖湘论坛》2010 年第 2 期。

⑦ 参见［德］伯恩德·吕特斯：《法官法影响下的法教义学和法政策学》，季红明译，载《北航法律评论》2015 年第 1 辑，第 157 页。

陆法政策学")。由于拉斯韦尔同时是政策科学的创始人，前一种意义上的法政策学明显地受到现代政策科学的影响，Policy-Science of Law 中的 Policy Science 便意指现代意义上的政策科学。而虽然无法断言拉斯韦尔和麦克道格尔的主张与欧洲大陆的法政策学传统没有知识脉络的关联，但如下文所述，两者在研究进路上的差异颇为明显。

　　毫无疑问，当下所谓法政策学在研究进路上的知识储备大体上都来源于这两种传统，即便是这两种传统所处法域之外的其他法域之中的法政策学，也是如此。以日本学界为例，其法政策学主要包括两种，一是平井宜雄所提倡的法政策学。在 1987 年出版的专著《法政策学》中，平井宜雄明确指出其法政策学的用词受到了末弘严太郎和碧海纯一的影响，而这两位学者认为法政策学在相当意义上等同于 Rechtspolitik。不过，其所谓法政策学乃是关于法与政策决定的知识和技法的观点，是与 Politik 概念切割开来的、强调与政策决定相关联的词汇。[1] 显然，这种定位与拉斯韦尔意义上的法政策学更为接近。因此，平井宜雄在《法政策学》的第 2 版中指出，虽然其法政策学并不完全属于拉斯韦尔意义上的政策科学研究，但如果硬要界分其法政策学的系谱归属的话，并不会否认其法政策学受到了拉斯韦尔意义上的政策科学的影响。[2] 日本学界与平井法政策学不同的另一种法政策学则是行政法上对政策的研究[3]，也正是碧海纯一等学者所倡导的接近于欧陆传统的法政策学。而更为重要的是，从 20 世纪晚期到当下，我国的法政策学研究便主要是这两种研究传统的继受和运用。这既表现为，我国法政策学的话语体系（例如前述梳理的法政策学的概念）都来自这两种传统；也表现为，正如下文分析所表明的，我国法政策学研究的现实样态正是对这两种传统的继受与运用。

---

① 平井宜雄：《法政策学》，有斐阁 1987 年版，第 1 页以下参照。

② 平井宜雄：《法政策学》（第 2 版），有斐阁 1995 年版，第 2 页以下参照。

③ 藤谷武史：《〈法政策学〉的再定位·试论》，新世代法政策学研究第 9 卷，第 203 页参照，2010 年。

第二节　法政策学的现实样态

尽管发源不同，但两种法政策学传统的出现都比我国法治建设实践的展开更早。这使得我国法政策学研究思潮自兴起以来，便对这两种法政策学传统具有高度的路径依赖，我国法政策学研究的现实样态也主要表现为这两种研究传统的实际展开。

一、欧陆法政策学：法律与法律政策关系的研究

迄今为止，欧陆法政策学在经过几百年的发展后已经颇为成熟。这种传统深受 Politik 政策学的影响。如平井宜雄所说，Politik 政策学系统有两个特征：一方面，充满实用性、伦理性的色彩，重视讨论国家应有的理念或承担的职责，以及指明实现其理念或职责的手段；另一方面，并不追求统一的学术范式，相反，更倾向于将 Politik 概念与具体领域相结合而形成个别化的学问，如社会政策、经济政策。[①] 在此影响之下，欧陆法政策学研究表现出以下样态：

其一，以法律与法律政策的关系为主要研究对象。由于法律与政策在基本原则、适用领域上的一致性以及在规范效力、价值取向等方面的差异性，法律与政策如何和谐共存成了法治国建设中不可忽视的问题。受此问题意识驱动，法律与政策的关系成为一项重要的研究范畴。在 Politik 政策学的影响下，这种关系性的研究推动了 Politik 概念与法律概念的融合，并形成了法律政策的概念（此处指狭义的法律政策）。值得注意的是，法律政策的概念存在广义和狭义之分。其中，狭义的法律政策是指与法律有关的政策，不包含法律本身。而广义的法律政策则既包括狭义

---

① 平井宜雄：《法政策学》（第 2 版），有斐阁 1995 年版，第 1 页以下参照。

的法律政策，也包括法律，并将法律视为法律政策的具体表现。为说明法律与政策关系这一范畴的存在必要性，此处的法律政策主要指狭义的法律政策。至于与法律无关的政策，例如纯粹的经济政策、社会政策则不被视为法政策学的研究对象。虽然李斯特提出了"最好的社会政策就是最好的刑事政策"，但刑事政策学很少直接研究与犯罪关联性小的社会政策。

其二，以规范体系为研究视角，并以规范内涵为研究内容。亦即，将法律政策视为规范体系，重点研究法律或法律政策的具体规范内涵、规范内涵与拟解决问题之间的适应性、作为手段的规范体系与作为目的的规范价值之间的合比例性等问题。而对法律与法律政策的关系的研究，也主要在规范内涵关系的处理这一维度上展开。尤其注重两种规范体系之间的融贯问题，以及两种不同价值追求的协调问题。这决定了欧陆法政策学是一种从法律、法律政策以及两者关系的内部来确立法律和法律政策的规范方向的研究，亦即一种内部视角的研究，因而是法律、法律政策以及两者关系"的（of）"理论。这与后文所述拉斯韦尔和麦克道格尔强调的"有关（about）"法的理论存在明显的区别。

其三，以规范分析为主要研究方法，以实证分析为次要研究方法。受研究视角、研究内容，以及启蒙运动所倡导理性主义的深刻影响，欧陆法政策学在诞生之初以规范分析为主要研究方法，具有源远流长的规范分析传统。直到强调考察、调查和经验事实分析的思潮兴起，实证主义法政策学方才逐渐得到发展。而由于深受法学规范研究传统的影响，且法学的实证分析尚未形成足以完全改变传统的气候，时至今日，规范分析依然在欧陆法政策学中占据着明显更重的分量。其中的规范分析包含两个层次：一是"元规范"分析。即根据自然界和人类社会应当遵循且无法违反的规则、定律背后的共同特性[1]，而进行的"某事应该怎样""某人应该做某事"

---

[1]　参见郑宇健：《规范性的三元结构》，《世界哲学》2015 年第 4 期。

语境的规范性陈述和判断。^① 二是"法规范分析",即法律、法律政策以及二者关系是否符合法律规范要求的分析,这也是法律和法律政策独有的法律语境中的规范分析。

其四,以法律与法律政策关系的规范化为主要功能。毫无疑问,法律和法律政策都来自特定的问题导向。这使法政策学在某种意义上也是一种问题解决学。^② 学者们对刑事政策学、民法政策学的功能认知也大抵如此。^③ 不过,与一般的问题解决学不同,分析视角和分析方法上的规范性使欧陆法政策学天然指向对解决方案的规范化。一是元规范(政策或对策)指引下的规范化,即基于解决问题这一规范导向而对法律、法律政策以及两者关系进行规范性的解构与建构。如学者评价刑事政策所说,这代表了一种合目的性的思维方式。^④ 二是法规范指引下的规范化。相较于其他研究范式,法政策学尤为关注法律和法律政策的融贯问题,并具体地表现为对法律的合法性、安定性和法律政策合目的性、灵活性等价值张力的协调。这使欧陆法政策学具备了推进规范体系融贯的功能,能够超越对具体条文的关注而有助于整体的规范秩序。

欧陆法政策学中,刑事政策学可谓最为繁荣的分支,也是前述研究样态最集中的表现。在研究对象上,无论采取何种定义,刑事政策学几乎都同样包含对刑法、刑事政策以及两者关系的研究。尤其是,由于刑事法对罪刑法定原则的高度追求,刑法与刑事政策之间关系的话题受到高度关注。^⑤ 在德国刑法学界已经从"李斯特鸿沟"发展到"罗克辛贯通"的背

---

① 参见刘松青:《规范性的本质与规范判断内在主义》,《哲学动态》2016 年第 8 期。

② 平井宜雄:《法政策学》(第 2 版),有斐阁 1995 年版,第 165 页以下参照。

③ [日]川出敏裕、金光旭:《刑事政策》,钱叶六等译,中国政法大学出版社 2016 年版,第 1 页;刘志阳:《民法政策学:后民法典时代的造法研究》,《河北法学》2021 年第 12 期。

④ 劳东燕:《刑事政策与功能主义的刑法体系》,《中国法学》2020 年第 1 期。

⑤ 参见劳东燕:《刑事政策与刑法解释中的价值判断》,《政法论坛》2012 年第 4 期。

景下，如何在中国语境协调刑法与刑事政策的关系构成了当下我国刑法学界重要的问题。① 在研究视角上，刑事政策学始终将刑法、刑事政策视为一种规范体系，并致力于阐释其规范内涵、寻求规范体系的重构。这既表现为刑事政策学对刑事实定法、刑事政策能否实现某种特定目的（"反犯罪"）的规范分析，也表现为对目的本身的规范分析。后者例如反犯罪应当遵循何种基本价值，应当采取福利主义还是重刑主义的立场，反犯罪的目的与手段之间是否符合比例原则等宪法性原则等。在研究方法上，刑事政策学具有悠久的规范分析传统。贝卡利亚（Beccaria）、费尔巴哈以来的刑事政策学研究便已如此。诚然，随着这种刑事政策研究的弊端——无法以经验现象解释犯罪原因，且无法有效地应对犯罪率上升等问题——日益暴露，以及实证研究方法日益成熟，尤其是在龙勃罗梭（Lombroso）等人开创实证主义犯罪学派之后，刑事政策学逐步向实证主义转变并步入实证主义阶段。甚至有学者认为，刑事政策学就是伴随着犯罪学学科的独立而同步产生的。② 但是，随着犯罪学的独立，刑事政策学内部的实证分析又逐渐式微。尽管我国学界对两种研究范式都有所继受，但到目前为止，我国的刑事政策学依然呈现着明显的"规范分析为主、实证分析为次"的现实样态。一方面，推动刑事政策学实证主义转向的实证主义犯罪学在国内依然并不发达，未能为实证主义刑事政策学的发展持续输送知识；另一方面，刑事政策学尚未建立起自成体系的实证主义研究范式，专门的实证刑事政策学研究依然稀缺。此外，对比德国、日本等法教义学已经颇为发达的国家，我国的法教义学在近些年才逐步建立并进入快速发展时期。在这一过程中，法教义学的高度曝光不仅导致刑事政策学变成冷门学问，更使规范分析在整个刑事法学领域快速扩张，大部分刑事政策学研究再度回归规范分析传统，实证主义研究难以与之分庭抗礼。这也使得我国所继受的

---

① 参见陈兴良：《刑法教义学与刑事政策的关系：从李斯特鸿沟到罗克辛贯通》，《中外法学》2013 年第 5 期。

② 卢建平主编：《刑事政策学》（第 2 版），中国人民大学出版社 2013 年版，第 24 页。

欧陆法政策学的功能集中于刑法和刑事政策的规范化。

除了刑事政策学，欧陆法政策学在其他领域的展开也充分展现了前述特征。例如，在法政策学视角下分析生态保护补偿立法问题时，学者采用的是保护者和受益者的权利义务关系的规范分析范式[①]；同样，学者在讨论农户主体地位时进行的法政策学反思，也是基于农民的权利能力和平等属性展开的。[②] 虽然在个别研究中存在少数具有实证属性的个案分析、数据统计，但这些始终作为规范分析的素材出现，并不足以构成真正的实证研究。例如，学者在法政策学视角下反思未成年人监护立法时，引用了多个撤销监护权的司法案件，但并未对这些案例进行深入的实证剖析。[③] 而审视这些研究的功能取向，大体都在于推动各个领域法律和政策的规范化。事实上，所谓政策法律化，也正是一种推动政策规范化的努力。

二、拉—麦法政策学：法律的政策科学研究

与欧陆法政策学不同，拉—麦法政策学出现于 20 世纪中期。通过反思实证主义法学、社会法学、法律现实主义等法学思潮，拉斯韦尔和麦克道格尔提出，应当建立并维持一种"有关（about）"法的理论，而非法"的（of）"理论，[④] 法学院的教育也应当从法律实证主义转向政策科学。[⑤] 这便是所谓"政策导向的法学理论"，即法政策学。这种法政策学的样态

---

① 参见王清军：《法政策学视角下的生态保护补偿立法问题研究》，《法学评论》2018 年第 4 期。

② 参见王立争：《农户主体地位的法政策学辨思》，《中南大学学报》（社会科学版）2015 年第 2 期。

③ 参见李晓郛：《法政策学视角下的未成年人监护立法》，《青少年犯罪问题》2016 年第 5 期。

④ 参见［美］哈罗德·D. 拉斯韦尔、迈尔斯·S. 麦克道格尔：《自由社会之法学理论：法律、科学和政策的研究》，王超等译，法律出版社 2013 年版，第 34—41 页。

⑤ Myres S. McDougal. The Law School of the Future: From Legal Realism to Policy Science in the World Community, *The Yale Law Journal* 56 (1947): 1345.

表现为：

其一，以法律为研究对象。正如英文词源所显示的，拉—麦法政策学是 Policy-Science of Law，即政策科学在法学领域的具体展开。因此，与欧陆法政策学不同的是，拉—麦法政策学主要以法律为研究对象。值得注意的是，拉—麦传统法政策学与现代政策科学在研究进路上并无本质差别，二者所依托的都是现代政策科学的研究进路，差别仅在于研究对象是法律还是政策。因此，单就拉—麦传统的法政策学而言，其研究对象主要是法律，政策科学范式下对政策的研究应当属于政策科学本身。

其二，以决策过程为研究视角，并以与决策过程相关联的诸多因素为研究内容。在拉—麦法政策学看来，对法的理论观察应当区别于法的目标本身。①法学理论不应停留于句法形式的逻辑推演，相反，如麦克道格尔所说，法学理论应当将法律"视为一个过程，一个权威决策的过程"②。而作为此过程的一部分，负责任的法学家、顾问或决策者的职责是……确立社群政策、对过去决策趋势的描述、分析影响决策的因素、对将来趋势的预测、创造及评价政策替代性选择。③在此意义上，拉—麦法政策学跳出了规范体系而把规范体系的决策过程、决策者、经验效果视为重要的研究范畴，因此是一种外部视角的观察。拉—麦法政策学的研究内容可以概括为三个方面：其一，法律决策拟解决的问题。法律拟解决问题的客观样态、内在规律直接决定了法律的必要性和可行性，因而法律拟解决的问题被视为重要的研究对象。例如，环境问题、犯罪问题等。其二，法律决策的事实样态。拉—麦法政策学颇为重视对法律决策经验事实的客观描述，法律决策的主体、决策方式、决策效果都是重要的研究内容。其三，法律决策的行动逻辑。这一方面包括所有法律决策的整体性逻辑，既有法律过

---

①　［美］哈罗德·D. 拉斯韦尔、迈尔斯·S. 麦克道格尔：《自由社会之法学理论：法律、科学和政策的研究》，王超等译，法律出版社 2013 年版，第 14 页。

②　Myres S. McDougal. Jurisprudence for a Free Society. *Georgia Law Review* 1 (1966): 2.

③　参见［美］哈罗德·D. 拉斯韦尔、迈尔斯·S. 麦克道格尔：《自由社会之法学理论：法律、科学和政策的研究》，王超等译，法律出版社 2013 年版，第 167—277 页。

程内部的整体性逻辑，例如立法与司法、执法等环节的衔接逻辑；又包括法律过程与外部的政治、社会等系统的互动逻辑；另一方面包括法律决策过程中各类具体主体的行为逻辑。在拉—麦传统法政策学和政策科学萌芽的年代，恰值政治学的"行为主义革命"时期。① 受此影响，法政策学对法律过程中各类行为主体及其行为逻辑保持着极大的兴趣②，例如街头官僚的行为逻辑对法律决策的影响机制。

其三，以实证分析为主要研究方法，以规范分析为次要研究方法。与传统的政治学、法学不同，拉—麦法政策学明确强调他们并不像奥斯丁（Austin）那般"迷恋法律规则"，他们要构建的是一种重视观察和分析法律过程事实样态与运作规律的理论。③ 一方面，这使拉—麦法政策学中的规范分析超越了法规范的语境，而处于"元规范"的层面。另一方面，这直接导致了当下政策科学研究中实证研究多、规范研究少的现状。尤其是，受行为主义革命以及"价值中立"观的影响，在新兴的政策科学看来，传统的政治学只能被视为理论或者学说，不能称为科学。④ 而要成为科学，必须注重实证研究方法的运用，并将经验现象视为最重要的研究对象。虽然就政治学而言，规范研究方法在行为主义革命浪潮过去之后逐步迎来了复兴。⑤ 但对政策科学而言，这场革命却使其在萌芽之初便建立的浓烈的实证主义偏好长期保留下来，甚至部分政策学者直接将政策分析方

---

① 王炳权：《政治学研究方法的演进逻辑与趋势》，《华中师范大学学报》（人文社会科学版）2020 年第 3 期。

② 参见王春福、陈震聃：《西方公共政策学史稿》，中国社会科学出版社 2014 年版，第 13—16 页。

③ 参见［美］哈罗德·D. 拉斯韦尔、迈尔斯·S. 麦克道格尔：《自由社会之法学理论：法律、科学和政策的研究》，王超等译，法律出版社 2013 年版，第 8 页。

④ 王春福、陈震聃：《西方公共政策学史稿》，中国社会科学出版社 2014 年版，第 13 页。

⑤ 参见金太军：《规范研究方法在西方政治学研究中的复兴及其启示》，《政治学研究》1998 年第 3 期。

法限定在实证方法的范围之内。①

其四，以法律的科学化为主要功能。从词源可以清楚地看到，拉一麦法政策学是政策学在法律上的具体展开，是一种"科学"的研究范式。这也是政策科学强调的其与传统政治学之间的区别。按照中文学界的理解，科学是包含了客观、准确、反映规律、指涉真理等含义的范式。②这表现了拉一麦法政策学的科学化功能取向。一来，对法律过程及其效果的客观描述，为科学评估法律决策提供了事实依据。例如，既有的法律过程呈现何种样态，其总体规模如何、类型结构如何、不同法律主体扮演的角色如何等。二来，对法律过程规律的揭示，能够为法律决策者依照规律科学决策提供方向指引。例如，法律决策与特定领域社会现象的变化之间是否存在相关性乃至因果性；醉驾入刑到底是因其减少了交通肇事而具有积极意义，还是因为增加了巨大的犯罪数而有待重新审视入刑的合理性。由此，分析者和决策者得以从纷繁复杂的经验事实中寻找出与决策确切相关的规律和证据，揭示法律过程中的因果性和相关性，从而推动法律决策过程的科学化。

当前，拉一麦法政策学范式下的法政策学研究在我国学界已经初具规模。其中，对法律过程的整体性研究既包括对法治扩散③、利益分配④等对法律决策过程内部逻辑的研究，也包括对政治与技术逻辑互动等体现法律系统与外部系统互动逻辑的研究。⑤对法律决策过程中不同主体行为逻辑的研究，则具体地表现为对普通公众、立法工作者、法官等不同主体的研

① 例如，在奈格尔和米尔斯的论述中，政策分析的五种方法（数学最优化、计量经济学方法、准实验方法、行为过程方法和多元标准决策方法）全是实证分析方法。参见陈振明：《公共政策学》，中国人民大学出版社 2004 年版，第 57—59 页。

② 参见刘星：《法学"科学主义"的困境》，《法学研究》2004 年第 3 期。

③ 参见丁轶：《地方法治扩散的原理与限度》，《法学家》2021 年第 1 期。

④ 参见戴巍巍、李拥军：《利益分配理念在立法过程中造成的"进化"困境与纾解》，《内蒙古社会科学》2020 年第 3 期。

⑤ 参见冯亮、何俊志：《人大立法中政治与技术逻辑的互动》，《学术研究》2018 年第 8 期。

究。^① 与此同时，近年来我国学界也开始格外地注重开展对立法、司法、执法等法律活动效果的评估，法治评估的理念、策略、方法更是成为法学界重点讨论的专门范畴。^② 除此之外，针对特定需要由法律解决的问题尤其是犯罪这类必须以法律方式予以规制的问题的研究，更是不胜枚举。

第三节　法政策学的基本规定以及对两种法政策学的检讨

通过对现实样态的梳理足以看到，欧陆法政策学与拉—麦法政策学在研究的对象、视角、内容、方法、功能等方面都存在明显的区别（见表5-1）。而综合审视这些区别可以看到，两种法政策学在学术范式的品格偏向上明显不同。欧陆法政策学偏向于价值和规范层面的反思，拉—麦法政策学则偏向于寻找事实和科学层面的证据。这使前者更加接近于政治学，而后者更加接近于政策学。追根溯源，这种品格偏向与两种法政策学的学科发展历史有关。在欧陆法政策学中，所谓 Rechtspolitik 乃是 Recht 与 Politik 的结合。Recht 一词法、法权的意义自不待言。而后者的中文翻译则存在争议。当前，冠以 -politik 的词语大多被称作"—政策学"，例如将 Kriminalpolitik 译为刑事政策学已经成为学界共识。但实际上，德语中的 politik 源自希腊语中的 polis，并被亚里士多德视为一种以追求善业为目的的社会团体。polis 本身也因此意味着对公共事务的认识与管理，亦即后世

---

① 目前，学界此类研究已经初具规模，可参见杨军：《多源流框架下刑法修正的议程设置逻辑》，《四川大学学报》（哲学社会科学版）2021 年第 4 期；王理万：《立法官僚化：理解中国立法过程的新视角》，《中国法律评论》2016 年第 2 期；管兵、岳经纶：《立法过程中的公众参与：基于〈物权法〉和〈就业促进法〉立法参与的研究》，《政治学研究》2014 年第 4 期；葛洪义：《法官的权力》，《中国法学》2003 年第 4 期等。

② 参见吕艳滨：《国家治理现代化背景下的法治评估及其风险防范》，《探索与争鸣》2021 年第 8 期；姜永伟：《法治评估的科层式运作及其检视》，《法学》2020 年第 2 期；周祖成、杨惠琪：《法治如何定量》，《法学研究》2016 年第 3 期。

所谓的政治。换句话说，德语中的 politik 本身便具有政治的意思。对此，有学者直言，将 -politik 译为"—政策学"值得商榷。卢建平教授便明确指出政策（学）很难包含 politik 中"政治"的含义，kriminalpolitik 应该译为刑事政治学。① 而如果将 Rechtspolitik 翻译成英文，则具有 politic of law 的含义，这在国内学者看来，其中文表述是法政治学。② 事实上，除了词源上与政治学的相似性，从欧陆法政策学的研究对象、研究进路来看，其关注的法律与法律政策的关系，对法律与法律政策的正当性、合法性的规范反思等，也与传统的政治学较为接近。比较之下，由于拉斯韦尔同样是政策科学的创始人，拉—麦法政策学在研究进路上与政策科学几乎没有差别。特别是，由于政策科学自诞生之日起便是作为区别于政治学的研究范式而存在的，拉—麦法政策学的品格偏向与欧陆法政策学的品格偏向并不相同，而明显地接近于现代意义政策科学的偏向。

表 5-1　两种法政策学的比较

	欧陆法政策学	拉—麦法政策学
研究对象	法律与法律政策的关系	法律
研究视角	规范体系	决策过程
	内部视角	外部视角
研究内容	法律与法律政策的规范内涵	法律决策拟解决问题 法律决策的事实样态 法律决策的行动逻辑
研究方法	规范研究为主 实证研究为辅	实证研究为主 规范研究为辅
	法规范、元规范分析并存	元规范分析为主
研究功能	规范化为主	科学化为主
品格偏向	价值/规范	事实/科学
	接近政治学	接近政策学

① 参见［法］米海依尔·戴尔玛斯–马蒂：《刑事政策的主要体系》，卢建平译，法律出版社 2000 年版，第 2 页。

② 参见卓泽渊：《法政治学研究》(第 3 版)，法律出版社 2018 年版，第 2 页。

由此，这样的问题便难以避免：如何评价两种不同的法政策学？是应当在两者之间择一而从？还是应当同时提倡？抑或是，应当在两种法政策学之外寻求一种新的法政策学？回答这些问题，需要反思法政策学作为研究范式的基本规定性，进而在此基础上对两种法政策学进行比较和检讨。

一、法政策学的基本规定性

评价法政策学的前提是厘清其作为研究范式的基本规定性。法政策学要成为一门真正的学问，必须具备作为研究范式的双重规定性：

一方面，法政策学应当具有合理性。合理性是法政策学能够成为一种研究范式的基本要求。只有内部要素以及要素间关系合乎理性，法政策学（事实上任何一种研究范式都是如此）才能成为一种研究范式。这种合理性至少包括：其一，法政策学的研究内容与研究对象应当相互对应。研究对象应当包含研究内容，研究内容应当真实地存在于研究对象之中，或者能体现研究对象的某一特征。反之，如果二者之间不能对应，那么作为研究范式的法政策学便不能成立。其二，法政策学的研究对象和研究内容与研究视角应当相互对应。法政策学的研究对象和研究内容能够接受特定研究视角的审视，法政策学研究视角下的法律或法律政策真实存在。其三，法政策学的研究方法能够支持研究视角的展开。这一方面要求研究方法本身具有合理性，即研究方法不应存在逻辑缺陷；另一方面也要求研究方法能够契合具体的研究视角，能够适配于具体视角下针对不同对象和内容的具体研究。其四，法政策学应当具备合理的功能。法学研究范式必须"能够完成法学研究的基本目标"[1]。只有具备合理的功能，法政策学方才具备成为一种研究范式的价值。

另一方面，法政策学应当具有独特性。毫无疑问，并不是所有具有合

---

[1]　胡玉鸿：《围绕法学研究方法的理论争议及其辨析》，《政法论坛》2023 年第 3 期。

理性的研究都可以被视为专门的学问。法政策学要成为一门专门的研究范式，还必须具备其他法学研究范式无法替代的某种品质。只有具备其他研究范式无法替代的某种品质，法政策学方才具备成为一种研究范式的必要性。正是在此意义上，学界在学术大分工以及知识专门化背景下提出了法学研究范式的独特性要求。法学学科"应当有其自身的独特方法，否则，学术分工就只能有胜于无了"①。法政策学正是如此。作为法学和政策学的交叉学科，如果法政策学仅仅只是法学或者政策学的简单复制，那么显然便不具备在法学和政策学之外兴起一种"法政策学"的真正必要性。就此而言，法政策学必须具备能够与其他学术研究范式相区别的独特性品质。这里的独特性主要是指法政策学某个或者某些构成要素（例如对象、内容、视角、方法、功能等），或者要素之间的组合方式与其他范式存在差别。当然，这并不要求这些要素与其他范式的要素完全不同。这要求法政策学要能够区别于法社会学、法经济学等其他交叉学科，更要求法政策学具备区别于传统法学和政策科学的独特性。

合理性是对法政策学内部各要素的理性要求，因而是一种内部规定性。独特性则是法政策学在整个法学知识体系中立足的必要性根基，是其能与外部知识体系相提并论的原因，因而是一种外部规定性。法政策学只有兼具了这两种规定性，方才足以被视为真正的法政策学。二者缺一不可，否则所谓的"法政策学"便无法构成真正的法政策学。

二、两种法政策学的规定性瑕疵

将两种法政策学传统置于前述法政策学的基本规定性下加以衡量，可以发现，无论是欧陆法政策学还是拉—麦法政策学，都存在一定的合理性和独特性。例如，法律与法律政策关系的协调确实是法治国建设必须解决的问题，而这正是欧陆法政策学将法律与法律政策关系视为研究对象的合

① 参见谢晖：《论规范分析方法》，《中国法学》2009 年第 2 期。

理性根源。又如，法律裁判是一种典型的权威决策[1]，因而可以将其视为一种决策过程加以研究。但是，如果在规定性下加以全面审视可以发现，两种法政策学都各有瑕疵，都不能算作真正的法政策学。

一方面，欧陆法政策学并不完全符合真正法政策学的双重规定性，在合理性和独特性上都存在一些短板。

在合理性问题上，由于始终将法律与法律政策关系的规范化视为最主要的功能，欧陆法政策学的合理性依然有所欠缺。尽管也具有部分科学化的功能，但其研究视角、研究内容、研究方法的规范性决定了欧陆法政策学并未将科学化视为核心功能。而显然，对于真正的法政策学而言，规范化功能是远远不够的。新时代法治中国建设的基本目标乃是"更好发挥法治固根本、稳预期、利长远的保障作用，在法治轨道上全面建设社会主义现代化国家"[2]。法政策学必须能够助力于这一目标的实现。毕竟"一切划时代的体系的真正的内容都是由于产生这些体系的那个时期的需要而形成起来的"[3]。由此，法政策学便必须具备两个方面的功能：一方面，立足于法治建设实践现实，通过科学阐释法治中国建设实践的客观规律构建法治理论，并在实践中检验和发展法治理论，最终促进法治中国建设的不断发展。另一方面，立足于法治建设理想，通过对法治建设实践的理性反思，检验法治建设目标，建设手段的合理性、合法性，检验手段与目标关系的合比例性、合宪性，推动法治中国建设的规范发展。前者需要法政策学发挥科学化功能，后者需要法政策学发挥规范化功能。就此而言，科学化功能和规范化功能缺一不可。因此，欧陆法政策学的合理性有所欠缺。

同时，欧陆法政策学在研究范式上的独特性也有所不足。将欧陆法政策学与其他研究范式对比可以发现，其研究对象、内容、视角、方法、功

---

① 平井宜雄：《法政策学》（第 2 版），有斐阁 1995 年版，第 149 页以下参照。

② 习近平：《高举中国特色社会主义伟大旗帜　为全面建设社会主义现代化国家而团结奋斗——在中国共产党第二十次全国代表大会上的报告》，人民出版社 2022 年版，第 40 页。

③ 《马克思恩格斯全集》第 3 卷，人民出版社 1960 年版，第 544 页。

能均非特有，甚至，其他研究范式在处理欧陆法政策学想要处理的问题时更为得心应手。尤其是，对比以规范分析为基本属性的法哲学、法教义学，欧陆法政策学基本不具有独特性。以刑事政策学为例，刑事政策学关注刑罚的正当性根据（在早期这甚至是刑事政策学的主要内容之一），而刑法教义学乃至刑法哲学同样关注这一问题；刑事政策学关注刑法拟解决的犯罪问题，犯罪学同样关注这一问题。而相较于刑事政策学，规范分析传统更加久远的刑法教义学和刑法哲学对刑罚正当性根据的研究，以及实证研究能力更加杰出的犯罪学对犯罪问题的研究更加深入。我国的刑事政策学起步于 20 世纪后期，在 20 世纪 80 年代政法法学颇为流行，而 20 世纪 90 年代左右社科法学又势头正盛的历史背景下[①]，兼具政法色彩和社科色彩的刑事政策学（法政策学）受到了相当程度的欢迎。但如今，刑事政策学却日渐呈现衰落之势。这固然与学界对法教义学的大力推崇密切相关[②]，但归根结底，研究范式独特性稀薄的内因才是刑事政策学发展势头急转直下的根源。

另一方面，作为现代政策科学在法律问题上的展开，拉一麦法政策学几乎全盘继受了政策科学的命题和特质，因此也继承了现代政策科学的不合理之处。

如前所述，现代政策科学将"价值中立"奉为圭臬，并以之为政策科学和政治学的边界。但事实上，虽然政策科学可以与自然科学一样被归入科学，但政策科学始终不能像自然科学一样只观察人类认知之外的部分，其研究对象——无论是法律还是政策——都天然地带有人的价值选择痕迹，其研究结果也必然作用于人的价值选择。在此意义上，政策科

[①]　参见陈兴良：《法学知识的演进与分化》，《中国法律评论》2021 年第 4 期。

[②]　参见陈兴良：《刑法知识的教义学化》，《法学研究》2011 年第 6 期；陈兴良：《刑法教义学方法论》，《法学研究》2005 年第 2 期；孙海波：《论法教义学作为法学的核心——以法教义学与社科法学之争为主线》，载《北大法律评论》（第 17 卷·第 1 辑），北京大学出版社 2016 年版，第 201—232 页。

学以及作为政策科学在法律领域的运用的法政策学，不可能回避价值掺入的问题。事实上，随着政策科学的不断发展，"价值中立"的神话日渐遭受质疑，其作为政策科学方法论哲学基础的地位也开始动摇。① 而这也决定了拉—麦法政策学对科学化功能的单一追求引人担忧。如前文检讨欧陆法政策学时所说，法政策学应当同时兼具科学化功能和规范化功能。就此而言，仅仅强调科学化而漠视乃至反对规范化功能显然并不足取。与此同时，值得注意的是，虽然科学主义对推动人类社会的现代化功不可没，但如果在法治建设中过于奉行科学主义、片面强调法治建设的科学化而忽视规范化，便可能面临科学主义反噬的巨大风险。所谓科学主义强调将科学的方法运用于各个领域，以科学性来代替各领域的既有规定性。如果真是将这种方法论运用于法律领域，那么便意味着以科学来代替价值规范的追求，法治实践便"有可能无视人类更为深沉的情感和价值偏好，忽视对社会制度、社会行为背后所潜藏的活生生的人的分析，从而……走上一条自绝于人类的道路"②。显然，这并不是法治建设所希望看到的，也不是"完备的法律规范体系"所追求的，更不是人类现代文明所期许的。更为关键的是，科学知识本身带有强烈的支配意向，即万事万物均接受科学的支配。如果只追求科学化而忽视规范化，只以科学性进行审视而不加以规范价值的衡量，那么便可能会导致价值独断而毁损人类社会引以为傲的多元价值。正是在这种意义上，哈耶克（Hayek）反思道："我日益认识到，那种以唯科学的谬误来摧毁价值的做法，乃是我们这个时代的大悲剧"③。显然，作为对社会价值最重要、最终极的捍卫方式，法治的建设和实践必须充分兼顾规范价值的考量。

---

① 参见周超：《当代西方政策科学方法论的范式转向》，《武汉大学学报》（哲学社会科学版）2005 年第 4 期。

② 胡玉鸿：《围绕法学研究方法的理论争议及其辨析》，《政法论坛》2023 年第 3 期。

③ ［英］弗里德里希·冯·哈耶克：《法律、立法与自由》第 1 卷，邓正来等译，中国大百科全书出版社 2000 年版，第 10 页。

当然，由于是政策科学在法律问题上的具体展开，拉—麦法政策学相较于政策科学的独特性必然也会引人质疑，毕竟两者同根同源。对此，应当看到，虽然拉—麦法政策学与政策科学在研究的视角、功能、方法等要素上完全相同，但研究范式的属性乃是研究对象与视角、功能、方法等要素共同决定的。研究对象不同，尽管研究方法相同，也可能产生不同的研究范式。"在社会背景下导致的学术分工，从本质上讲就是研究对象的分工。"[①]因此，拉—麦法政策学即便"只是"政策科学在法律问题上的展开，也应当基于其研究对象与政策科学的差异而认为其存在一定的独特性。至于与欧陆法政策学、法政治学、法社会学、法经济学、法教义学等范式相比，其独特性则更加明显，无需赘述。

第四节　迈向真正的法政策学

经由上述分析，我们可以得到这样的阶段性结论：尽管当下的两种法政策学乃是法政策学学术传统的延续，但只要我们对法政策学抱有真正学术研究范式的期许，当下的两种法政策学便不能被视为真正的法政策学。由此，进一步的追问显得必要，即应当构建何种真正的法政策学？

一、法政策学的构建路径

虽然欧陆法政策学和拉—麦法政策学存在诸多差别，但两者的共同点也十分明显，即通过学科交叉的方式构建学术研究范式，从而"让法律的学习和研究能够足以应对时代的危机"[②]。两者的差别仅在于学科交叉方式不同。

大体而言，学科交叉主要是研究对象和研究进路的交叉，在逻辑上主

---

① 谢晖：《论法学研究的两种视角》，《法学评论》2022 年第 1 期。

② Myres S. McDougal. Law as a Process of Decision: A Policy-Oriented Approach to Legal Study. *Natural Law Forum* 1 (1956): 53.

要存在"对象 × 对象"(情形 A)"对象 × 进路"(情形 B、C)"进路 × 进路"(情形 D)三种构建路径。但显然,纯粹的"进路 × 进路"交融只是对研究进路的发展,如果不作用于研究对象之上便不足以构成一种研究范式。就此而言,构建交叉学科的路径实际上只有"对象 × 对象""对象 × 进路"两种。

表 5-2　交叉学科的构建路径

	研究对象	研究进路
研究对象	A	B
研究进路	C	D

两种法政策学正是因循这两种路径构建而来。回溯欧陆法政策学的发展历程可以看到,其将自己称为法政策学,主要原因有二:其一,其研究对象之一是法律与政策两个概念融合在一起形成的法(律)政策,根据"研究法(律)政策的学问便是法政策学"的逻辑,其自然是法(律)政策学。其二,其研究对象之二是法律与法律政策的关系,根据"同时研究法律和政策(即研究法律与政策关系)的学问便是法政策学"的逻辑,因为其同时研究法律和政策,自然是法政策学。由此可见,欧陆法政策学正是通过研究对象的交叉融合来构建法政策学,即依照"对象 × 对象"的构建路径。比较之下,拉—麦法政策学将自己视为政策科学在法律研究中的运用,其潜在逻辑是"以政策科学的进路研究法律的学问便是法政策学"。就此而言,拉—麦法政策学体现的乃是研究对象和研究方法互相交融进而构建研究范式的路径,即将此种研究进路投射到彼种研究对象之上,即"对象 × 进路"的构建路径。

表 5-3　既有法政策学的构建路径

	法学研究对象	法学研究进路
政策学研究对象	欧陆法政策学为代表	/
政策学研究进路	拉—麦法政策学为代表	/

当然，交叉学科研究范式的构建并不只是简单的、形式化的要素交融。一方面，纯粹的形式化交融可能会产生不具有学术意义的结果。如前所述，纯粹的"进路 × 进路"交融并不会产生研究范式的革新。另一方面，纯粹的形式化交融还可能产生不具备交叉学科研究范式基本规定性的结果。前文已经揭示，既有的两种法政策学并不能构成真正的法政策学，这意味着尽管既有的学科交融路径是合理的，但构建的结果却有待完善。同时，前述"对象 × 进路"构建路径下的另一种结果不足以产生新的学术研究范式，应当排除在法政策学之外，即在政策研究中运用法学研究进路的情形。传统法学研究进路以规范性研究为主，并具体地表现为对实定法的解释、对应然法的探索等形态。虽然这些研究方法现在已经打下了较为深刻的法学烙印，但却并非政策学研究中不存在的研究方法。事实上，在脱胎于政治学之前，政策学本身便包含规范研究。只是受行为主义革命和科学主义思潮影响，起源于拉斯韦尔的现代政策科学才开始排斥规范研究方法。在此意义上，运用传统法学研究方法研究政策并不会产生某种新的研究范式，不会构成"政策学研究对象 + 法学研究进路"意义上的法政策学。

综合以观，真正法政策学的构建路径实际上包含两个步骤：一是形式化的学科交融，主要表现为"对象 × 对象""对象 × 进路"的学科交融路径。二是实质化的规定性检讨。这主要包括两个方面：一方面，普遍意义上对学科交叉结果的检讨。如上文对"进路 × 进路"是否会产生新的研究范式的检讨。另一方面，在法政策学基本规定性的观照之下，重新审视法学和政策学学科交融的可能结果，并基于合理性和独特性要求对两种法政策学的构成要素加以合理的扬弃。

二、法政策学的基本构想

基于上述法政策学的构建路径，可以构建真正的法政策学：

其一，以法律、法律与法律政策的关系为主要研究对象。无论是在当下学界的认识中，还是历史传统中，法政策学都是一门关于法律的学问。因此，法律毫无疑问是其研究对象之一。同时，作为一门交叉学科，法政策学始终强调以法律与政策的关系为研究对象，这也是"对象 × 对象"构建路径的必然结果。比较之下，法律政策本身不应当被视为法政策学的研究对象。原因在于，法律政策本质上依然是一种政策，而对政策的研究本身应当被归属于政策学。无论是 Politik 政策学传统还是现代政策科学，无论是实证方法还是规范方法，对政策的研究都可以被包含在政策学之中，不足以构成一种新的法政策学。而且，前文已经说明，作为欧陆法政策学一部分的对法律政策的研究并不具备法政策学应当具备的独特性，法教义学、法（政治）哲学、社会学等研究范式便足以实现欧陆法政策学的研究目标。因此，没有必要将法律政策视为法政策学的研究对象。

其二，主要采用一种外部的研究视角。亦即，将法律、法律与政策的关系视为一种现实存在的客观现象并以观察者而非决策者的视角来加以审视。这是对拉—麦法政策学研究视角的继承，也是对欧陆法政策学下法律与政策关系研究视角的转换，因此与欧陆法政策学、法教义学的视角有本质区别。欧陆法政策学和法教义学都将法学研究定位为对某种规范（虽然规范的内容见仁见智）的探索、确立与实践，立足于站在规范体系内部来检讨法律和政策的合规范性，是基于内部视角的观察而带有典型的"规范模糊性（normative-ambiguity）"特征。显然，这无法构成法政策学区别于法教义学的独特性依据。而这也是欧陆法政策学无法构成真正的法政策学的主要原因之一。同时，这种外部视角也与法政策学在法学知识谱系整体中的地位基本相当。在社科法学和教义法学（或法教义学）的二分法中，法政策学被归属于社科法学已经是学界的基本共识。而所谓社科法学，正是"从外部的视角来研究法律制度和法律现象"[①]，通过明晰

---

① 贺欣：《经验地研究法律：基于社会科学的外部视角》，《学术月刊》2021 年第 3 期。

法律的外部制约条件来"完善和改进法律的内部规定"①的研究范式的总和。法律与政策关系的完善和改进，所需要的也正是这种外部视角下的知识资源。毕竟，要构建法律与政策的协调关系，既不能只考虑法律或政策的内部规定性，也不能沉浸在既有关系之中来寻求答案。相反，必须跳出法律和政策的内部规定性，跳出法律与政策的既存关系，在对法律与政策的互动、法律和政策的制约条件等外部因素的考量中寻求答案。

　　其三，将法律视为一种规范体系的同时将其视为一种决策过程，并以法律、法律与法律政策关系的规范化和科学化为功能取向。事实上，前文在检讨既存法政策学的规定性瑕疵时已经说明，法政策学应当同时兼具规范化和科学化的双重功能，从而指引法治实践和推进法学理论。要实现这两种功能，必须确立法律作为规范体系和决策过程的双重属性。具体而言，一方面，尽管法政策学是一种对法律的外部观察，但外部视角的观察不能脱离法律本身的规定性，相反，必须兼顾其规范体系的本质属性。这当然并不意味着应当继续按照欧陆法政策学或法教义学的进路来重复对法律的规范阐释。相反，这意味着一种基于外部视角对作为规范体系的法律的考察，考察规范体系的生成逻辑、基本特征、运行机制等侧面。易言之，法政策学的研究着重于以外部视角考察规范体系如何产生和运作，即在"实然"中是什么；而非基于内部视角来解释规范是什么，即在"应然"中是什么。这将有助于揭示法律这一现实的规范体系与应然的规范体系之间的紧张关系，构成了法律规范化的必要前提。另一方面，法政策学也将法律视为一种决策过程。这是其最重要的独特性所在。正如拉—麦法政策学期望的，在"法律作为决策过程"的基本命题之下，从权力过程、价值过程、私人组织和政策程序等方面研究法律，"人们将能够影响其显而易见的命运，并且朝着一个和平且富足的世界社区中的安全和自由的最

---

① 谢晖：《论法学研究的两种视角》，《法学评论》2022 年第 1 期。

终组织而努力"①。因为只有完成对法律过程的解析，才能描述过往决策的趋势、解释影响决策的变量、预测可能会制定的决策、澄清未来的决策应该是什么，并创造和评估新的规则和制度选择。而也只有完成这些"知识任务"，法学知识才可能解释法律过程的客观规律，才可能真正地实现法律决策的科学化。这也是法政策学与其他法学研究范式最根本的区别：在法教义学看来，法律是一种制度事实②；在法社会学看来，法律是一种社会事实③；在法经济学看来，法律是一种成本—收益的衡量结果④。

其四，以法律决策、法律与法律政策关系的事实样态、深层逻辑、优化路径为主要研究内容。在外部视角的观察下，法政策学倾向于以客观的分析立场来展开研究。故而，法政策学首先便会注重描述法律决策、法律与政策关系的事实样态，通过描述法律决策、法律与政策关系的现实起因、发展过程、最终结果来澄清其事实真相。进而，通过剖析这些事实样态的深层次的原因来揭示法律决策、法律与政策关系的深层逻辑，以揭示法律决策、法律与政策关系的生成机理。这也是拉—麦法政策学的基本构想。但其总体构想基本到此结束。因为其构想的研究是一种"科学"的研究，只研究法律决策的客观规律。但事实上，法政策学的科学化和规范化功能决定了，法政策学不能仅仅停留于对规律的揭示，相反，还必须在此基础上提出法律决策、法律与政策关系的优化路径。这是法治建设实践现实的迫切需要所在，也是理论的真正归宿。更重要的是，法政策学作为一种"政策学"的具体分支，理应为实践提供应对之策。而这正是欧陆法政策学所保留的较好的传统。在这种传统下，法政策学研究不仅是一种对客

---

① Myres S. McDougal. Law as a Process of Decision: A Policy-Oriented Approach to Legal Study. *Natural Law Forum* 1 (1956): 1–53.

② 参见谢晖：《论法学研究的两种视角》，《法学评论》2022 年第 1 期。

③ 陈兴良：《法学知识的演进与分化》，《中国法律评论》2021 年第 4 期。

④ 参见戴昕、张永健：《比例原则还是成本收益分析》，《中外法学》2018 年第 6 期；翟翌、金龙君：《均衡性原则之"权重公式"的反思与重构》，《交大法学》2023 年第 2 期。

观样态的描述，也是一种对应对之策的追寻。事实上，这种研究内容也正是当下部分学者的构想。卢建平教授便在其专著《刑事政策学》一书中指出，应当将刑事政策学定位为决策科学，逐一研究刑事政策制定的模式、影响刑事政策制定的因素、刑事政策的制定程序等范畴，进而寻求我国刑事立法、刑事司法和刑事政策的优化路径。①也正是因此，前文在考察立法过程的议程设置逻辑之后，对立法问题界定、政治互动、立法方案制定都作了一定的规范性探讨。

其五，以实证研究和规范研究为研究方法。在前述研究对象、视角、功能、内容等要素的规定下，法政策学必然需要同时采用实证和规范的研究方法。要描述法律决策、法律与政策关系的客观样态，揭示其深层逻辑，便必须对经验现象加以科学的实证研究。即通过对经验现象的描述、分析，以还原其事实真相进而揭示其深层次的客观规律。这是拉—麦法政策学兴起以来便为自己打下的烙印。为此，分析者强调通过个案的深入分析、多案例的比较分析以及统计学的数据分析来尽可能地把握法律决策的过程和结果。随着晚近以来计量科学、大数据科学以及各类信息处理技术的快速发展，海量个案数据的清洗、汇总、归类、分析成为可能。同时，随机对照实验（Randomized Controlled Trail）、双重差分法（Difference in Differences）等实验或准实验方法也开始得到越来越多的使用。然而，受行为主义革命和"价值中立"观念的深刻影响，拉—麦法政策学在痴迷于"科学化"的同时抛弃了规范研究的方法。但如前所述，"价值中立"命题的合理性瑕疵构成了拉—麦法政策学的规定性瑕疵。而更重要的是，这阻碍了法政策学实现其必须承载的规范化功能。要实现规范化的功能，法政策学必须重拾规范研究的历史传统。当然，这并不意味着法政策学需要与法哲学一样关注法律决策的合法性，也并不意味着需要像法教义学一样阐

---

① 参见卢建平主编：《刑事政策学》（第2版），中国人民大学出版社2013年版，第25页。

释法的实体内容。法政策学的规范研究主要是指对法律决策过程、效果，法律与政策关系的效果进行规范性的分析评价，以及在此基础上对理想的法律决策、法律与政策关系的探讨。故而，法政策学的规范研究与法哲学、法教义学的规范研究存在细微的差别，其规范研究是以实证研究所揭示的事实样态为前提的研究，不仅包含了法规范意义上的规范分析，还包括元规范意义上的规范分析。因此，这种规范研究与实证研究乃是有所关联的。实证研究所揭示的法律决策样态正构成了规范研究的分析前提。甚至，在某些学者看来，这种规范分析本质上就是一种"规范分析中的社会实证"，"能够在法律效果不佳时，提供补救的方案"。① 而这也是欧陆法政策学一直在进行的尝试。概言之，在真正的法政策学中，实证研究与规范研究并不是非此即彼、相互对立的，相反，两者相互关联、有机嵌套，共同构成法政策学的方法支撑。

表 5-4　法政策学的基本构想

	欧陆法政策学	拉一麦法政策学	真正的法政策学
研究对象	法律与法律政策的关系	法律	法律 法律与法律政策的关系
研究视角	规范体系	决策过程	规范体系 / 决策过程
	内部视角	外部视角	外部视角
研究内容	规范内涵	拟解决问题	事实样态
		事实样态	深层逻辑
		行动逻辑	优化路径
研究方法	规范研究为主 实证研究为辅	实证研究为主 规范研究为辅	规范研究 + 实证研究
	法规范、元规范	元规范分析为主	法规范 + 元规范
研究功能	规范化为主	科学化为主	规范化 + 科学化
品格偏向	接近政治学	接近政策学	真正的法政策学

---

① 谢晖：《论规范分析方法》，《中国法学》2009 年第 2 期。

结　语

　　法律有着古老而悠久的历史。无论是我国古代的《法经》，还是古巴比伦王国的《汉谟拉比法典》，都彰显了法律在人类历史上的重要地位。这直接使得以法律为对象的知识体系亦即法学同样有着漫长的发展历史。而发展到今天，以法律规范内涵的阐释为要旨的教义学则逐渐成为最主要的知识范式，教义学被视为法学的核心。诚然，作为一种规范体系，法律主要的存在价值是对事实的裁判，而要完成这一工作，则必须以其尽可能精确的解释为前提。在此意义上，以法律体系为核心对象的法学研究自然会在大多数情况下指向法律体系内涵的阐释及其在面对经验事实时的适用方式。也正是因此，对我国法律的研究在相当大的程度上被等同于对法律的解释。甚至，对我国法律来自哪里、去向何处的追问，也被囊括在解释学或教义学的射程之内。

　　然而，无法回避的事实是，法律本身——尤其是以实定法面貌示人的法律条文——并非一种天然的存在。中国特色社会主义法律体系也是一种人为选择和人工建构的结果。只要实定法相对于自然法的实证性意义不被忽视，这一点便不会被否定。这便引发出一个问题，即仅从条文解释出发便能够真正地理解法律吗？显然，在不少学者看来，答案是肯定的。尤其是，在很多人那里，文义解释被视为位阶最高的解释方法，强调实质解释的刑法立场在形式解释论者的世界里被反复批判，对规范目的的探寻也被认为应当主要依赖于对文义内涵的重构。在法教义学的大纛之下，法的安定性等原则将对中国特色社会主义法律体系的研究牢牢地控制在解释论或教义学的视野之内。比较之下，建构中国特色社会主义法律体系的立法过程——特别是法律条文从无到有的立法过程——却很少得到法学界的关注。

但问题是，这样的研究就足够了吗？

显然并非如此。当前，法教义学所要解释和探寻的内涵核心是立法者的立法目的（或曰"立法者的真实意图"）。特别是，在目的理性的倡导者那里，目的几乎构成了其解释论的基点。因此，法教义学不可避免地需要进行对立法者及其行为的观察。但可惜的是，法教义学的观察和反思都依然停留于以文本形式呈现出来的立法者的意图动态。比较之下，真正鲜活而具体的立法者和立法者行为却被排除在外：立法者这个群体由何种结构组成？作为具体个人的立法者存在何种价值偏好？立法行为在何种背景下发生？立法过程受到何种政治的、社会的、经济的因素驱动？凡此种种，几乎很少受到学界的关注。哪怕是有所涉猎，也仅仅被视为微不足道的、可有可无的研究素材。换句话说，在法教义学的研究中，立法者的目的确实被视为重要的研究对象（甚至是研究的目的），但立法者本身却被排除在条文表达之外。那么，由此得来的目的，到底是立法者的目的，还是解释者的目的？

乍一看来，这种追问或许只是某种玄之又玄的哲学追问。但实际上，这却是一种基于最朴实的事实性思考而产生的疑惑：为什么我们的法学研究在高度重视立法者目的、意图的同时，却几乎很少关注立法者本身？为什么我们的法学研究在高度重视立法结果的同时，却几乎很少关注其建构的过程及其背后的逻辑？个中缘由是多方面的。而从理论上看，这或许与法政策学传统始终没有得到体系性的梳理、整体性的反思密切相关。如前文所述，法政策学既将法律视为一种规范体系，也将法律视为一种决策过程；不仅关注法律的规范内涵，也关注法律决策过程背后的行动逻辑。而更为重要的是，与强调解释的法教义学不同，法政策学强调通过对法律与法律政策关系、法律决策过程的观察，来揭示法律体系的建构逻辑、实施逻辑，进而预测法律活动的发展方向。但可惜的是，由于在合理性和独特性上有所欠缺，法政策学在 21 世纪以来的"学术范式竞争"中败下阵来。随着法教义学席卷中国法学界，法政策学则日益衰落。

以刑法学为例，在 20 世纪后期，传自欧洲大陆的刑事政策学方兴未艾。在这种背景下，关注刑法立法的学术研究并不罕见。然而，随着 21 世纪中德、中日学术交流的快速推进，在刑法教义学的范式传入中国之后，刑事政策学日渐式微。究其原因，如第五章所述，概因来自欧陆的法政策学传统（即 Rechtspolitik）在研究进路上的独特性稀薄。其关注的刑罚的正当性根据（在早期这甚至是刑事政策学的主要内容之一），刑法教义学乃至刑法哲学同样关注；刑事政策学关注刑法拟解决的犯罪问题，犯罪学同样关注这一问题。更重要的是，相较于刑事政策学，规范分析传统更加久远的刑法教义学和刑法哲学在刑罚正当性根据等规范问题上的讨论，以及实证研究能力更加杰出的犯罪学在犯罪问题上的实证分析更加得心应手。受此影响，欧陆传统法政策学的研究进路受到的关注正急剧减少，以之为研究进路的研究正大幅缩水。更为重要的是，此种法政策学传统也并不以刑法决策过程的解析为核心研究导向，刑法依然主要被视为一种规范体系，而非决策过程。与此同时，来自北美的拉斯韦尔—麦克道格尔法政策学传统（Policy-science of law）虽然在国内推动了公共政策学这一学科的快速发展，但在法学领域，却几乎没有得到真正的重视。这既因为传统法学研究始终被视为规范研究而拉—麦传统法政策学重视实证分析，也因为拉斯韦尔和麦克道格尔本身更多被视为政治学者或政策学者而导致其学说在法学界没有得到足够的重视。法政策学在刑事法研究中的境遇代表了其在所有部门法领域中的境遇。尽管 20 世纪晚期以来学者们在法政策学旗号下开展了多种研究，但始终没能形成一定的气候。

当然，这也与中国特色社会主义法律体系已经形成、法学研究迈入"后体系时代"密切相关。但是，正如前文所述，中国特色社会主义法律体系的形成并不意味着"一劳永逸",相反,中国特色社会主义法律体系还面临着紧迫而繁重的完善任务。显然,对中国特色社会主义法律体系的完善不仅需要在教义学或者解释学的意义上反思既有中国特色社会主义法律体系在规范内涵上有待改进之处,还需要通过反思建构中国特色社会主义法律体系的立法过程的议程设置逻辑寻求立法工作的完善路径。在前者已经深受众多学者关注的背景下,后者便显得尤为可贵。本书最初的写作动机便源自于此。在本书看来,对中国特色社会主义法律体系的研究,除了以法教义学的方式来阐释中国特色社会主义法律体系的规范内涵,除了以"目的—手段"判断为核心的(欧陆)法政策学范式来讨论得到某个确定的法律方案,还有必要在"法律是一种决策过程"的理论假设下,通过"真正的法政策"来讨论和解释立法过程的议程设置逻辑。

通过对立法过程(以及更为广义的议程设置、政策过程)相关理论范式和事实样态的比照分析,本书发现,我国立法过程呈现出"多源合一"的总体性特征。其中,立法问题界定是一个社会现象到立法问题的建构过程,既受外部力量的驱动,也受法律体系内部因素的牵制。政治因素则既构成了立法活动的场域,也构成了推动立法的动因。在问题意识和政治因素的影响下,不同的立法方案制定主体基于其不同的动因和论据提出各自的立法方案。在经过反复的碰撞、交融之后,立法方案最终通过立法者的筛选而进入立法程序之中。而在立法的具体过程中,实害指标、严重风险预警、关联法律修改、焦点事件发生、法律实施反馈等机制推动着立法问题的界定,中国共产党对立法工作的领导、人民利益及其情绪表达、关键个人的助力与推动构成了立法过程的政治动因,情感与利益、经验与知识则构成了不同主体制定立法方案的逻辑原点。只有在明晰立法过程中的这些事实样态,才能构建立法问题界定的理想图景、政治动因影响立法的良性机制,才能提高立法方案通过筛选的可能性。易言之,只有对立法过程的议程设置逻辑进行事实性还原,才能更好地探寻进一步完善中国特色社会主义法律体系的有效、合理路径。

附　录：作为决策过程的法律：
一种政策导向的法学研究进路*

麦克道格尔　著　杨　军　译**

摘　要：要使法律的学习和研究足以应对时代危机，便需要提倡一种作为决策过程的法律概念。这种概念意味着对法律决策过程的理性研究，包含着五个方面的知识任务，即描述过往决策的趋势、解释影响决策的变量、预测可能制定的决策、澄清应有的决策、创造和评估新的规则和制度选择。对于执行这些知识任务，尽管不少法理学学派作出了努力，但传统法律理论的意义依然有限。这要求建立一个新的指导性框架来研究法律决策过程，即政策导向的法学研究进路。这种研究进路的主要特征是，谨慎地区分超然的观察者和决策者的视角，以摆脱规范神话规范模糊性和互补性的混乱，将法律视为一种决策过程，并从权力过程、价值过程、私人组

---

　　*　这篇文章是 1955 年秋耶鲁大学法学院的教师们为入学新生所作的迎新系列讲座的一个部分。本文之所以被发表在《自然法论坛》，是因为本文强调所有的权威决策都涉及对各种备选价值的创造性选择。而当决策被视为价值廓清和抉择过程时，本论坛在更广意义上讨论的所有观点都与此有关。

　　**　麦克道格尔（Myres S. McDougal，1906—1998），耶鲁大学教授。杨军，复旦大学马克思主义研究院青年副研究员。本文原标题为 *Law as a Process of Decision: A Policy-Oriented Approach to Legal Study*，发表于 *Natural Law Forum* 1956 年第 1 期。翻译已获得授权。摘要和关键词为译者所加。此为译者注。

织和政策程序等方面研究法律。

关键词：决策过程；政策导向；法学研究进路；知识任务；规范模糊性

如果我们致力于探究某些基本原理，可以发现，那些刚开始学习法律、正在学习法律或正在变为老手的人，都对实现这样的构想具有共同的、持续的责任：让法律的学习和研究足以应对我们这个时代的危机。

为了找到合适的视角，让我们首先花一点时间思考法律职业的社会角色。大概对法律人特殊角色最好的概括是，他是一个能特别熟练地运用权威语言和权威程序影响决策的专家。一些年轻的法学生因此追随他们的前辈成为政府官员，以权威的社会期待或者背后的社会压力之名制定决策。例如，他们可能成为参议员、国会议员、州长、市长、法官、市参议员、州议员、联邦代表等。其他的人则可能成为在大大小小的事务中谋求这些决策的个人和团体的顾问或律师。他们可能成为私人商业联盟、工会、教会和学校、政党和压力团体，以及我们有组织的社会生活的所有机构的顾问。十五年前，拉斯韦尔（Lasswell）教授和我如此总结：

> 应该无需强调，今天的法律人，即使本身不是政策的"制定者"，也是我们社会中每一个负责任的政策制定者不可或缺的顾问——无论我们谈论的是政府部门或机构，公司或工会的主管，贸易或其他私人团体的秘书，甚至是谦卑的独立企业家或专业人士。毫无疑问，法律职业的成员们对这个国家的公共生活所施加的直接或者间接影响很难言过其实。无论是好是坏，我们的决策者和我们的法律人都以一种依赖或者同质的关系而被捆绑在一起。①

---

① Lasswell and McDougal, Legal Education and Public Policy: Professional Training in the Public Interest, 52 YALE L. J. 203, 208–09 (1943).

法律人对塑造和共享社区所有价值的巨大影响是很难简单描述的。我们对这种影响的责任是一个专业群体对社会的责任，社会为此提供了特别长时间的培育和训练，以让我们获得对于负责任领导而必需的技能和信息。

从我们职业的社会角色这个角度看，现在应该将注意力转到探索适合法律学习和研究的重要概念上来。为了使这一探索具有条理性，我将从以下四个主要方面组织我的观点：

其一，作为一种符合社会期待的决策过程的法律概念。

其二，理性研究决策不可缺少的知识任务。

其三，传统法律理论对于执行这些知识任务的有限意义。

其四，也是最后的，新兴的政策导向的法律研究进路的主要特点。

I

我们从第一个问题开始，即对符合理性研究的法律概念的甄别。如何构思我们的主要关注点可能会决定性地影响我们如何构建研究的每个部分，以及我们对研究的智力工具的选择。

尽管美国法律现实主义者对法律进行了种种批判，但在这个国家以及事实上在世界的大多数地方，法律的概念都是指一系列的规则。因此，在最近出版的哥伦比亚大学帕特森（Patterson）教授的法理学系统专著中，经过对先前大体上可比较的定义的 150 页的分析和批判，我们得出了这样的结论：

> 因此，法律是一种具有国家权威的规范，按照最高政治主权规定的方式并在其限制范围内行事。①

当然，这个概念构成了英美国家法学院课程的整体组织和大多数特定

---

① Patterson, Jurisprudence 159 (1953).

课程的具体模式的基础。这些课程的组织原则在很大程度上是法律技术性的，伴随着据称是根据高度模糊性的、重复和矛盾的权威神话概念而作出的特定主体的界分与安排。这种概念不仅仅是狭隘的目光短浅。维辛斯基（Vyshinsky）先生的定义是不清楚的。他将"法律"定义为"（a）体现统治阶级意志和建立法律秩序的行为规则，与（b）国家确认的社会生活的习惯和规则的总和"；将"苏维埃法律"定义为"由劳动人民的权威和他们的意志表达所建立的，以立法形式表现的行为规范的总和"。[1] 同样，无论在何种书籍中，在何种语言中，人们都可以找到国际法的概念——一种超越特定国家界限的法律——人们通常会发现的定义是，一种在国家互动中治理国家间关系的"规则体系"。[2]

然而，因为美国法律现实主义者和其他人提出来的批评，近几十年来越来越多的人认识到，这种传统的法律概念留下了太多难题。而这些难题要么无人提出，要么无人回答。"国家"和"最高政治主权"都必须通过普通人才能采取行动。而在决定哪些规则和程序具有权威性和控制性的问题上，不同的观察者在特定背景下的理解都会有所不同。对我们法学生而言，最重要的普遍性问题是：一个人如何识别权威性和控制性的规则？具体而言，在某一特定的社会中，谁制定了什么规则，基于何种价值而制定？为谁而制定？以及通过何种程序而制定？谁向这些权威的决策者提供着有效的建议？基于何种信息，通过谁和何种程序实现的？谁，如何获得授权，得以为了谁、在什么场合而援用何种方案？谁，为了推行什么政策，而通过何种程序对谁提出了何种方案？当对策不再服务于社会目的时，谁来评估并终止对策？环境和决策者倾向中的哪些因素会影响上述各种类型的决策？社区过程、文化、阶级、个性、技能、从属关系、危机等对决策者的期望有什么影响？特定环境下的决策者基于改善何种个人和群

---

[1] Vyshinsky, The Law of the Soviet State 50 (1948).

[2] 例子可参见 McDougal, *International Law, Power and Policy; A Contemporary Conception*, 82 Recueil des Cours 137 (Hague Academy of International Law 1953)。

体的何种价值定位的何种期望，而选择备选方案投入行动?

这些问题只是职业法律人和法学研究者连续不断且不可避免地面对的许多同类难题中的几个。从这些问题出发，即使没有问题的答案，我们也应该清楚地认识到：总的来说，作为法学生的我们应该关心的不仅仅是一系列的规则，而是整个决策的过程，而且是一个发生于整个更大的社会过程这一背景中的、作为回应的过程。

也许，要阐明这一新兴的作为决策过程的法律概念，最简单的办法是从社会过程的背景开始。这个背景代表着决策回应的事项、限制决策的事项，以及决策影响的事项。这里的社会过程一般指的是，人类个体在许多不同程度的、综合性的从地方、区域到国家和全球的特定社区中相互交流相互影响的过程。在人类学家的视角下可以看到，人类个体在这些社区中以及更小的社区中以有组织或无组织的形式进行互动。有些时候这些个体通过民族国家的形式行事或者在其中发挥组织作用，但在另一些时候，他可能在国际政府组织或者政党、压力集团、各种私人协会，例如教堂、教育机构和商业协会中发挥作用并施加影响。有时一个特别天才的人可能看起来表现得完全不同，会为了他自己的目的在许多不同的机构和不同的社区中扮演不同的角色。个人在这些互动中所追求的价值可以涵盖人类的全部需求。拉斯韦尔教授和我将这些价值分为权力、财富、智慧、尊重、幸福、技能、公正、情感[①]；不过，任何其他的能够为人类具体需求提供指南的分类方法也同样适用。个人及其群体可以用来作为影响特定交往结果的权力基础的价值观，可以涵盖同样广泛的范围。个人及其群体为影响结果而采取的特别策略或做法包括通常被描述为外交（协议、交易）、意识形态（与大众交流）、经济（操纵货物和服务），以及军事（雇佣武装部队）的所有内容；这些做法显然可以许多不同的形式结合起来，包括从最

[①]　Lasswell and McDougal, Legal Education and Public Policy: Professional Training in the Public Interest, 52 YALE L. J. 203, 208–09 (1943). 对这个问题的全面阐释见 Lasswell and Kaplan, Power and Society (1950)。

大程度的说服到最大程度的强制。这些特定交往方式对参与者和其他人的价值的影响可能扩展到少数或者多数不同的社区的少数或者多数人。此外，在任何特定互动中，参与者的观点都包括不同程度的现实主义期望，即作出的任何决定都将在从最小程度到最大程度的不同程度上尊重社会权威政策。

在交往中，各方的观点都包含根据权威的社区决策进行自我决策的期望。现在让我们更仔细地看看这些交往。某些社会过程的参与者已经剥夺或者威胁将要剥夺其他参与者所主张的价值，而有威胁的或受威胁的一组或两组参与者可能会诉诸社区的权威程序以促进或者阻止这种剥夺。在这种权威过程中，人们可以观察到正在执行的各种各样的政策功能。许多不同的官员和有效控制群体的代表都不断地搜集和散布信息或者情报，以启发权威的政策制定者和应用者，并不断地向这些政策制定者和应用者推荐具体的政策。还有其他的官员以及有效的参与者，承担着推动运用一般政策以解决具体争议的职能。民族国家和国际政府组织的官员不断地对这些要求作出回应，并且通过很多不同的程序来让一般政策适用于具体争议的解决。同样还是通过不同的程序，有效控制群体的官员和代表持续不断地对已经过时的政策进行评估并使其终止。这里被描述为情报服务、建议、规定、援引、应用、评估以及终止的权威程序，在更传统的语境中被描述为立法、司法、执法和行政；然而，后一种术语的普遍使用在表述从职能到机构再回到职能时发生了变化和混淆，因此一些新的术语显得更加可取。

根据社区期望和权威程序而作出的决策和其他的决策之间的区别，现在可以帮助我们澄清和明晰我们提倡的法律概念。如果严重的剥削或者剥削的威胁被组织起来成为决策时的要求或者选择，而没有考虑社区的权威方案，这种决策就不是法律，而是赤裸裸的权力或非法胁迫。另一方面，当有效的权力不被权威所掌握，依照社区方案进行决策的期待缺少现实性，这种权威就不是法律而是幻觉。因此，我们所提倡的法律概念是权威与有效控制相结合的过程，其中，决策既是权威的也是控制性的。只有当我们聚焦于这种明确兼具权威和控制的模型，我们才能得到一种法律概念，以引导和促进我们时代所需要的研究类型和研究范围。

II

我们的下一个要点需要一个清单，以逐项列出我们认为对决策的理性研究不可或缺的知识任务。

学生研究决策时可能开展的知识任务中，那些最有助于适当手段的有效计算以达到明确目的的，可以最简洁地分类如下：

第一，人们可能会试图描述过往决策的趋势。从趋势的角度进行描述将使跨越时间和社会边界的比较成为可能，因此，这种描述必须超越对案卷等记载的传闻特征的报告，而对决策所回应的事件（价值改变）以及对决策产生影响的价值进行仔细分类。

第二，人们可能会通过科学研究来解释影响决策的变量。这样的研究要有结果，显然必须超越对可能被援引和应用于考虑大范围环境和倾向因素的技术路线的探讨，而包括当事各方提出的事实主张，争论的政策构想，以及决策者的态度、阶级、技能、个性和隶属关系等。

第三，人们可能会将模型投射到未来，预测可能会制定的决策。在得到条件变量的科学知识和对背景理解的恰当限定后，这种对未来的预料不至于被对过去的头脑简单的推断所毁损。

第四，人们可能会在决策的意义上澄清社区政策，并说明未来的决策应该是什么。这种澄清既可以包括其他人所寻求的政策方案，也可以包括某个因背景知识限制的特定偏好而提出的建议。

第五个也是最后的任务是，创造和评估新的规则和制度选择，以更有效地推进政策的准确化。

当然，这并不是我们在假装这些知识任务的详细分类有什么惊人的新奇之处。法学学者和法律实务人员一直都在执行这些任务，虽然他们意识到这一点的程度有所不同，执行效果有所差异。我们的观点仅仅是，通过最谨慎地构建指导性理论和更加系统地运用当代世界的知识资源，这些任务的执行将可以得到极大的改善，从而使我们所有社区获得政策上的巨大优势。

III

我们的第三个要点与传统法律理论执行这些不可或缺知识任务的有限意义有关。

传统法律理论的语言，在开始陷入混乱时，通常无法甚至有些时候明确拒绝区分超然的观察者和决策者之间截然不同的视角。这便无法将探究决策所必需的理论与决策者在决策时所运用的权威神话区分开来。因此，这些理论都过度地强调了政策的应用功能，而相对地忽略了其他的重要功能。而且，进一步地，他们将自己表现为由高度模糊且经常相互重复或者矛盾的文字表达，也就是说由一对对互补的对立面所构成。

这种传统法律理论特有的模糊性，我们在其他地方将其称为"规范模糊性"。[1]我们的意思是，这种理论试图在一个单一且混乱的表述中完成多种知识任务。因此，一般的法律规则和概念试图同时描述决策者过去做了什么，预测他们将在未来做什么，并规定他们应该做什么。在这种尝试性的描述中，这些权威的词语通常不加选择地指涉决策者所回应的事实，在决策者之前被援引的政策，以及决策者所想要预测或者证明的特定反应。在更早的构想中，我们这样描述这种模糊性：

请考虑一下，由正在详细阐述某个案例的法学教师、一位与客户正在争论的法律顾问，或者一位正在法庭上发言的辩护律师所提出的这样一句话："这就是法律（后面跟着一个'学说'的陈述）。"这句

---

① Lasswell and McDougal, Legal Education and Public Policy: Professional Training in the Public Interest, 52 YALE L. J. 203, 267 (1943).

话可能被视为源自官方发言人（权威当局）已有陈述的总结。它也可能被用于指未来的事件，预测某些权威人士可能会说的内容（即使人们对他过去说的内容有所怀疑）；或者它可能被解释为教授、顾问、辩护人的一种偏好性声明——一种尽管权威官员（之前或之后）不同意但说话者认为法律应该是什么样子的声明。如果用最后这句话来解释，说话者可能宣称他被误解了，因为他没有使用明确表达偏好的词语；然而，听者可能会相信说话者将自己的想法暴露出来，因为很多说话者在实践中当他们倾向于法律是如此如此时——就他们说的可能遭受质疑的内容而言——确实会说"法律如此如此"。在某些情况下，这句话超越了简单的偏好，变成了一种意志，以尽一切可能让"应该"被接受为"是"。

因此，如果我们只从"法律"的表面价值来看这句话，我们就会发现他的模糊性。我们将其称为"规范模糊性"是因为使用了"法律"这个词，而法律是一个指涉规范的词。尽管我们完全不清楚这个讨论中的规范是否只属于说话者，它是否被说话者分享给其他人，或者是否虽然是他人的规范，但不是说话者的规范。[1]

也许一个来自著名案例的例证可以说明我们想要描述的混乱。在匹兹堡体育公司诉 KQV 广播公司一案中[2]，被告承认它转播了棒球比赛的报道和叙述。而且，它从观察员那里获得新闻，这些观察员被安排在球场外高处的有利位置，他们可以从那里看到整个围墙里进行的比赛。原告是球队和球场的所有者，以及这些所有者的所谓"独家转播权"的受让人。他们寻求禁令以限制被告的转播。法院作出了有利于原告的判决，并以被告的行为"侵犯了原告的财产权"为理由下达了禁令。

---

[1]　Lasswell and McDougal, Legal Education and Public Policy: Professional Training in the Public Interest, 52 YALE L. J. 203, 266–67 (1943).

[2]　24 F. Supp. 490 (W. D. Pa. 1938).

在第一年的财产法课程上，老师们在提出一个事实类似但结果相反的澳大利亚案件①后，可能会提出这样的问题来迷惑学生：是因为原告拥有财产权才获胜，还是因为他们获胜才拥有财产权。在信用交易课程中，老师们肯定会问抵押权人是因为他拥有所有权而立刻获得占有，还是因为获得了占有而获得了所有权；抵押权人是因为只有留置权而被拒绝占有，还是因为被拒绝占有而仅有留置权；保证人是因为抗辩是真实的而被允许建立对委托人的抗辩，还是因为保证人被允许设立抗辩而抗辩才是真实的；保证人是因为抗辩是个人的而被拒绝，还是因为保证人被拒绝了所以抗辩是个人的。类似地，在遗产课程中，老师们可能会问，是受赠者因为存在一个"法定信托"所以得到已故捐赠者留在他保险箱里的债券，还是因为……而存在一个法定信托等诸如此类的问题。自然，所有这些问题的要点都是规范模糊性的要点。

概念的规范模糊性和规则的互补性或两极性的作用无所不在。这既可以在最基础和最高级的超出神话的所有重要领域的抽象概念中得到证明，也可以在特定领域的具体概念中得到证明。不过，简短的、发人深省的说明就足够了。

首先，让我们注意一些基本术语和某些高级的抽象概念。权利是一种具有法定强制性的主张；义务是它的相关面，无权是它的对立面。特权是一种对抗他人行为的法定自由；无权是它的相关面，义务是他的对立面。权力是一种改变法律关系的能力，责任能力是它的相关面，无能力是它的对立面。豁免是一种不改变法律关系的自由，无能力是它的相关面，责任能力是它的对立面。利益包括各种各样的权利、特权、权力和豁免。所有者拥有一个或者多个利益。财产是受法律保护的利益。合同是有法定强制性的协议。侵权行为是一种可起诉的错误行为。犯罪是应受惩罚的

---

① Victoria Park Racing and Recreation Co., Ltd. v. Taylor，43 Arg. L. R. 597 (High Ct. of Australia 1937).

罪等。①

　　接下来，我们可以注意到具体的神话在几个重要领域中互相补充又相互对立的特点。② 在国际公法中，相应的"国际法主体"（国家、国际政府组织）与"非主体"（个人、私人协会、政党、压力组织）相对；"主权""独立""国内管辖权"等与"国际影响""世界秩序"相对；侵略战争对应自我防卫；军事需要对应人道主义；报复对应比例原则；条约必须遵守原则（*pacta sunt servanda*）对应情势变更原则（*rebus sic stantibus*）；"公海自由"对应"毗邻区"和"领海"；"政府"变化对应"国家"变化等。类似地，在所谓国际私法中人们能够注意到至少四个不同层面的互补性。相对于民族国家对管辖权、政策制定和实施权力的最初主张，依照"主权"得出的解释可能会与依照"国籍"或"被动人格"或"利益保护"或"普遍性"得出的解释相左。当相互包容的民族国家相互尊重时，"豁免"或者"国家行为"可以反驳以上所有的理由。此外，在国家立法行为的概念中，法律的选择方案是如此丰富，以至于不仅只有两种而是有多种可能的选择。一旦法律的选择得以确定，决策者最终就要面对政治实体所选择的所有民族国家神话。宪法提供了相似的选择：被授予的权力（来自战争、商业、协议等）与被施加的限制（权利法案、具体禁令）是相匹配的；没有被授予给中央政府的权力可能被各省所保留，并伴随着没有确定的授权和保留；权力也可能被划分为不明确的行政、立法和司法类型，试图平衡制约各方。在私法领域，"合同"的存在与欺诈、错误、胁迫、缺乏对价、履行不能等抗辩理由相对立；"侵权"的存在与风险承担、共同过失、特权等抗辩理由相对立；"犯罪"的存在则与法令行为、行为能力、意图、自卫、错误等抗辩理由相对立。凡此种种。

---

　　① 需要注意的是，这些常见的定义都假设了争论中相关问题的答案。

　　② Gardozo, The Paradoxes of Legal Science（1928）在一个广阔的领域中提供了经典的阐释。

我们的意图并不是通过所有这些对权威神话的规范模糊性和互补性的强调，来说明这种神话不会影响决策。相反，由于所有我们权威的和（或者）有支配力的决策者最基本的需求、认同和期望，都是在我们法学院的帮助下根据神话所组织和制造的，它很可能会对决策产生重要的影响。我们所断言的是，对这个神话的探究既不足以确定这些影响是什么，也不足以完成其他相关的知识任务，不应与完善的理论相互混淆。权威神话的语言不适合描述性的任务，因为它不澄清和区分促成决策的事件、影响决策的变量，或者决策的效果。类似地，这种语言不适合预测性的任务，因为它既不能控制选择，也不能给选择提供明确的指引。这种逻辑演练、演绎和归纳的理性限度，在已故的奥利芬特（Oliphant）教授那里用最精准的语言得到了描述。他在总结我们通过强调互补性而提出的观点时这样写道：

> 经过反思，必须清楚的是，对于任何有两个群体存在利益冲突的情况，总是可以得到冲突的两个主要前提，即一个体现一套利益，另一个体现另一套利益。每个群体都拥有自己的拥护者，负责把自己的利益认真阐述成一般的命题。我们的新案例全部包括这种利益冲突。①

在勾勒那些试图摆脱先前案例归纳出的原则的控制的人所面临的困境时，他补充说：

> 如果这样"归纳"的原则没有超过先前案例总结出来的原则的总和，它明显不会也不可能包括待决定的案件，即一个假设新的且未被

---

① Oliphant and Hewitt, Introduction to Rueff, From the Physical to the Social Sciences xv (1929).

决定的案件。因此，它不能构成仅由先前案件所概括而来的任何部分。如果它不包括待决案件，它就没有权力创造和决定对它的裁决。如果它被认为包括待决定的案件，它所假定的事情就正是应该被决定的事情。①

最后，权威神话的语言不足以有效地执行政策任务。因为大多数情况下，它与受决策影响的价值没有明确和清楚的关联。正如博登海默（Bodenheimer）教授已经准确指出的那样，"法律"是一种"制度"，它试图"解决社会生活中固有的紧张和冲突，不是通过随意的武力、暴力或者恐怖，而是通过对个人或群体诉求进行合理的、和平的调整"，它"包含了某种在很大程度上与人类文明本身的价值相一致的价值"。②无论权威的决策者知道与否，他的每一个决定都制定着社区政策。当被决策影响的价值不够明确或较为混乱时，非理性决策的可能便会相应适当地增加。幸运的是，决策中的创造性既不可避免也值得拥有。③

当然，有很多法理学学派试图解决我们所描述的困难。④分析学派适当地强调了社会制裁和理性使用逻辑的重要性，但他没有逃脱规范模糊性的困扰，也没能将注意力集中于影响决策的诸多重要变量。而且，在最近的表现中，正如凯尔森（Kelsen）和他的信徒一样，这一学派试图徒劳地把神话与权力和其他社会过程相分离。⑤历史学派通过开创趋势思维，恰

---

①　Oliphant and Hewitt, Introduction to Rueff, From the Physical to the Social Sciences xv (1929), p. 19.

②　Bodenheimer, Jurisprudence vii (1940).

③　Lasswell, Current Studies of the Decision Process: Automation Vers Creativity, 8 Western Political Quarterly 381 (1955); Levi, An Introduction To Leoal Reason- Io (1948).

④　研究可参见 Jones, Historical Introduction To The Theory Of Law (1940) And Stone, The Province And Function Of Law (1946)。

⑤　这一学派在哈特《法理学的定义与理论》一书中的最新表述代表了对传统语言的有限脱离。参见 Hart, *Definition and Theory in Jurisprudence*, 70 L. Q. REV. 37 (1954)。

当地强调了研究条件和社会背景定位的重要性。但它没有采用科学的思维模式。它在研究中引入了神秘主义、形而上学和宿命论的观念，而几乎没有考虑其他选择。哲理学派强调了目标思维和价值关联，但是由于过度依赖派生思维模式而过多地陷入了更高层次的抽象概念。社会学派既强调目标和条件又强调社会概念，并且采用了科学的思维模式；但是它几乎没有提供执行多种其他知识任务的技术，也没有将具体目标和更具有包容性的价值区分联系起来。法律现实主义学派拒绝过度强调权威神话的技术方案，对于目标和科学思维有着强烈的需求；但是它依赖于不完善的科学方法，没有采用思维的发展模式，既没能建立决策过程或者社区过程的综合模型，也没有将被要求的具体目标与自由社会的全面偏好联系起来。

我们的时代需要的是一个新的指导性理论框架。它将建立在已有成功的基础之上并对其加以综合，同时避免疏忽与失败。

IV

这就引出了我们的第四个，也是最后一个要点，即新兴的政策导向的法律研究路径的主要特征。①

当然，理性强调政策的法律研究路径的首要目标必须是，通过谨慎地区分超然的观察者和决策者的视角，从所有需要被调查的现象中，摆脱规范神话的规范模糊性和互补性的混乱，并形成一个综合性的理论框架，以包含权威决定以及使其具有权威性的神话，并将其置于具体的背景

---

① 强调对于决策的政策定向研究路径的意义大概在其他领域比在法律研究中更显著。增长中的文献可以参见 The Policy Sciences (Lerner And Lasswell Ed. 1951). See Also Easton, The Political System (1953) ; Snyder And Furniss, American Foreign Policy (1954); Simon, Administrative Behavior (1947); Barnard, The Functions Of The Executive (1946); Bross, Design For Decision (1953); Edwards, The Theory Of Decision-Making, 2 Psychological Bulletin 380 (1954).

之中。①

不妨回顾一下，我们认为"法律"一词最准确的参照，是权威和控制性决策的过程。这个过程发生在社会进程的背景之下，由各种各样的特别社会过程所组成。决策时对那些最好可以描述为社会过程中价值变化的突发事件的回应，受到他们所发生的特定社会过程中多种不同变量的制约，并反过来持续性地影响着这些过程。因此，足以推动完成多种知识任务的综合性指导理论，必须以一种谈论社会过程的语言开始。这种语言既能抽象到最高程度，又能进行最细微的提炼。

我们提出的对特定社会过程最高程度的抽象可以被描述为，参与者致力于通过将制度应用于资源的方式来追求价值。所谓"价值"，我们指的是人与人之间被需要的关系，如前所述，我们主张按照权力、尊重、智慧、财富、幸福、技能、情感和公正这八个名目进行分类。不过，如果在选项构想中提供足够精确的操作指标以实现参考时的等价转换，那么具体的分类和名目的数量就不重要了。所谓"制度"，我们指的是追求价值的具体实践模式。这些可以被描述为所有相关的形式，例如，对说服和胁迫的不同强调，援引和应用权力的不同基础，不同的受众等。② 为了实现决策的理性研究不可缺少的事实性导向这一目标，每种特定的价值过程都可以在必要的精细程度上加以描述，用过程的参与者（个人、专门研究该价值的群体、专门研究其他价值但对该价值有间接影响的群体）、价值攸关的互动环境、不同参与者在这种环境中施加的影响结果的权力基础、参与

---

① 关于这种视角基本区别的必要性，有一段有趣的陈述可见 Arnold, Institute Priests and Yale Observers-A Reply to Dean Goodrich, 84 U. PA. L. MaY. 811 (1936)。这是观察者和决策者视角混淆的延续，是不同知识任务之间差异混淆的延续，使得富勒教授在 American Legal Philosophy at Mid. Century, 6 J. LEGAL ED. 457, 470, 471 n. 25 (1954) 的非难显得无关痛痒。

② 对当代起源的简要考察可参见 Northrop, Ethical Relativ- ism in the Light of Recent Legal Science, 52 JOURNAL f, 5FPHILOSOPHY 649 (1955)。

者在说服和威胁或其他形式中采取的特定实践，以及特定互动结果对各种参与者或其他人的价值的影响加以表示。因此，任何社会过程的整体，无论是世界的还是更小的社会，都可以用一系列相互关联的价值过程来加以描述：权力过程、尊重过程、智慧过程、财富过程等，权力过程（包括权威和控制）受到其他社会过程的影响并反过来影响其他社会过程。

为了详细描述权力过程，即理解我们主要关注的权威和控制性决策的过程，我们提倡的分析模式只是一个同样适用于其他社会过程的一般研究框架。我们的建议是，权力不是像世界舞台上一些评论员所想象的那样仅仅是赤裸裸的力量，而是人与人之间的一种强制性关系。在这种关系中，一些人能够通过严重剥夺的威胁或者高度包容的承诺，去为其他人作出并实施影响价值分配的选择。从这个角度看，对权力过程（或者甚至是单个决策）的全面描述必须延伸到互动参与者（政府官员、政党、压力团体、专门追求权力以外价值的私人协会、私人个人），希望决策发生的环境或场域（政府、非政府），参与者预先以其需求（对人、资源、价值观、制度的控制）为前提的特定权力基础，参与者在管理基本价值（外交、意识形态、经济、军事；情报、建议、规定、实施、应用、评价和终止）时的特定实践，最后延伸到对参与者和其他人在价值定位、潜力、期望上的决策影响，包括参与者和场域所构成的任意总体的变化。

以这些宽泛的术语开始描述社会和权力过程，将使对任意特定决策和决策流程（包括突发事件、条件变量和影响）的描述成为可能。这种描述还伴随着执行多种知识任务时可能需要的任意范围的综合度和任意范围的精细度。显然，描述所达到的综合度和精细度越高，知识任务的完成越高效；但是，即使通过提出相关的问题并持续把注意力的焦点放在突发事件、条件变量（包括法律技术）、权威反应和反应效果上，政策目标的实现也可能远远不够完美。如上所述，这个一般研究框架旨在能够同等地适用于我们所感兴趣的所有社区：世界、区域、半球、国家、州、都市和地方。

在这种综合性指导理论的框架内，政策导向研究的下一个和主要目标当然必须是假设和阐明政策，并将所有既定的智力工具用于研究政策中得到最有效执行的特定决策。

我们所提倡的假设价值在今天通常被描述为在一个自由和富足社会中的人类尊严。那些明确致力于这些价值的学生只是将他们自己置于我们这个时代日益增长的共同需求和期望的主流之中。两个多世纪以来，尽管存在封建残余和极权主义的逆流，世界舞台也持续表现出日益团结，以及对更多的生产和更广泛地分享我们所提到的权力、尊严、智慧、财富、幸福、技能、情感和公正这些价值日益强烈的要求。这些要求的强度和频率体现在各种各样国际的和国内的权威构想和事实主张之中，例如《联合国宪章》、《世界人权宣言》、提议中的人权公约、区域协定和项目、大量关于已有的和提议中的在特定实用问题上的国际协定、国家宪法（新的或旧的）、政党纲领、压力团体和私人协会项目等。尽管所有这些要求都表现为不同的文化和制度形式，尽管他们通常被资料所证明，经验的或反经验的，宗教、自然法、科学、形而上学、历史、常识[①]等，但他们坚持人类之间基本关系民主化的总体趋势是毋庸置疑的。[②]

然而，也许需要强调的是，在研究权威决策时，澄清服务政策目标的价值必须超越纯粹的重复援引诸如"正义"或"维护公共秩序"甚至"人类尊严"等极为模糊的符号，以及依然从这些符号更宽泛的偏好和阐释所得到的这些符号的派生，而达到具体决策在特定背景中短期和长期社会利益的具体关系这一层面。执行这项知识任务不用要求学生盲猜和适应社会需求和期待，也不用要求他个人偏好的任意投射。相反，这一行动需要训练有素地、情境性地运用上面罗列的思维技巧。在任何具体情况下，详细阐释价值必须与其他技能的仔细运用同时进行，并就观察下的决策提出以

[①]　对分析模式更深的阐释参见 Lasswell and Kaplan, Power and Society (1950)。

[②]　Mannheim, Man And Society In An Aoe Of Reconstruction (1940).

下问题：在特定决策者回应特定紧急事件时，什么社会价值受到了威胁？先前的决策者寻求并实施了哪些详细的政策？什么因素影响了他们的回应和完成的程度？这些因素和其他因素在未来可能产生什么影响？这种情况下，对于共享权力、共享尊重、共享智慧等，可以给出什么行得通的、具有操作性的指标，用于决策中对备选方案的评估？决策中哪个选择可以提供最有利于长期目标的短期进展？我们建议，只有通过将倾向政策的试探性构想系统性地暴露在已有决策、条件因素和未来可能性的具体背景下，学生的建议才有可能既不是盲目的也不是随意的，而是为促进他所致力于的最重要价值所进行的理性构想。

V

我们提倡的可用于任何特定问题的分析模式可以在财产法领域中得到例证。在财富代代相传作为过程的一部分的社会中，捐赠者常常想要监管他们以"死手控制"（也有人译为"由死者控制"，译者注）的各种形式传递的财富或资源的未来使用。在当代法学院的课程体系中，这种由捐赠者的努力而引发的问题在课程中主要被视为"未来利益"或者"占有权益"，其中，课程组织的主要焦点被称作"恢复可能性""进入权""继承权""有待继承权""将来有效权益""财产处理权"等深奥的专门术语。相反，我们提倡的是，研究应该伴随着社会互动事实中的一个明确方向。我们在其他地方将这些事实的主要轮廓总结为：

> 捐赠者寻求控制的目标不仅包括对财富的影响，还包括对所有其他价值的影响。财富目标既包括照顾受抚养人和继承人，也包括各种各样的商业目的。就其他价值而言，目标既包括社会目标（教育发展、宗教进步、治理改善、贫苦减少、健康或爱国主义的提升等），也包括个人目标（防止特定人实施特定行为，例如结婚、离婚或者赌博；或者确保特定人实施特定行为，例如看守墓碑、宠物或者房子）。

所寻求的控制模式则包括将特定资源或者一项基金分配给特定的目标，或者将一项基金永远或者长时间分配于特定目标，在预期事件发生时从某些人或者目标转移给其他的人或目标，只在预期事件发生时才确定受益人，限制收入或者本金的预期，限制特定资源的转让，规定收入积累和限制管理权力。财富受控制的形式可能因土地和基金而有各种不同的形式。所建立的对控制的管理可能包括也可能不包括有权获益的人。表达意图的方式可以是"法定的"或者"衡平法上的"财产形式，简单的协议、公司章程或者其他的类似物。当然，受影响财富的数量千差万别，转让者和受让者在价值和制度地位上也有很大差异，因而影响社区价值观的能力也不相同。①

伴随着事实上的这种尝试死手控制的导向，学生可以继续检验社区强制过去是如何在特定争论中对这些努力施加影响的。为了强化政策区别，除了观察上述事实的所有相关变化以外，学生还可以进一步将特定争议区分在不同的争议当事人和不同社区功能的标题之下，例如确保意图、确定特定意图的政策限制、践行承诺、保护不受第三方影响、履行收益转移、构建模糊表达意图、终止过时意图，以及对社会要求的服从。伴随着对参与事件和问题这样的细化，便可以尝试对已有决策流程和限制决策的趋势进行全面的描述。当然，观察的变量是传统技术理论中的"预期利益"和"占有权益"，伴随着它们在"法定的"和"衡平法上的"利益，以及"恢复可能性""进入权""继承权""有待继承权"等多重的分类，以及其他通常被援引的理论。② 可以发现，上述每一种特定类型的争论在决策上都存在一致性。在拥有和享有某一特定利益的事实概率方面，当这种概率与政

---

① McDougal, The Influence of the Metropolis on Concepts, Rules and Institutions Relating to Property, 4 J. PuB. L. 93, 108 (1955).

② 当然，系统性调查包括很多其他环境和预先倾向性因素。

策有关时，很大程度上忽略了传统技术路线假定的指令，而这些理论的存在只是为了刺激或者使偶然严苛或者不明智的决策合理化。当考虑到未来可能的发展方向时，人们可能会怀疑，那些起源于农业社会、家族王朝、竞争法院、原始财产转让模式等的理论，是否有可能在现代都市社会中产生很大影响。因为在这样的社会里，财富变于无形，法院的区别消失，财产转让得到了改善，对土地使用效率的需求非常强烈。

向社区决策者提出的关于财富的潜在建议可能包括，例如保持特定资源不受死手限制，鼓励在生产企业中积累和投入资本，实现向受供养者和继承人有效地转让合理的经济保障等具体构想。关于财富以外其他价值的建议则例如，防止权力的过度集中及其引发的财富的过度集中，通过管理财富传递过程来让受益人的期望尽可能少地落空，从而维持社会秩序的稳定，确保拥有相当财富的家庭基于一般的社会目的而向每一代人作出始终如一的贡献，等等。为了更好地确保这类政策而提出的备选方案可能包括，精简权威规定以表达针对当代问题的当代政策，包括废除应用于未来利益的传统分类或者"法定的"和"衡平法上的"利益或者合同和公司形式的落后的区分，以及发明和使用新的制度实践例如改进和扩大死前遗嘱认证，为了预期利益改善立法从而允许更大程度自由裁量的司法拍卖、土地抵押和租赁，综合运用税收权力和时间限制以强制推行对财富集中的合理限制，等等。[①]

VI

如果能够根据社会互动的事实过程而不是规范模糊性的技术来组织整个课程或者全面的调研大纲，那么毫无疑问将促进对政策目的的研究。一

[①] 详细内容可参见 Mcdougal And Haber, Property, Wealth, Land: Allocation, Planning And Development (1948), C. Iii。在一个非常不同的问题上相对细节地运用这种相同分析模式的范例可见 McDougal and Schlei, The Hydrogen Bomb Tests in Perspective: Lawful Measures for Security, 64 YALE L. J. 648 (1955)。

个社区的社会和权力过程，就像"法律"，构成了如我们所看到的"无缝网络"。每个过程都影响着所有其他的过程并受其影响。因此，一个正如法律界那样渴望关注社会政策影响的总和而不仅仅是偶发事件的行业，必须寻求足以在每种权威理论和实践、每种决策的全部背景中对其进行定位的智力工具。任意特定的社会互动都可能引发对权威规定和程序的整个结构的研究，任何一点权威方案或程序也可能反过来要求对其发生的整个社会程序进行理解和评价。

　　在其他地方我们曾尝试提出这样一套完整课程或全面调研大纲的某种可能的框架。[①] 我们所提倡的整体组织的主要分类可以被冠以权力过程、价值过程、私人组织和政策程序的标题。在权力过程下，人们可以寻求执行关于理解和影响我们其他活动的所有权力过程的多种政策导向的智力任务，按照上述的一般分析方式（参与者、场域、权力基础、实践和影响）组织对每一个过程的调研——世界的、区域的、半球的、国家的、省级的和地方性的，并且寻求对每一个决策进行研究以确定正式权威和有效控制之间更加精确的相互关系。包含在这一研究领域内的有例如国际公法、国际私法、宪法、国家和地方政府等传统问题。[②] 在价值过程的标题之下，可以根据协议和剥夺进行细分，并努力在价值变化和制度实践最细小的环境中同时定位协议和剥夺。需要的细节和交叉分类的类型在上述旨在实现死手控制的意图表达中已有所表明。这一领域可以包含合同法、商法、财产法、侵权法、犯罪学等所有传统课程。在私人组织的标题之下，注意力则可以转向与实现权力影响并不首要相关的协会。这类协会可以便利地区分为那些主要致力于生产和分享财富的协会，以及主要致力于其他价值的

① McDougal, The Comparative Study of Law for Policy Purposes: Value Clarification as an Instrument of Democratic World Order, 61 YALE L. J. 915 (1952).

② 可能的重新组织国际公法和国际私法的框架的设想参见 McDougal, International Law, Power and Policy; A Contemporary Conception, 82 Recueil des Cours 137 (Hague Academy of International Law 1953)。

协会。第一个分支将包括对法人和非法人商业组织的传统研究，并将涵盖组建、财政、管理和经营、终止和服从于社区主张的问题。第二个分支将包括各种各样不同的非营利组织，它们由协议或信托声明或者特殊或一般的公司所创建，致力于社区价值而不是其他的权力或者财富。这是传统课程中受到最严重忽视的一个领域。在政策程序的标题下，调查可以指向社区在构建和应用权威方案上的各种职能的已有表现和可能的改进：情报、建议、方案、援引、应用、评价和终止。

现在并且可能一直存在的问题是，如此明确的政策导向研究路径所期盼得到的结果是否足以值得所有预期的努力。

然而，让我们感动的信念是，通过不断加深、加强对法律作为社会政策伟大的创造性工具的理解，以及对作为决策者自身的洞察，人们将能够影响其显而易见的命运，并且朝着一个和平且富足的世界社区中的安全和自由的最终组织而努力。[①] 我们认为法学学者的社会角色和责任是，把现代社会的知识资源用于政策和程序的阐释和建议来实现这个可能的目标。无论学者对具体决策的预测依然会多么不可靠，无论他的研究可能创造的共识多么少，无论他的调查工具是什么，系统且持续地运用相关的现代工具都可以产生短期的、伴随着出乎意料的高概率的新兴关系的细节，并且可能通过暴露过去决策中的僵化之处，而大大增加对改变未来的机会和决策的更多合理性的理解。因此，从这个角度来看，学者们只有持续地努力改进他的思考和研究工具并将这些工具应用于更加高效地执行他所选择的职责。

---

① 不同意见参见 Frank, Fate And Freedom (Rev. Ed. 1953)。

参考文献

［1］《马克思恩格斯文集》第 1—10 卷，人民出版社 2009 年版。

［2］《马克思恩格斯全集》第 1、3 卷，人民出版社 1995、2002 年版。

［3］［德］马克思、恩格斯《德意志意识形态（节选本）》，人民出版社 2018 年版。

［4］《毛泽东选集》第 1—4 卷，人民出版社 1991 年版。

［5］《毛泽东书信选集》，中央文献出版社 2003 年版。

［6］《邓小平文选》第 1—3 卷，人民出版社 1993、1994 年版。

［7］《江泽民文选》第 1—3 卷，人民出版社 2006 年版。

［8］《胡锦涛文选》第 1—3 卷，人民出版社 2016 年版。

［9］《习近平著作选读》第 1、2 卷，人民出版社 2023 年版。

［10］《习近平谈治国理政》第 1—4 卷，外文出版社 2017、2018、2020、2022 年版。

［11］习近平：《论坚持全面依法治国》，中央文献出版社 2020 年版。

［12］习近平：《高举中国特色社会主义伟大旗帜　为全面建设社会主义现代化国家而团结奋斗——在中国共产党第二十次全国代表大会上的报告》，人民出版社 2022 年版。

［13］《习近平关于全面依法治国论述摘编》，中央文献出版社 2015 年版。

［14］《中共中央关于全面推进依法治国若干重大问题的决定》，人民出版社 2014 年版。

［15］《中国大百科全书·法学》，中国大百科全书出版社 1984 年版。

［16］白建军：《刑罚轻重的量化分析》，《中国社会科学》2001 年第 6 期。

［17］白利寅：《新旧动能转换的法政策学分析》，《法学论坛》2018 年第 3 期。

［18］白龙、周林刚：《立法官僚的兴起与封闭——以 1979—2010 年全国人大立法为中心的考察》，《文化纵横》2011 年第 3 期。

［19］白锐、黄丹：《基于多源流理论的〈中华人民共和国疫苗管理法〉的政策议程分析》，《医学与社会》2020 年第 7 期。

［20］柏浪涛：《侵占罪的保护法益是返还请求权》，《法学》2020 年第 7 期。

［21］曹剑波：《葛梯尔反例意义的诘难》，《复旦学报》（社会科学版）2004 年第 5 期。

［22］陈家林：《法益理论的问题与出路》，《法学》2019 年第 11 期。

［23］陈京春：《抽象危险犯的概念诠释与风险防控》，《法律科学》2014 年第 3 期。

［24］陈敬德：《“多源流”分析：解读政策制定的新途径》，《湖北经济学院学报》2005 年第 3 期。

［25］陈铭祥：《法政策学》，台湾元照出版有限公司 2011 年版。

［26］陈兴良：《法学知识的演进与分化》，《中国法律评论》2021 年第 4 期。

［27］陈兴良：《社会危害性理论：进一步的批判性清理》，《中国法学》2006 年第 4 期。

［28］陈兴良：《刑法教义学方法论》，《法学研究》2005 年第 2 期。

［29］陈兴良：《刑法教义学与刑事政策的关系：从李斯特鸿沟到罗克辛贯通》，《中外法学》2013 年第 5 期。

［30］陈兴良：《刑法知识的教义学化》，《法学研究》2011 年第 6 期。

［31］ 陈兴良：《形式与实质的关系：刑法学的反思性检讨》，《法学研究》2008 年第 6 期。

［32］ 陈颖健：《生物安全：人类健康和环境保护的新领域》，《求是》2004 年第 6 期。

［33］ 陈振明：《公共政策学》，中国人民大学出版社 2004 年版。

［34］ 陈振明：《政策科学的起源与政策研究的意义》，《厦门大学学报》（哲社版）1992 年第 4 期。

［35］ 程丙：《国内学界关于"以人民为中心"思想研究述评》，《社会主义研究》2020 年第 4 期。

［36］ 储陈城：《以利益衡量作为网络领域刑事治理的原则》，《法学论坛》2021 年第 5 期。

［37］ 崔先维：《渐进主义视阈中政策工具的选择》，《行政论坛》2010 年第 5 期。

［38］ 戴建华：《论法的安定性原则》，《法学评论》2020 年第 5 期。

［39］ 戴巍巍、李拥军：《利益分配理念在立法过程中造成的"进化"困境与纾解》，《内蒙古社会科学》2020 年第 3 期。

［40］ 戴昕、张永健：《比例原则还是成本收益分析》，《中外法学》2018 年第 6 期。

［41］ 邓雅楠：《社交媒体中的科学传播公众参与研究》，《科技传播》2020 年第 19 期。

［42］ 丁轶：《地方法治扩散的原理与限度》，《法学家》2021 年第 1 期。

［43］《董必武选集》，人民出版社 1985 年版。

［44］ 董必武法学思想研究会编：《董必武诗选（新编本）》，中央文献出版社 2011 年版。

［45］ 杜宇：《刑法规范的形成机理》，《法商研究》2010 年第 1 期。

［46］ 杜宇：《刑法学上"类型观"的生成与展开：以构成要件理论的发展为脉络》，《复旦学报》（社会科学版）2010 年第 5 期。

［47］ 封丽霞：《面向实践的中国立法学——改革开放四十年与中国立法学的成长》,《地方立法研究》2018 年第 6 期。

［48］ 冯亮、何俊志：《人大立法中政治与技术逻辑的互动》,《学术研究》2018 年第 8 期。

［49］ 付立庆：《论积极主义刑法观》,《政法论坛》2019 年第 1 期。

［50］ 付立庆：《论刑法用语的明确性和概括性——从刑事立法技术的角度切入》,《法律科学》2013 年第 2 期。

［51］ 高铭暄、曹波：《新中国刑事治理能力现代化之路——致敬中华人民共和国七十华诞》,《法治研究》2019 年第 6 期。

［52］ 高铭暄、马克昌主编：《刑法学》(第 4 版),北京大学出版社 2010 年版。

［53］ 高铭暄、孙道萃：《我国刑法立法的回顾与展望——纪念中国共产党十一届三中全会召开四十周年》,《河北法学》2019 年第 5 期。

［54］ 高铭暄、徐宏：《改革开放以来我国环境刑事立法的回顾与前瞻》,《法学杂志》2009 年第 8 期。

［55］ 高铭暄：《新中国刑法立法的伟大成就》,《法治现代化研究》2020 年第 1 期。

［56］ 高铭暄：《中国共产党与中国刑法立法的发展——纪念中国共产党成立 90 周年》,《法学家》2011 年第 5 期。

［57］ 高铭暄：《中华人民共和国刑法的孕育和诞生》,法律出版社 1981 年版。

［58］ 葛洪义：《法官的权力》,《中国法学》2003 年第 4 期。

［59］ 管兵、岳经纶：《立法过程中的公众参与：基于〈物权法〉和〈就业促进法〉立法参与的研究》,《政治学研究》2014 年第 4 期。

［60］ 韩大元：《关于推进合宪性审查工作的几点思考》,《法律科学》(西北政法大学学报) 2018 年第 2 期。

［61］ 韩志明：《模糊的社会——国家治理的信息基础》,《学海》2016 年

第 4 期。

［62］ 韩志明：《问题解决的信息机制及其效果——以群众闹大与领导批示为中心的分析》，《中国行政管理》2019 年第 4 期。

［63］ 何荣功：《社会治理"过度刑法化"的法哲学批判》，《中外法学》2015 年第 2 期。

［64］ 贺欣：《经验地研究法律：基于社会科学的外部视角》，《学术月刊》2021 年第 3 期。

［65］ 侯光辉、陈通、傅安国、田怡：《框架、情感与归责：焦点事件在政治话语中的意义建构》，《公共管理学报》2019 年第 3 期。

［66］ 胡平仁：《法律政策学的学科定位与理论基础》，《湖湘论坛》2010 年第 2 期。

［67］ 胡平仁：《法律政策学的研究路向》，《当代法学》2001 年第 5 期。

［68］ 胡玉鸿：《"以人民为中心"的法理解读》，《东方法学》2021 年第 2 期。

［69］ 胡玉鸿：《法律与自然情感——以家庭关系和隐私权为例》，《法商研究》2005 年第 6 期。

［70］ 胡玉鸿：《围绕法学研究方法的理论争议及其辨析》，《政法论坛》2023 年第 3 期。

［71］ 黄锡生：《论生态文明法律制度体系的现代化建构》，《学术论坛》2023 年第 2 期。

［72］ 江必新、曹梦娇：《迈向中国特色社会主义法律体系现代化》，《法治现代化研究》2023 年第 4 期。

［73］ 江天雨：《中国政策议程设置中"压力—回应"模式的实证分析》，《行政论坛》2017 年第 3 期。

［74］ 江永清：《基于多源流模型的我国双创政策之窗开启分析》，《中国行政管理》2019 年第 12 期。

［75］ 姜涛：《法教义学的基本功能：从刑法学视域的思考》，《法学家》

2020 年第 2 期。

［76］ 姜涛：《追寻理性的罪刑模式——把比例原则植入刑法理论》,《法律科学》2013 年第 1 期。

［77］ 姜永伟：《法治评估的科层式运作及其检视》,《法学》2020 年第 2 期。

［78］ 蒋传光等：《新中国法治简史》,人民出版社 2011 年版。

［79］ 蒋俊杰：《焦点事件冲击下我国公共政策的间断式变迁》,《上海行政学院学报》2015 年第 2 期。

［80］ 金太军：《规范研究方法在西方政治学研究中的复兴及其启示》,《政治学研究》1998 年第 3 期。

［81］ 靳永翥、刘强强：《政策问题源流论：一个发生学的建构逻辑》,《中国行政管理》2016 年第 8 期。

［82］ 柯坚：《论生物安全法律保护的风险防范原则》,《法学杂志》2001 年第 3 期。

［83］ 蓝学友：《规制抽象危险犯的新路径：双层法益与比例原则的融合》,《法学研究》2019 年第 6 期。

［84］ 劳东燕：《公共政策与风险社会的刑法》,《中国社会科学》2007 年第 3 期。

［85］ 劳东燕：《功能主义刑法解释的体系性控制》,《清华法学》2020 年第 2 期。

［86］ 劳东燕：《结果无价值论与行为无价值论之争在中国的展开》,《清华法学》2015 年第 3 期。

［87］ 劳东燕：《刑事政策与功能主义的刑法体系》,《中国法学》2020 年第 1 期。

［88］ 劳东燕：《刑事政策与刑法解释中的价值判断》,《政法论坛》2012 年第 4 期。

［89］ 劳东燕：《刑事政策与刑法体系关系之考察》,《比较法研究》2012

年第 2 期。

［90］李柏杨：《情感，不再无处安放——法律与情感研究发展综述》，《环球法律评论》2016 年第 5 期。

［91］李超群：《"以人民为中心"何以作为人权主体话语？——基于马克思主义语境中"人民"概念之证成》，《人权》2021 年第 1 期。

［92］李朝：《量化法治的权利向度——法治环境评估的构建与应用》，《法制与社会发展》2019 年第 1 期。

［93］李强：《卢曼政治系统理论述评》，《政治学研究》2021 年第 2 期。

［94］李强彬、李若凡：《政策问题何以界定：西方的研究与审视》，《党政研究》2018 年第 5 期。

［95］李晓郛：《法政策学视角下的未成年人监护立法》，《青少年犯罪问题》2016 年第 5 期。

［96］李燕、朱春奎：《"政策之窗"的关闭与重启》，《武汉大学学报》（哲学社会科学版）2017 年第 5 期。

［97］林建军：《嫖宿幼女罪立法缺陷之多重视角检审》，《妇女研究论丛》2015 年第 3 期。

［98］刘恩至：《从"人民自由的圣经"到"物质利益的圣经"——论马克思法哲学本体论的转向》，《马克思主义研究》2018 年第 5 期。

［99］刘建利：《刑法视野下克隆技术规制的根据与方法》，《政法论坛》2015 年第 4 期。

［100］刘炯：《法益过度精神化的批判与反思——以安全感法益化为中心》，《政治与法律》2015 年第 6 期。

［101］刘权：《目的正当性与比例原则的重构》，《中国法学》2014 年第 4 期。

［102］刘润忠：《试析结构功能主义及其社会理论》，《天津社会科学》2005 年第 5 期。

［103］刘思宇：《政策论证与共识建构的多源流嵌套》，《甘肃行政学院学

报》2018 年第 2 期。

［104］刘松青：《规范性的本质与规范判断内在主义》，《哲学动态》2016 年第 8 期。

［105］刘宪权：《刑事立法应力戒情绪——以〈刑法修正案（九）〉为视角》，《法学评论》2016 年第 1 期。

［106］刘星：《法学"科学主义"的困境》，《法学研究》2004 年第 3 期。

［107］刘旭霞、刘桂小：《基因编辑技术应用风险的法律规制》，《华中农业大学学报（社会科学版）》2016 年第 5 期。

［108］刘艳红：《入罪走向出罪：刑法犯罪概念的功能转换》，《政法论坛》2017 年第 5 期。

［109］刘艳红：《象征性立法对刑法功能的损害》，《政治与法律》2017 年第 3 期。

［110］刘云林：《公民情感的法律确认：立法伦理的应有视域》，《伦理学研究》2007 年第 4 期。

［111］刘芝祥：《法益概念辨识》，《政法论坛》2008 年第 4 期。

［112］刘志阳：《民法政策学：后民法典时代的造法研究》，《河北法学》2021 年第 12 期。

［113］卢建平主编：《刑事政策学》（第 2 版），中国人民大学出版社 2013 年版，第 8 页。

［114］鲁鹏宇：《法政策学初探》，《法商研究》2012 年第 4 期。

［115］吕艳滨：《国家治理现代化背景下的法治评估及其风险防范》，《探索与争鸣》2021 年第 8 期。

［116］马永强：《批判立法的法益概念：现实危机及其沟通理性纾解》，《比较法研究》2023 年第 5 期。

［117］马长山：《新媒体时代的公民立法参与》，载张志铭主编：《师大法学》第 1 辑，法律出版社 2017 年版。

［118］泮伟江：《宪法的社会学启蒙——论作为政治系统与法律系统结构

耦合的宪法》,《华东政法大学学报》2019 年第 3 期。

［119］彭波、张潇月:《立法岂能部门化》,《人民日报》2014 年 11 月 19 日。

［120］彭汉英:《当代西方的法律政策思想》,《外国法译评》1997 年第 2 期。

［121］《彭真文选》,人民出版社 1991 年版。

［122］任锋、朱旭峰:《转型期中国公共意识形态政策的议程设置》,《开放时代》2010 年第 6 期。

［123］施向峰:《理性·人权·民意——西方限制立法的自然法哲学之维》,《学海》2003 年第 5 期。

［124］舒国滢:《德国 1814 年法典编纂论战与历史法学派的形成》,《清华法学》2016 年第 1 期。

［125］孙道锐:《基因编辑的法律限度》,《中国科技论坛》2020 年第 6 期。

［126］孙峰:《参与式议程设置中的信任:从流失到精准修复》,《中国行政管理》2020 年第 1 期。

［127］孙海波:《基因编辑的法哲学辩思》,《比较法研究》2019 年第 6 期。

［128］孙海波:《论法教义学作为法学的核心——以法教义学与社科法学之争为主线》,载《北大法律评论》(第 17 卷·第 1 辑),北京大学出版社 2016 年版。

［129］孙民:《"人民至上"对马克思主义人民观的原创性贡献》,《理论探索》2023 年第 6 期。

［130］孙笑侠:《论司法多元功能的逻辑关系——兼论司法功能有限主义》,《清华法学》2016 年第 6 期。

［131］田宏杰:《立法扩张与司法限缩:刑法谦抑性的展开》,《中国法学》2020 年第 1 期。

［132］田野：《国际政策扩散与国内制度转换》，《世界经济与政治》2014年第 7 期。

［133］童敏：《罪刑失衡的源头防治——来自刑事立法角度的分析》，《安徽警官职业学院学报》2009 年第 5 期。

［134］汪家焰：《以人民为中心的政策议程设置：理论阐释、生成逻辑与实现机制》，《学习论坛》2023 年第 6 期。

［135］王炳权：《政治学研究方法的演进逻辑与趋势》，《华中师范大学学报》（人文社会科学版）2020 年第 3 期。

［136］王灿发：《创建框架性法规体系》，《国际贸易》2000 年第 7 期。

［137］王春福、陈震聃：《西方公共政策学史稿》，中国社会科学出版社2014 年版。

［138］王刚、唐曼：《理论验证与适用场域：多源流框架的理论分析》，《公共行政评论》2019 年第 5 期。

［139］王钢：《刑法新增罪名的合宪性审查——以侵害英雄烈士名誉、荣誉罪为例》，《比较法研究》2021 年第 4 期。

［140］王静：《社会主义核心价值观在司法裁判中的定位与双重关系》，《法制与社会发展》2023 年第 5 期。

［141］王康：《"基因编辑婴儿"人体试验中的法律责任》，《重庆大学学报》（社会科学版）2019 年第 5 期。

［142］王理万：《立法官僚化：理解中国立法过程的新视角》，《中国法律评论》2016 年第 2 期。

［143］王立争：《农户主体地位的法政策学辨思》，《中南大学学报》（社会科学版）2015 年第 2 期。

［144］王利明、石冠彬：《新中国成立 70 年来民法学理论研究的发展与瞻望》，《人民检察》2019 年第 1 期。

［145］王利明：《回顾与展望：中国民法立法四十年》，《法学》2018 年第 6 期。

［146］王利明：《民法典编纂中的若干争论问题——对梁慧星教授若干意见的几点回应》，《上海政法学院学报》（法治论丛）2020 年第 4 期。

［147］王利明：《全面深化改革中的民法典编纂》，《中国法学》2015 年第 4 期。

［148］王清军：《法政策学视角下的生态保护补偿立法问题研究》，《法学评论》2018 年第 4 期。

［149］王蕊：《科学传播视野下媒体微博对突发性事件的舆情响应研究》，《新媒体研究》2019 年第 24 期。

［150］王绍光：《中国公共政策议程设置的模式》，《中国社会科学》2006 年第 5 期。

［151］王威：《醉驾入刑：马路杀手的"解酒药"？》，《检察日报》2010 年 8 月 18 日。

［152］王文华：《论刑法中重罪与轻罪的划分》，《法学评论》2010 年第 2 期。

［153］王新：《〈刑法修正案（十一）〉对洗钱罪的立法发展和辐射影响》，《中国刑事法杂志》2021 年第 3 期。

［154］王政勋：《论侵害英雄烈士名誉、荣誉罪的保护法益》，《法治现代化研究》2021 年第 5 期。

［155］王志祥、安冉：《涉基因技术行为的刑法规制问题研究》，《山东警察学院学报》2020 年第 2 期。

［156］王子灿：《论生物安全法的基本原则与基本制度》，《法学评论》2006 年第 2 期。

［157］魏昌东：《刑法立法"反向运动"中的象征主义倾向及其规避》，《环球法律评论》2018 年第 6 期。

［158］吴庆懿、杨怀中：《人类生殖系基因编辑的伦理问题》，《自然辩证法研究》2020 年第 4 期。

［159］武晗、王国华：《从资源利用、生态保护到公共卫生安全——野生

动物保护政策中的焦点事件与社会建构》,《公共行政评论》2020
年第 6 期。

[160] 武晗、王国华:《注意力、模糊性与决策风险:焦点事件何以在回
应性议程设置中失灵? ——基于 40 个案例的定性比较分析》,《公
共管理学报》2021 年第 1 期。

[161] 肖涵:《威尔逊政治与行政二分原则的内涵矫正——基于美国历史
情境的分析》,《广东行政学院学报》2018 年第 3 期。

[162] 肖显静:《转基因技术的伦理分析》,《中国社会科学》2016 年第
6 期。

[163] 谢晖:《客观理性:现代立法的基本原则》,《宁夏社会科学》1998
年第 6 期。

[164] 谢晖:《论法学研究的两种视角》,《法学评论》2022 年第 1 期。

[165] 谢晖:《论规范分析方法》,《中国法学》2009 年第 2 期。

[166] 谢望原:《谨防刑法过分工具主义化》,《法学家》2019 年第 1 期。

[167] 徐锋:《社会运动、政策议程与西方政党政治的新变迁》,《马克思
主义与现实》2011 年第 6 期。

[168] 徐经泽、胡宗煊、李小芳:《社会学和系统论》,《文史哲》1985 年
第 4 期。

[169] 许奕锋:《中国特色社会主义参政党对政党政治理论和实践的价值
研究》,《社会主义研究》2021 年第 4 期。

[170] 杨军:《多源流框架下刑法修正的议程设置逻辑》,《四川大学学报》
(哲学社会科学版)2021 年第 4 期。

[171] 杨军:《习惯法的扬弃:马克思历史唯物主义转向的法学注脚》,
《马克思主义与现实》2023 年第 3 期。

[172] 杨军:《刑法上等置判断的方法论原理》,载江溯主编:《刑事法评
论》第 48 卷,北京大学出版社 2024 年版。

[173] 杨军:《刑法上赔礼道歉的教义学构造》,《中国刑事法杂志》2021

年第 3 期。

［174］杨志军、欧阳文忠、肖贵秀：《要素嵌入思维下多源流决策模型的初步修正——基于"网络约车服务改革"个案设计与检验》，《甘肃行政学院学报》2016 年第 3 期。

［175］杨志军：《从垃圾桶到多源流再到要素嵌入修正——一项公共政策研究工作的总结和探索》，《行政论坛》2018 年第 4 期。

［176］杨志军：《模糊性条件下政策过程决策模型如何更好解释中国经验?》，《公共管理学报》2018 年第 4 期。

［177］杨子潇：《经验研究可能提炼法理吗?》，《法制与社会发展》2020 年第 3 期。

［178］姚辉、段睿：《"赔礼道歉"的异化与回归》，《中国人民大学学报》2012 年第 2 期。

［179］于改之、蒋太珂：《刑事立法：在目的和手段之间——以〈刑法修正案（九）〉为中心》，《现代法学》2016 年第 2 期。

［180］于干千：《法律政策学视域下健全文旅融合法律体系路径研究》，《思想战线》2021 年第 3 期。

［181］于慧玲：《人类辅助生殖基因医疗技术滥用的风险与刑法规制》，《东岳论丛》2019 年第 12 期。

［182］余秋莉：《论人体生殖系基因编辑行为的刑法应对》，《法律适用》2020 年第 4 期。

［183］喻文光：《PPP 规制中的立法问题研究》，《当代法学》2016 年第 2 期。

［184］袁曙宏：《正确认识和处理新形势下改革与法治的关系》，《国家行政学院学报》2015 年第 5 期。

［185］臧雷振：《政治合法性来源的再审视——基于中国经验的政治学诠释》，《求实》2019 年第 2 期。

［186］翟翌、金龙君：《均衡性原则之"权重公式"的反思与重构》，《交

大法学》2023 年第 2 期。

［187］张康之、向玉琼：《确定性追求中的政策问题界定》，《浙江社会科学》2014 年第 10 期。

［188］张明楷：《避免将行政违法认定为刑事犯罪：理念、方法与路径》，《中国法学》2017 年第 4 期。

［189］张明楷：《法益保护与比例原则》，《中国社会科学》2017 年第 7 期。

［190］张明楷：《行为无价值论的疑问——兼与周光权教授商榷》，《中国社会科学》2009 年第 1 期。

［191］张明楷：《刑法学》（第 5 版），法律出版社 2016 年版。

［192］张明楷：《增设新罪的观念——对积极刑法观的支持》，《现代法学》2020 年第 5 期。

［193］张文显：《法哲学范畴研究》，中国政法大学出版社 2001 年版。

［194］张新宝：《侵权责任法立法的利益衡量》，《中国法学》2009 年第 4 期。

［195］张新文、张国磊：《领导批示：行政运作中的特征、价值取向与实践反思》，《南京社会科学》2020 年第 2 期。

［196］章高荣、赖伟军：《理念、制度与权力——慈善法决策过程分析》，《社会学评论》2022 年第 10 期。

［197］章高荣：《政治、行政与社会逻辑：政策执行的一个分析框架——以〈慈善法〉核心条款的实施为例》，《中国行政管理》2018 年第 9 期。

［198］章高荣：《制度空间、组织竞争和精英决策：一个议程设置的动态分析视角》，《中国行政管理》2020 年第 9 期。

［199］赵秉志：《改革开放 40 年我国刑法立法的发展及完善》，《法学评论》2019 年第 2 期。

［200］赵静、薛澜：《回应式议程设置模式》，《政治学研究》2017 年第 3 期。

［201］赵颖：《公民身份概念流变的历史考察》，《郑州大学学报》（哲学社会科学版）2015 年第 1 期。

［202］郑丽萍：《轻罪重罪之法定界分》，《中国法学》2013 年第 2 期。

［203］郑宇健：《规范性的三元结构》，《世界哲学》2015 年第 4 期。

［204］郑玉双：《生命科技与人类命运：基因编辑的法律反思》，《法制与社会发展》2019 年第 4 期。

［205］政武经：《新型政党制度是"中国之治"的重要政治保障》，《政治学研究》2021 年第 1 期。

［206］中华人民共和国国务院新闻办公室：《中国特色社会主义法律体系》，人民出版社 2011 年版。

［207］周超：《当代西方政策科学方法论的范式转向》，《武汉大学学报》（哲学社会科学版）2005 年第 4 期。

［208］周光权：《行为无价值论的法益观》，《中外法学》2011 年第 5 期。

［209］周光权：《积极刑法立法观在中国的确立》，《法学研究》2016 年第 4 期。

［210］周光权：《新行为无价值论的中国展开》，《中国法学》2012 年第 1 期。

［211］周光权：《刑事立法进展与司法展望——〈刑法修正案（十一）〉总置评》，《法学》2021 年第 1 期。

［212］周光权：《转型时期刑法立法的思路与方法》，《中国社会科学》2016 年第 3 期。

［213］周尚君：《坚持以人民为中心的法治思想》，《法学杂志》2021 年第 1 期。

［214］周维明、赵晓光：《分化、耦合与联结：立体刑法学的运作问题研究》，《政法论坛》2018 年第 3 期。

［215］周维明：《系统论刑法学的基本命题》，《政法论坛》2021 年第 3 期。

［216］周祖成、杨惠琪：《法治如何定量》，《法学研究》2016 年第 3 期。

［217］朱德米、杨四海：《领导批示：个体权力与体制运行》，《中共福建省委党校学报》2017 年第 4 期。

［218］朱广新：《超越经验主义立法：编纂民法典》，《中外法学》2014 年第 6 期。

［219］朱晓峰：《人类基因编辑研究自由的法律界限与责任》，《武汉大学学报》(社会科学版) 2019 年第 4 期。

［220］庄平：《社会规范系统的结构与机制》，《社会学研究》1988 年第 4 期。

［221］卓泽渊：《法政治学研究》(第 3 版)，法律出版社 2018 年版。

［222］[德] G. 雅克布斯：《刑法保护什么：法益还是规范适用?》，王世洲译，《比较法研究》2004 年第 1 期。

［223］[德] 安塞尔姆·里特尔·冯·费尔巴哈：《德国刑法教科书》(第 14 版)，徐久生译，中国方正出版社 2010 年版。

［224］[德] 伯恩德·吕特斯：《法官法影响下的法教义学和法政策学》，季红明译，载李昊、明辉主编《北航法律评论》第 6 辑，法律出版社 2015 年版。

［225］[德] 迪特·格林：《政治与法》，杨登杰译，载郑永流主编：《法哲学与法社会学论丛》第 6 卷，中国政法大学出版社 2003 年版。

［226］[德] 海德格尔：《存在与时间》，陈嘉映、王庆节译，商务印书馆 2019 年版。

［227］[德] 黑格尔：《法哲学原理》，范扬、张企泰译，商务印书馆 2018 年版。

［228］[德] 菲利普·黑克：《利益法学》，傅广宇译，《比较法研究》2006 年第 6 期。

［229］[德] 克劳斯·罗克信：《刑法的任务不是法益保护吗?》，樊文译，陈兴良主编：《刑事法评论》(第 19 卷)，北京大学出版社 2006

年版。

［230］［德］卢曼：《社会的法律》，郑伊倩译，人民出版社 2009 年版。

［231］［德］罗伯特·阿列克西：《法的安定性与正确性》，宋旭光译，《东方法学》2017 年第 3 期。

［232］［德］罗克辛：《刑事政策与刑法体系》，蔡桂生译，中国人民大学出版社 2011 年版。

［233］［德］萨维尼：《当代罗马法体系 I》，朱虎译，中国法制出版社 2010 年版。

［234］［德］萨维尼：《历史法学派的基本思想：1814—1840 年》，郑永流译，法律出版社 2009 年版。

［235］［德］乌尔里希·贝克：《风险社会：新的现代性之路》，何博闻译，译林出版社 2004 年版。

［236］［德］许迺曼：《刑法体系与刑事政策》，王效文译，载许玉秀、陈志辉编：《不移不惑献身法与正义——许迺曼教授刑事法论文选辑》，台湾新学林出版股份有限公司 2006 年版。

［237］［法］米海依尔·戴尔玛斯-马蒂：《刑事政策的主要体系》，卢建平译，法律出版社 2000 年版。

［238］［古希腊］亚里士多德：《尼各马可伦理学》，廖申白译注，商务印书馆 2003 年版。

［239］［美］E. 博登海默：《法理学·法律哲学与法律方法》，邓正来、姬敬武译，华夏出版社 1987 年版。

［240］［美］保罗·A. 萨巴蒂尔：《政策过程理论》，彭宗超、钟开斌等译，生活·读书·新知三联书店 2004 年版。

［241］［美］博登海默：《法理学：法理哲学与法律方法》，邓正来译，中国政法大学出版社 1999 年版。

［242］［美］弗农·J. 诺尔贝、卡尔文·S. 霍尔：《心理学家及其概念指南》，李廷揆译，商务印书馆 1998 年版。

［243］［美］哈罗德·D.拉斯韦尔、迈尔斯·S.麦克道格尔：《自由社会之法学理论：法律、科学和政策的研究》，王超等译，法律出版社2013年版。

［244］［美］理查德·E.帕尔默：《诠释学》，潘德荣译，商务印书馆2014年版。

［245］［美］托马斯·R.戴伊：《理解公共政策》(第十二版)，谢明译，中国人民大学出版社2011年版。

［246］［美］威廉·邓恩：《公共政策分析导论》，谢明等译，中国人民大学出版社2011年版。

［247］［美］约翰·W.金登：《议程、备选方案与公共政策》，丁煌、方兴译，中国人民大学出版社2017年版。

［248］［日］川出敏裕、金光旭：《刑事政策》，钱叶六等译，中国政法大学出版社2016年版。

［249］［英］蒂摩西·威廉姆森：《知识及其限度》，刘占峰、陈丽译，人民出版社2013年版。

［250］［英］弗里德里希·冯·哈耶克：《法律、立法与自由》第1卷，邓正来等译，中国大百科全书出版社2000年版。

［251］［英］洛克：《政府论》(下篇)，叶启芳、瞿菊农译，商务印书馆1996年版。

［252］A. W. Kimball. Errors of the Third Kind in Statistical Consulting. *Journal of the American Statistical Association* 52 (1957): 133–142.

［253］Bachrach P., Baratz M. S. Two Faces of Power. *American Political Science Review* 58 (1962): 947–952.

［254］David Dery. Agenda Setting and Problem Definition. *Policy Studies* 21 (2000): 37–47.

［255］Fritz Sager, Yvan Rielle. Sorting through the garbage can: under what conditions do governments adopt policy programs. *Policy Science* 46

(2013): 1–21.

[256] Harold D. Lasswell, Myres S. McDougal. Legal Education and Public Policy: Professional Training in the Public Interest. *The Yale Law Journal* 52 (1943): 328.

[257] John Mingers, Jonathan Rosenhead. Problem Structuring Methods in Action. *European Journal of Operational Research* 152 (2004): 530–554.

[258] Michael D. Cohen, James G. March, and Johan P. Olsen. A Garbage Can Model of Organizational Choice. *Administrative Science Quarterly* 17 (1972): 1–25.

[259] Myres S. McDougal. Jurisprudence for a Free Society. *Georgia Law Review* 1 (1966): 1–19.

[260] Myres S. McDougal. Law as a Process of Decision: A Policy-Oriented Approach to Legal Study. *Natural Law Forum* 1 (1956): 1–53.

[261] Myres S. McDougal. The Comparative Study of Law for Policy Purposes: Value Clarification as an Instrument of Democratic World Order. *The Yale Law Journal* 1 (1952): 915–946.

[262] Myres S. McDougal. The Law School of the Future: From Legal Realism to Policy Science in the World Community. *The Yale Law Journal* 56 (1947): 1345–1355.

[263] Nicole Herweg. Against All Odds: The Liberalisation of the European Natural Gas Market—A Multiple Streams Perspective. *Energy Policy Making in the EU* 28 (2015): 87–105.

[264] Nikolaos Zahariadis. Delphic Oracles: Ambiguity, Institutions, and Multiple Streams. *Policy Science* 49 (2016): 3–12.

[265] R. N. Woolley, M. Pidd. Problem Structuring—A literature Review. *The Journal of the Operational Research Society* 32 (1981): 197–206.

[266] 平井宜雄：《法政策学》(第 2 版)，有斐阁 1995 年版。

［267］平井宜雄：《法政策学》，有斐阁 1987 年版。

［268］藤谷武史：《法政策学的再定位·试论》新世代法政策学研究第 9 卷，2010 年。

［269］安建（全国人大常委会法制工作委员会副主任）：《关于〈中华人民共和国刑法修正案（六）（草案）〉的说明》，2005 年 12 月 24 日在第十届全国人民代表大会常务委员会第十九次会议上。

［270］贺荣（司法部部长）：《关于〈中华人民共和国学位法（草案）〉的说明》，2023 年 8 月 28 日在第十四届全国人民代表大会常务委员会第五次会议上。

［271］李宁（全国人大常委会法制工作委员会副主任）：《关于〈中华人民共和国刑法修正案（十一）（草案）〉的说明》，2020 年 6 月 28 日在第十三届全国人民代表大会常务委员会第二十次会议上。

［272］李适时（全国人大法律委员会副主任委员）：《关于〈中华人民共和国刑法修正案（八）（草案）〉的说明》，2010 年 8 月 23 日在第十一届全国人民代表大会常务委员会第十六次会议上。

［273］刘俊臣（全国人大常委会法制工作委员会副主任）：《关于〈中华人民共和国个人信息保护法（草案）〉的说明》，2020 年 10 月 13 日在第十三届全国人民代表大会常务委员会第二十二次会议上。

［274］彭真（全国人大常委会副委员长）：《关于刑法（草案）刑事诉讼法（草案）的说明》，1979 年 6 月 7 日在第五届全国人民代表大会常务委员会第八次会议上。

［275］乔晓阳（全国人大法律委员会主任委员）：《全国人民代表大会法律委员会关于〈中华人民共和国刑法修正案（九）（草案）〉审议结果的报告》，2015 年 8 月 24 日在第十二届全国人民代表大会常务委员会第十六次会议上。

［276］沈春耀（全国人大常委会法制工作委员会主任）：《关于〈中华人民共和国刑法修正案（十二）（草案）〉的说明》，2023 年 7 月 25 日

在第十四届全国人民代表大会常务委员会第四次会议上。

[277] 王汉斌（全国人民代表大会常务委员会副委员长）：《关于〈中华人民共和国刑法（修订草案）〉的说明》，1997 年 3 月 6 日在第八届全国人民代表大会第五次会议上。

[278] 周坤仁（全国人大法律委员会副主任委员）：《关于〈中华人民共和国刑法修正案（六）（草案）〉修改情况的报告》，2006 年 4 月 25 日在第十届全国人民代表大会常务委员会第二十一次会议上。

[279] 周坤仁（全国人大法律委员会副主任委员）：《全国人大法律委员会关于〈中华人民共和国刑法修正案（六）（草案）〉审议结果的报告》，2006 年 6 月 24 日在第十届全国人民代表大会常务委员会第二十二次会议上。

[280]《全国人民代表大会宪法和法律委员会关于〈中华人民共和国刑法修正案（十一）（草案）〉审议结果的报告》，中国人大网，2020 年 12 月 28 日。

[281]《香港球迷再嘘国歌遭国际足联处罚》，观察者网，2019 年 12 月 24 日。

[282]《〈自然〉年度十大人物：天才少年曹原居首，贺建奎来去匆匆》，澎湃新闻网，2018 年 12 月 19 日。

[283]《南方科技大学：解除与贺建奎的劳动合同关系》，澎湃新闻网，2019 年 1 月 21 日。

[284]《周光权：禁止对人体胚胎实施基因改良，确保中华民族安全繁衍》，清华大学新闻网，2019 年 3 月 5 日。

[285]《四问"基因编辑婴儿"案件》，人民网，2019 年 12 月 31 日。

[286]《关于聊城市冠县、东昌府区两起冒名顶替上学问题调查处理及相关情况的通报》，山东省教育厅，2020 年 6 月 29 日。

[287] 史一棋：《高考冒名顶替如何严惩？全国人大常委会法工委这样说》，"人民日报政文"微信公众号，2020 年 8 月 7 日。

［288］《港专学生侮辱国歌被轰出毕业典礼，校长霸气怒怼：没有妥协余地！》，搜狐网，2017 年 12 月 19 日。

［289］《国内律师联名声讨"基因编辑婴儿"：建议司法机关介入》，搜狐网，2018 年 11 月 26 日。

［290］唐珊珊：《张少康代表建议刑法增设偷逃收费公路通行费罪》，正义网，2011 年 3 月 9 日。

［291］《世界首例免疫艾滋病的基因编辑婴儿在中国诞生》，腾讯网，2018 年 11 月 26 日。

［292］《广东初步查明"基因编辑婴儿事件"》，新华网，2019 年 1 月 21 日。

［293］《世界首例基因编辑婴儿诞生！能天然抵抗艾滋病》，新浪网，2018 年 11 月 26 日。

［294］《122 位科学家联合声明：强烈谴责"基因编辑婴儿"》，新浪新闻，2018 年 11 月 26 日。

［295］《国家自然科学基金委员会对贺建奎做法可能造成的后果担忧》，新浪新闻，2018 年 11 月 30 日。

［296］《"基因编辑婴儿案"贺建奎因非法行医罪被判三年》，中国法院网，2019 年 12 月 30 日。

［297］《代表建议设挥霍浪费罪　一年后获中纪委回复》，《中国青年报》2010 年 3 月 9 日。

［298］《"嫖宿幼女罪"为何遭千夫所指?》，中国青年网，2015 年 8 月 21 日。

［299］《人民日报评基因编辑：除寄望道德自觉　更须立法》，中国青年网，2018 年 11 月 26 日。

［300］《全国人大常委会法制工作委员会简介》，中国人大网，2020 年 9 月 27 日。

［301］《吴邦国在十一届全国人大四次会议上作的常委会工作报告（摘登）》，中国人大网，2011 年 3 月 11 日。

图书在版编目(CIP)数据

立法过程的议程设置逻辑 / 杨军著. -- 上海 : 上
海人民出版社, 2024. -- ISBN 978-7-208-19155-6

Ⅰ. D920.0

中国国家版本馆 CIP 数据核字第 202454X1H7 号

责任编辑 郑一芳
封面设计 谢定莹

立法过程的议程设置逻辑

杨 军 著

出　　版　上海人民出版社
　　　　　(201101　上海市闵行区号景路 159 弄 C 座)
发　　行　上海人民出版社发行中心
印　　刷　上海商务联西印刷有限公司
开　　本　720×1000　1/16
印　　张　15.25
插　　页　2
字　　数　204,000
版　　次　2024 年 10 月第 1 版
印　　次　2024 年 10 月第 1 次印刷
ISBN 978 - 7 - 208 - 19155 - 6/D · 4398

定　　价　68.00 元